司法部 2021 年度法治建设与法学理论研究部级科研项目
"毒品犯罪的新发展与防治机制研究" 立项课题
项目编号：21SFB4037

DUPIN FANZUI DE
XINFAZHAN JIQI FANGZHI YANJIU

# 毒品犯罪的新发展及其防治研究

廖 斌◎等著

中国政法大学出版社
2022·北京

| 声 明 | 1. 版权所有,侵权必究。 |
|---|---|
| | 2. 如有缺页、倒装问题,由出版社负责退换。 |

**图书在版编目(CIP)数据**

毒品犯罪的新发展及其防治研究/廖斌等著. —北京:中国政法大学出版社,2022.8
ISBN 978-7-5764-0343-5

Ⅰ.①毒… Ⅱ.①廖… Ⅲ.①毒品－刑事犯罪－预防犯罪－研究－中国 Ⅳ.①D924.364

中国版本图书馆 CIP 数据核字(2022)第 116301 号

---

| 出 版 者 | 中国政法大学出版社 |
|---|---|
| 地　　址 | 北京市海淀区西土城路 25 号 |
| 邮寄地址 | 北京 100088 信箱 8034 分箱　邮编 100088 |
| 网　　址 | http://www.cuplpress.com (网络实名:中国政法大学出版社) |
| 电　　话 | 010-58908586(编辑部) 58908334(邮购部) |
| 编辑邮箱 | zhengfadch@126.com |
| 承　　印 | 固安华明印业有限公司 |
| 开　　本 | 880mm×1230mm　1/32 |
| 印　　张 | 11 |
| 字　　数 | 320 千字 |
| 版　　次 | 2022 年 8 月第 1 版 |
| 印　　次 | 2022 年 8 月第 1 次印刷 |
| 定　　价 | 69.00 元 |

# 序

毒品不仅侵蚀人们的精神、身体和财富，而且是社会和家庭不稳定的因素之一，破坏了社会道德秩序和公共秩序。毒品犯罪始终是现代社会的一种顽疾和毒瘤并潜在巨大危害，是全人类共同应对的全球性公害。我国《刑法》对毒品犯罪设置了严厉的惩罚规定。但是，随着21世纪国际社会的不断发展变化，世界各地毒品交易又日益猖獗，毒品也以各种形态出现在公众视野，对公众健康造成严重威胁。即便我国对毒品犯罪采取了很多严厉的打击措施，但仍有新的毒品问题在不同地区呈现出来，尤其是新精神活性物质对社会公众的迷惑性和对公众生命健康的严重危害性，而我们法律对新精神活性物质的管控还存在着滞后性问题。因此，学者有必要针对毒品犯罪的新形情况，就毒品犯罪的刑事政策、刑事立法与司法以及综合防控措施存在哪些漏洞加以研究，并提出可行的防控对策。我认为，我国的治理毒品问题始终需要从实际出发，走中国特色的社会主义法治之路，要设计接地气、有前瞻性的中国治理方案和行动措施。

廖斌教授带领的课题组完成的《毒品犯罪的新发展与防治对策研究》，在实证调研获取的实际情况及数据基础之上，对我国毒品犯罪的新态势与特征予以梳理，诸如毒品犯罪存在的焦点问题，并在此基础上提出刑法立法完善的思路与毒品犯罪防控的措施。从国际毒品管制体系入手，从公约以及域外立法作为分析的样本，以中国的毒品管制制度作为基础，研究毒品定义的法律要素，剖析毒品与新精神活性物质的产生根源，重点分析了我国对毒品和新精神活性物质的管制制度。在考察域外毒品和新精神活性物质管制制度的基础上，对我国的毒品和新精神活性物质管制制度提出了较为有益的建议。该成果既总结了既往的毒品管制制度，又剖析了新精神活性物质出现的主要原因和具体表现，全面分析了域外毒品和新精神活性物质管制的基本制度，这对于我国创新现有毒品管制制度具有较大的借鉴价值。研究者结合毒品犯罪刑立法中的问题分析了我国毒品犯罪罪名设置的缺陷，新精神活性物质犯罪的追诉及量刑标准规定不明确，法定刑设置罪刑不均衡等问题，并提出建议完善相关罪名的死刑规定，完善财产刑规定和非处罚性措施的规定。在毒品犯罪的司法认定上，作者提出：在走私、贩卖、运输、制造等毒品犯罪中，行为人主观上需要知道或可能知道其走私、贩卖、运输、制造的毒品是否属于"刑法意义上的毒品"，以及毒品的初步纯度、种类、数量等；对于控制下交付、诱惑侦查等问题的既遂与未遂认定与可罚性评价，应当秉持严格解释的立场，避免将不可罚的未遂、可罚的未遂径直作为既遂来对待；毒品的种类、纯度不仅影响相应毒品犯罪之责任刑和预防刑的调节，也应当影响法定刑的选择；对于走私毒品罪与运输毒品罪的死刑适用问题，应当在适度从宽之刑事政策的价值导向下，重新诠释《刑法》第 48 条第 1 款中的"死刑"与"罪行极其严重"，并注重充分适用相关死刑的替代措施。我认为，课题组开展的这些刑法适用问题研究对我国刑事审判实践极具参考价值。在防治对策方面，作者提出我国禁毒防控体系的模式应当以习近平新时代中国特色社会主义法治思想为指导，认真贯彻习近平总书记对禁毒工作作出的多次重要指示，在严厉打击的态势下，发挥综合治理理念，通过引导社会力量投入，发挥人民群众和社会组织多元化主体参与的以预防为主的政策，建立统一、协作的毒品犯罪打击机制；着力构建立体式的禁毒预防体系，加强对全民的毒品预防教育，尤其是对青少年的重点预防教育，通过开展专业化、针对性的预防教育，让青少年自觉拒绝毒品诱惑、远离毒品犯罪，让我们较完整地看到了作者所希望构建的禁毒综合治理对策设想，给人耳目一新的感觉。作者提出，为了有效打击毒品违法犯罪，应尽快建立科学的毒品分级管制制度，完善对新精神活性物质的预警与评估机制，加强毒品犯罪与新精神活性物质管控的立法与司法应对，如加强对易制毒化学品的管控，加强国家合作，在立法方面完善毒品犯罪的刑法规定和证据制度的规定，加大惩治力度，从而完善毒品犯罪及新精神活性物质的立法与司法防控体系；完善社区戒毒和强制戒毒制度，通过社区毒品治理的方式推行社区治理方案，培养、发展禁毒社会组织以降低毒品犯罪行为的发生率；重点从制度保障、权益保障方面来完善吸毒人员的矫治与回归社会。作者这些思想的火花汇聚在本课题的研究中，让读者感受到研究者对毒品犯罪与治理问题的执着探索，也感受到作者以人民利益为中心和坚持走法治与德治并行的禁毒工作之路的研究理念。我认为，毒品违法犯罪的打防工作是一项长期性、全局性工作，无论是国家治理还是基层社会治理，都要根据毒情形势的变化而不断调整应对策略，正所谓"道高一尺，魔高一丈"，只要国家各级机关各司其职，社会组织和广大人民群众积极参与禁毒斗争，我们就一定能取得禁毒斗争的伟大胜利。

我认为，廖斌教授主持完成的《毒品犯罪的新发展与防治对策研究》对毒品犯罪问题作的全视角研究是一次有价值的尝试。我相信该书的出版，无论是对于推动学术界深入研究毒品违法犯罪防治问题，还是对于禁毒工作的立法、司法、执法实践都具有积极的参考价值。是为序。

王秀梅教授、博士生导师
于北京师范大学刑事法律科学研究院
2021年8月10日

# 目 录 CONTENTS

| | |
|---|---|
| 序 | 001 |
| 绪 论 | 001 |
| **第一章 毒品与新精神活性物质的概述** | 015 |
| 一、毒品问题概述 | 015 |
| 二、新精神活性物质含义 | 021 |
| 三、我国毒品与新精神活性物质问题概况 | 035 |
| 四、我国的禁毒政策 | 053 |
| **第二章 毒品和新精神活性物质管制制度** | 072 |
| 一、我国毒品管制制度 | 072 |
| 二、新精神活性物质的管制制度 | 089 |
| **第三章 我国毒品犯罪的刑事立法** | 118 |
| 一、我国毒品犯罪的立法体系 | 118 |
| 二、我国毒品犯罪的立法现状 | 119 |
| 三、毒品犯罪立法的域外考察 | 141 |
| 四、毒品犯罪的立法模式思考 | 155 |

## 第四章　毒品犯罪的司法认定 ……………………… 175
　一、主观明知的认定问题……………………………… 175
　二、犯罪既未遂的认定问题…………………………… 196
　三、量刑情节的认定问题……………………………… 212
　四、毒品犯罪的死刑适用……………………………… 227

## 第五章　毒品违法防控体系的构建 ……………………… 248
　一、毒品违法犯罪防控体系的内涵 …………………… 249
　二、对毒品违法犯罪的预测…………………………… 254
　三、对毒品违法犯罪的控制…………………………… 258
　四、对吸毒人员的矫正与治疗………………………… 286
　五、完善毒品违法犯罪防控制度体系 ………………… 297
　六、毒品违法犯罪的预防……………………………… 312
　七、积极开展国际禁毒合作…………………………… 322

**参考书目** ………………………………………………… 339

**后　记** …………………………………………………… 343

# 绪 论

毒品侵蚀人们的身体，掠夺人民的财富，1840年鸦片战争使中国沦为半殖民地半封建社会，国家与人民也承受了一段近百年的屈辱史。因此，中华人民共和国成立以后，我国政府与人民对毒品也一直保持高度警惕。党和政府对毒品违法犯罪一直以来都是采取严厉打击的政策。习近平总书记在十九大报告中提出要继续依法打击和惩治黄、赌、毒、黑、拐骗违法犯罪行为，体现出了党中央对毒品犯罪预防和打击工作的高度重视。20世纪80年代以来，新一轮的国际毒潮冲入我国，我国毒品防控面临着国内外共同的威胁，我国毒品犯罪日益猖獗。同时，随着毒品犯罪不断出现新变化，新精神活性物质也出现在中国广大公众的视野中，对公民健康和生命、财产安全造成严重威胁。从国家禁毒委每年的《毒情形势报告》数据来看，我国的毒品违法犯罪形势自2015年达到近十年最高峰值以后呈逐年下降趋势，毒品案件数量总体呈下降趋势。但涉毒品犯罪手段日益多样、隐蔽，境内外毒品犯罪分子相互勾结，犯罪手段更加智能化、家族化、集团化。涉案毒品种类的发展呈现出多样化，海洛因、甲基苯丙胺两类毒品犯罪仍处于主导地位，其中传统毒品海洛因类犯罪所占比例有所下降，甲基苯丙胺类犯罪迅速增多，氯胺酮（K粉）、美沙酮、尼美西泮、"毒奶茶""毒巧克力"等新类型毒品不断出现,这也提示着我们在惩治和防控毒品犯罪方面还需继续探索提高科学治理的能力。

我们认为,对毒品犯罪行为进行预防和打击,首先要从毒品的定义入手,这是惩治毒品犯罪的逻辑起点,立法不清晰,就难以确认涉案物质是否为法律意义上的毒品,对行为人的行为也就难以定罪,以及难以区分此罪与彼罪的界限。本书首先从毒品定义的法律渊源进行考察,以期探究毒品定义的要素以及对新精神活性物质的定义,从而为遏制毒品新发展找出实践可行的对策。比如,犯罪嫌疑人为逃避国家对精神类活性物质的管制而不断翻新花样制造的"策划毒品"等新精神活性物质,呈现出种类多变、形式隐蔽、危害严重等特点,加之不受法律约束,对社会公共安全和健康秩序造成了严重威胁。为应对新精神活性物质问题,国际社会也进行了一系列国际合作打击管控的探索,联合国、欧美国家等通过改进管制制度、建立早期预警等措施对新精神活性物质加强了管控,积累了一定的经验,但由于立法存在一定的滞后性,世界各国对新精神活性物质的列管速度滞后于违法行为人的"制造"速度在国际上已成为普遍现象。如何有效加强新精神活性物质管理已经成为当前我国禁毒工作的一大重点。我们认为,新精神活性物质的产生与泛滥是毒品列管制度与毒品消费需求之间固有矛盾的衍生现象,但国家现有的毒品列管制度难以迅速有效地跟进将其列管,从而导致该类物质管控存在慢半拍现象。作为理论研究者,我们有义务对此展开针对性研究,以协助立法机关和执法机关通过加强列管、预防和惩治机制来堵塞漏洞,以消除此类物质对社会的现实和潜在威胁。

关于毒品的刑事政策,有学者认为:"我国毒品犯罪刑事政策密切关联我国毒品犯罪形势,与国际禁毒工作保持联动,总体趋严、'严刑禁毒'特征明显。但同时存在着过分依赖刑事处罚,毒品综合治理手段、机制亟待完善,难以应对新类型毒品犯罪带来的挑战等问题。"[1]我们认为这一说法比较客观,面对毒品犯罪的新发展变化的形势,首先要在总结其发展规律的前提下,制定科学的刑事政策以指引刑事立法和司法的推进。影响打击毒品违法犯罪的刑事政策的因素极为复杂,其中既有国家意识形态、政治立场等固有因素,也体现为国家为了应对特别的社会形势、树立道德传统乃至遵从历史惯性的对策性考量。我们知道,毒品违法犯罪所带来的消极影响经由个人、家庭然后层层传递至国家层面,如果被最高决策者视为威胁国家安全的重大非传统安全问题,就会促使国家采用严厉的刑事政策来应对,在打击毒品犯罪的过程中,以保护国家安全为其法益目的从而形成重惩的国家实践,这也是世界各国的普遍做法。我国对毒品犯罪的刑事政策主要体现在 2000 年《南宁会议纪要》、2008 年《大连会议纪要》、2015 年《武汉会议纪要》三个文件中。2000 年《南宁会议纪要》重申并强化了 1999 年全国禁毒工作会议精神,坚持对毒品犯罪从严惩治的刑事政策。党和政府认为:"毒品危害人民健康,滋生犯罪和腐败,破坏可持续发展,危及国家安全和世界和平,对一切毒品违法犯罪活动必须严加禁绝;中国人民对毒品危害有切肤之痛,禁毒是中国人民的根本利益所在。"[2]因此,禁毒工作也被提高到了"关系国家安危、民族兴衰和人民福祉"的高度,严厉打击毒品犯罪、"深入开展禁毒人民战争"是我们打击毒品犯罪的政策导向,相

---

[1] 胡江、于浩洋:"新中国 70 年来毒品犯罪刑事政策的变迁与完善——从'打击'走向'治理'",载《广西社会科学》2019 年第 11 期。
[2] 国务院新闻办公室:"中国的禁毒",载 http://www.scio.gov.cn/zfbps/ndf/2000doucment/307948/307948.htm,最后访问日期:2021 年 12 月 28 日。

对应的刑法立法也会体现出"重刑治毒"的趋势。现行的"从严"惩治毒品犯罪的刑事政策是否收获了预期的治理效果？其与"宽严相济"的基本刑事政策是否相抵牾？宽严相济的刑事政策在预防惩治毒品犯罪中如何体现？这些都是我们实证分析的重难点。在实践中，适用重刑时法院重视犯罪行为的客观危害，但在很大程度上却忽视了被告人的人身危险性。我们认为，虽然对毒品犯罪采取从严的刑事政策，但是对于此类非暴力性犯罪，还是应当慎用死刑。同时，对犯罪人经济利益的剥夺，即财产刑的适用等，需要加大力度。我国《刑法》[1]针对毒品犯罪的规定有11条，包含了12个罪名，其中，有8个条文规定了罚金刑，2个条文规定了没收财产刑。从规定的范围来看，财产刑其实已经在各个环节的毒品犯罪中得到适用，但仅仅如此实际上是不够的。从内容上看，《刑法》对财产刑的规定过于宽泛，不仅没有规定罚金的具体数额和数额幅度，因此无法体现不同情形适用刑罚的区别，而且对没收财产的规定也过于狭窄，仅仅适用于5种较为严重的毒品犯罪。这样一来，在剥夺自由和生命的刑罚不足以震慑犯罪分子的情形下，财产刑所能发挥的功效微乎其微。

"重刑治毒"的毒品政策强调对毒品施以严格管制，这是在毒品管制立法上采取分类而非分级模式的重要原因。分类只是对毒品简单地划分类别，并不区分毒品种类之间的差异，从而为采取同等的严厉评价奠定了基础。根据《刑法》第347条的规定，"走私、贩卖、运输、制造毒品，无论数量多少，都应当追究刑事责任，予以刑事处罚"。这就意味着毒品种类和数量对

---

[1]《刑法》，即《中华人民共和国刑法》，为表述方便，本书中涉及的我国法律直接使用简称，省去"中华人民共和国"字样，全书统一，不再赘述。

于定罪来说并没有任何影响。在这一规则之下,毒品是否分类并没有太大的意义,将毒品分为麻醉药品和精神药品,只是从药理和成瘾属性上进行的类别划分,或者作为缔约国以国内立法的形式契合联合国禁毒公约,在法律定性上几乎没有参与度。即便没有分类,任何毒品也都应当受到法律的同一评价。这就导致司法实践中出现了很多与刑法基本原则相悖的问题。如运输毒品罪适用重刑的比例过高,而这些犯罪人大部分是受雇佣仅赚取运费而实施运输毒品行为的,主观恶性相对比较低,对他们适用重刑显得过于严厉。运输毒品犯罪的重刑化现象反映了其罪刑关系失衡,以至于产生了"刑罚过剩"的现象,从而违背了罪责刑相适应原则要求。我们从刑事政策角度去研究运输毒品罪重刑化现象的生成机理,探求其罪刑失衡纠偏的刑事政策,有助于指导司法机关和执法机关在刑罚裁量和执行时将刑罚的威慑与一般预防功能、刑罚改造及教育功能相结合。在毒品违法犯罪治理适用中,在落实"严打"毒品犯罪这一具体刑事政策时,也有必要体现"宽严相济"的基本刑事政策,做到"以宽济严",即对于人身危险性较小的被告人,体现出宽容的一面,尽量少适用重刑,以实现对他们的再社会化教育与改造。有学者指出:"毒品犯罪有巨大的危害,但是在一个法治国家,并不能因为它有危害,我们就可以非理性地对待它,尤其是我们要建设法治国家,就要用法治的理性来对待它,法律和制度必须跟上人类思想的发展进步,跟上人类生活方式的变化,用新的思维方式和方法来治理毒品犯罪和毒品滥用。"[1]因此,针对毒品犯罪,特别是新型毒品犯罪,需要采取较为理性和合

---

[1] 何荣功等:《毒品类死刑案件的有效辩护》,中国政法大学出版社2017年版,序言第1页。

适的刑事政策，以有效防控毒品犯罪。

我们认为，我国刑事立法在毒品认定上并未采纳分级管制的模式，而是以分类和简单列举的形式将毒品分为麻醉药品和精神药品并建立相应的附表。这一立法策略体现出我国禁毒立法在毒品种类、属性以及滥用风险等问题上仍旧缺乏科学立法意识，在法律规范上呈现出的是一种应对性的特征。自1987年《麻醉药品管理办法》和1988年《精神药品管理办法》颁布至今，我国的禁毒立法一直采取毒品分类管制的模式。1997年《刑法》、2005年《麻醉药品和精神药品管理条例》以及2008年《禁毒法》，也都是在分类的基础上搭建毒品犯罪的定罪量刑规则。但是，分类管制并未从规范上明确区分毒品的差异性，缺乏法律上的指引与教育功能，这并不利于禁毒工作的开展。从宏观上看，分类管制不参与毒品法律评价的特征使其无法清晰地反映毒情形势的变化，也难以反馈到毒品政策层面以促进政策适时调整，因此造成了行政或司法资源的无谓消耗。而从微观上看，在现实的执法和司法实践中，分类管制也难以在具体工作中取得良好的效果。对于毒品消费行为来说，在分类管制的法律框架之下，吸毒者滥用成瘾性不同的毒品对其行为性质的判断并无差异，法律后果也没有区别，在法律评价时缺乏对毒品的滥用可能、滥用程度以及对人体的危害等要素的判断，这就导致很难对吸毒者开展有针对性的戒毒措施。而对于毒品供给行为，分类管制的弊端也很明显。由于毒品的进化速率极快，每当出现新类型的毒品，在列举管制新毒品种类的同时，又需要重新制定关于新类型毒品的入罪与量刑的标准。久而久之，解释和批复日积月累，数量繁多，对司法适用产生了较大的负面影响，也严重影响法典的权威和统一。因此，建立与我国国情相适应的毒品分级管制制度，对于我国的禁毒工作来说，应当是迫切的需求和可行的路径。我们认为，在立法上通过分级管制适当调整控制、防范和打击毒品的具体路径，突出对滥用性较强、滥用范围较广以及社会危害性较大的毒品种类的治理应当是可行的。

我们认为，对毒品犯罪的罪名及刑罚立法应当体现罪责刑相适应原则。我国自2015年以来对日益泛滥的新精神活性物质已列管了100多种，并对芬太尼、人工合成大麻素整类物质实施了管制。根据2019年最高人民检察院《关于〈非药用类麻醉药品和精神药品管制品种增补目录〉能否作为认定毒品依据的批复》以及2019年国家禁毒委员会《关于防范非药用类麻醉药品和精神药品及制毒物品违法犯罪的通告》的规定，这些受管制的非药用类麻醉药品和精神药品在法律属性上就是毒品，但这些物质并非都有量刑的数量标准。面对于这种情况，司法解释和规范性文件提出的解决方案是以"药物折算"等同于定罪量刑数量标准。例如，2008年《全国部分法院审理毒品犯罪案件工作座谈会纪要》规定："对于刑法、司法解释等没有规定量刑数量标准的毒品，有条件折算为海洛因的，参照国家食品药品监督管理局制定的《非法药物折算表》，折算成海洛因的数量后适用刑罚。"2016年《关于印发〈104种非药用类麻醉药品和精神药品管制品种依赖性折算表〉的通知》也是在"委托国内专业研究机构对其余列管的104种非药用类麻醉药品和精神药品与海洛因或甲基苯丙胺的折算标准进行了调研、论证"的基础上制定的。将折算标准等同于量刑数量标准，是以毒品的自然属性完全取代法律属性，这一做法虽然简化了毒品犯罪量刑中的数量标准问题，提供了量刑数量标准有无的解决方案，但也会随之引发罪责刑不相适应的追问，以至于有的司法机关在办案中希望以2008年《全国部分法院审理毒品犯罪案件工作座谈会纪要》作为参考依据,即对于"尚未明确规定量刑数量标准,也不具备折算条件的,应由有关专业部门确定涉案毒品毒效的大小、有毒成分的多少、吸毒者对该毒品的依赖程度,综合考虑其致瘾癖性、戒断性、社会危害性等依法量刑。因条件限制不能确定的,可以参考涉案毒品非法交易的价格因素等,决定对被告人适用的刑罚,但一般不宜判处死刑立即执行"[1]。然而,这一规定中的"毒效""成分"等要素根本无法厘清,缺乏基本的、客观的且可量化的标准。这对于司法裁量来说缺乏可操作性,而"交易价格"之类的判断要素,也并非所有的涉毒行为都会涉及,且适用这一条文则基本上排除了判处死刑立即执行的可能性。因此,这一不需要依赖量刑数量标准的规则几乎没有适用空间,在实践中形同虚置。通过对规范性文件的梳理我们可以看出,在目前的制度架构中,毒品分类规范本身就存在着一定的问题,而涉及毒品分级的理念和做法在某些规范性文件中仍有一定程度的保留,在某些场合依旧发挥着作用。因此,在现有的毒品管制制度中引入毒品分级并不需要打破现有的法律体系,同时还可以发挥毒品分级管制的优势。基于毒品分级所具有的较大制度优势以及我国现存立法资源中也有相应的适用,将我国的毒品管制制度修订为分级管制,在规范架构层面并不复杂。从制度设计上来看,仅需要在立法上进行有限度的改善就足以建构完整的分级管制制度,这是本课题研究探索出的一项成果。关于惩治毒品犯罪,在刑罚制度供给上,刑法者只规定了"走私、贩卖、运输、制造毒品,无论数量多少,都应当追究刑事责任,予以刑事处罚"。从立法构造上来

---

[1]《全国部分法院审理毒品犯罪案件工作座谈会纪要》(法 [2008] 324号)第5条。

说，立法者不仅对该罪配置了与走私、贩卖、制造毒品罪相同的法定刑，而且在法定刑配置上也是刑法分则中最为严重的一档。主要表现为：一是为走私、贩卖、运输、制造毒品罪设置死刑；二是关于毒品数量与含量没有规定下限；三是专设毒品犯罪再犯；四是法定刑区间幅度过大，法官自由裁量权存在较大运用空间。具体到其中的运输毒品罪，其被理论界诟病最多，即学者普遍认为其法定刑配置过于严苛，罪刑不均衡问题、财产刑规定不完善问题都亟须从理论上进行探索并用于指导实践。我们认为，在立法方面还需要完善的地方是毒品数量与纯度的结合。目前，我国对毒品犯罪不采用以纯度计算的立法，违背了罪责刑相适应原则。基于此，有必要修改我国刑法的相关规定，删除"不以纯度折算"的规定，综合考虑数量与纯度，建议"以数量为主，以纯度为辅"。这一立法形式也当然适用于新型毒品犯罪，以实现立法上的罪刑均衡。

关于走私、贩卖、运输、非法持有毒品等毒品犯罪，在刑事司法适用上，目前存在很多难题。在贩卖、运输、持有毒品等犯罪之主观明知的认定问题上，不区分主观明知的认知内容与认知程度而简要地以"列举＋兜底"的模式应对实践中的难题，本身就有"偷懒"的嫌疑。另一方面，简要地以"列举＋兜底"的模式将毒品犯罪主观明知认知程度中适用刑事推论与刑事推定的情形来个"大锅煮"，明显有不当扩张犯罪的嫌疑，使严打毒品犯罪的刑事政策与罪刑法定原则、无罪推定原则之间形成了过度紧张的关系。有鉴于此，对毒品犯罪中主观明知的司法认定，应当从认知内容与认知程度两个维度分别检讨。既、未遂的认定问题主要涉及控制下交付、诱惑侦查中的既、未遂标准的把控问题，虽然实务界一般认为前述两种情形都不影响贩卖毒品罪等相关毒品犯罪的既遂形态，但这明显有"为了打击而打击"、将本属于不可罚的未遂、可罚的未遂径直作为既遂来对待的嫌疑。基于此,本书将逐一进行讨论。如何准确认定量刑情节是毒品犯罪妥当量刑的关键。影响走私、贩卖、运输等毒品犯罪责任刑情节,体现社会危害性大小的主要有:毒品的数量、种类、纯度,犯罪的形态,犯罪人在共犯中的地位与作用,诱惑侦查,等等。影响犯罪人预防刑的情节、体现犯罪人之人身危险性大小的主要有:累犯、再犯情节,自首、坦白、立功情节,等等。关于毒品犯罪量刑情节的认定难题,主要集中在毒品的数量、种类与纯度,累犯、再犯的认定这两个问题上。我们认为,涉案毒品数量可以作为入罪门槛之一,但不宜将其作为最高一档法定刑的标准,否则没有法定减轻情节,即使有多个从轻情节也会出现顶格量刑现象,这种司法适用结果是从事运输毒品的初犯和偶犯会遭遇罪刑不均衡现象,也难以实现刑法的矫正正义。对于毒品犯罪的死刑适用问题,正如高铭暄教授所说的,死刑只能适用于"犯罪性质极其严重、犯罪情节极其严重、犯罪分子的人身危险性极其严重"[1]的犯罪分子。对于运输毒品不能仅仅考察在数量上是否达到死刑适用标准的情形。《武汉会议纪要》认为,单纯运输或走私毒品之所以有保留死刑适用的余地,主要原因在于数量巨大,一旦达到某种数量标准就是"罪行极其严重",就有必要根据《刑法》第48条第1款而适用死刑。但如此一来,将会违背罪刑均衡原则,导致罪与刑的失衡。我们建议应当首先在司法上严格限制并尽快废止走私、运输毒品罪的死刑适用。

"关于刑罚的适用。在我国传统刑法理论中,刑罚并未获得

---

〔1〕 高铭暄、马克昌:《刑法学》(第7版),北京大学出版社2016年版,第238页。

应有的重视。"[1]因此，应对毒品犯罪，也是要从刑罚的角度，尽量找寻配刑的均衡点。虽然从刑事政策方面考虑，对毒品犯罪采用从严的政策。但是，对于毒品犯罪中较为轻微的犯罪，建议考虑适用非刑罚处罚措施。刑事处罚需要以责任为中心，坚持责任主义原则。而对轻微的犯罪则应当采用较为宽缓的刑罚。毒品犯罪，亦然。尽管《刑法》第37条对非刑罚性处置措施做了相关规定，但是针对毒品犯罪的非刑罚性措施的规定少之又少，仅体现为第351条第3款规定的，非法种植罂粟或者其他毒品原植物，在收获前自动铲除的，可以免除处罚。实际上，无论多么严重的犯罪，都存在情节轻微的情形，毒品犯罪亦是如此。因此，对毒品犯罪刑罚的设置应当具有针对性，对于主观恶性不大、法益侵害性不强并具有悔罪表现的初犯、偶犯等，可以有针对性地适用非刑罚性处置措施。因此，可以在结合国外优秀成果和本土实践经验的基础上，通过替代种植、社区矫正、保安处分等非刑罚性处置措施对毒品犯罪分子进行教育，帮助其重新回归社会，从而实现预防犯罪的目的。

关于毒品犯罪防控体系的构建。我们认为，毒品犯罪预防问题实际上是一个社会综合治理问题，毒品违法犯罪行为总能够游走于法律制度框架之外，于地下开枝散叶，它与一个地区的社会经济发展程度、毒品违法犯罪亚文化渗透程度、毒品经济诱惑程度、公众对毒品认知的水平、国家政策的干预程度、法律介入打击的力度都密切相关。比如，立足于以审判为中心的司法预防更多的是实现了对毒品犯罪的特殊预防，而这种"特殊预防"仍有治标不治本之弊端，毒品犯罪本质上是以追求

---

[1] 桑先军：《当代中国非监禁刑执行问题研究》，知识产权出版社2014年版，第6页。

高额利润为目的的特殊经济犯罪，仅靠司法审判预防并不能截断毒品违法交易市场，有地下需求而且有高利润的价格差就必然会有人铤而走险制、贩、运毒品，毒品违法行为也仅仅是在市场非法交易的末端某个环节暂时被停滞，吸毒者的需求仍然存在，制造毒品的源头仍未消停，单纯的司法预防并没有实现"斩草除根"的效果。我们认为，构建科学的毒品违法犯罪防控体系，必须以完备的禁毒理论为指导，在不断跟进研究毒品新发展的趋势下，将毒品违法犯罪的规律性因素作为政策设计的指挥棒，深入研究吸食毒品原因与毒品犯罪原因，以预防毒品滥用与毒品犯罪为重点，以减少毒品社会危害为目标，刑事手段与社会手段相辅相成，堵源截流、疏管并举。按照党中央提出的"源头治理、以人为本、依法治理、严格管理、综合治理"的基本原则，坚持"预防为主，综合治理，禁种、禁制、禁贩、禁吸并举"的工作方针。习近平总书记提出要走"中国特色的毒品问题治理之路，坚决打赢新时代禁毒人民战争"。这为我们指明了"全民禁毒"的发展方向。在此，我们也从理论上对建立统一协作的打击机制、构建立体式的禁毒预防体系、建立精准管控戒毒共享平台、建立科学的毒品分级管制制度、对新精神活性物质的预警和评估进行了探索。在加强对易制毒化学品的管控、加强国家合作，完善毒品犯罪的刑法规定和证据制度的规定、加大惩治力度，从而构建一个立体化运行的毒品防治体系。笔者还想强调的是，有效的治理毒品犯罪，除了运用行政、刑事法律手段惩治外，关键还要发展经济，要综合研究毒情严重情形的不同地区的经济状况，发展特色经济，促进文化进步，改善贫穷地区人民群众的生态环境，使他们能够安居乐业，通过正常途径致富，消除毒品犯罪动机产生的物质基础。通过提升经济，推动文化教育的提升，从而降低或消除犯罪亚文化的影响，实现法律治理与经济治理并重、刚性治理与柔性治理并重，实现让广大群众自觉远离毒品、积极揭发毒品违法犯罪。防控毒品犯罪要"疏""堵"同治。如果说，毒品犯罪刑事处罚是"堵"，做到法网严厉，依法追责；那么禁毒宣传就是"疏"，要用柔性化宣传方式触动人心最柔软的部分，使听者动情而远离毒品。我国对禁毒宣传教育应当在宣传对象上更加有针对性，在内容上应不断跟进毒品发展的节奏，在宣传手段上应当借互联网科技发展之便利，与时俱进地进行无死角宣传。要完善对戒毒者的社会帮扶保障制度，避免社会大众歧视戒毒人员，通过社区戒毒途径予以帮扶保障，帮助吸毒者重建生活的信心，并且通过公众教育宣传等方式改善社区歧视。

加强国际合作，树立共建人类命运共同体的负责任大国形象。我国与周边国家加强禁毒合作，相互学习各国的禁毒经验、互通禁毒情报，从源头上遏制跨境毒品犯罪问题。中国与东盟应加强禁毒命运共同体的构建，打击毒品违法犯罪应当是中国与东南亚国家和地区关系的重要内容，它既是中国与东南亚国家政治经济安全关系的延伸，更是合作功能的外溢，也将对双边政治经济关系发展产生影响。除此之外，中国和东盟在政治、经济、安全层次等方面也存在着诸多共同利益，尤其是在中国不断推进和平发展、改革开放，经济实力不断增长，在全球政治、经济和文化发展中树立一个负责任的大国的形象时，提出了政治、经济、社会等综合安全的新安全观，从而与东盟增进了政治互信和经贸关联，使得禁毒合作也随之必然作为非传统安全问题提上重要的项目中。非传统安全在全球化和现代化日益发展的当代，其对全人类社会安全的普遍威胁性决定了国际合作的必要性和必然性。尽管中国与东盟国家构建并开展禁毒合作机制建立了一定的法律基础，也有通过一系列的执法实践活动，在打击跨国毒品犯罪方面取得了一些成就，但现行的中国-东盟禁毒合作机制与目前中国-东盟在政治、经贸和公共卫生安全等方面的发展需要并不相适应，存在较多的问题和困难，这既有国际禁毒合作规则过于宏观抽象和粗略的立法基础有关，缺乏具体、细致的制度和操作机制安排，也有来自法律之外因素的阻碍，与实现构建中国-东盟禁毒命运共同体的目标还有非常大的差距。我国学者也有必要在站在国际法共建角度对打击毒品违法犯罪活动进一步为国际司法合作提供理论支撑。同时，我国毒品犯罪刑事政策的制定也应以国际化视野，与各合作国家国相协调，就新精神活性物质的管制和有关毒品犯罪打击等问题的国家间合作达成共识，形成双边和多边条约。

总之，面对毒品发展的新变化，我们理论研究与司法实践工作者要深入贯彻落实习近平总书记关于禁毒工作的重要讲话精神，以坚决做到"两个维护"的政治自觉，以对国家、对民族、对人民、对历史高度负责的态度，清醒认识禁毒斗争的长期性、严峻性、复杂性，坚持以人民为中心的发展思想，坚持厉行禁毒方针，从单纯的"打击"工作逐渐走向依法"综合治理"工作，积极构建完善的毒品违法犯罪治理体系，就一定能打好禁毒人民战争。

廖斌于广西民族大学相思湖畔

2022 年 7 月 10 日

# 第一章
# 毒品与新精神活性物质的概述

## 一、毒品问题概述

(一) 毒品的涵义

"毒品"是一个复杂的概念,其既有化学、医学等自然科学的属性,也有法学、社会学等人文科学的属性。其进入我们的研究视野,并且作为一种类型化的现象予以呈现,实际上是伴随着社会发展以及人们对毒品的认识逐渐科学化和理性化。因此,毒品作为社会用语,是在人们认识了鸦片等麻醉药品的危害性之后才开始被逐步使用的,至今最多不过二三百年的历史。[1] 在中国,"毒品"一词大约是在 20 世纪 20 年代才开始使用的,大概在第二次世界大战期间大范围流行起来。"毒品"的含义随着时代、民族、国度、文化差异及使用者角度的变化而变化。因此,毒品的种类和范围并非一成不变,随着禁毒斗争的发展和禁毒工作的不断深入,毒品概念的内涵和外延都有很大的变化。19 世纪 40 年代,我国的毒品就是指鸦片烟;而在 20 世纪 50 年代之后,毒品概念的外延逐渐扩展到海洛因、可卡因;20 世纪 80 年代以来,甲基苯丙胺(冰毒)成了毒品的主要类型;

---

[1] 崔敏:《毒品犯罪发展趋势与遏制对策》,警官教育出版社 1999 年版,第 24 页。

20世纪90年代以后，摇头丸、K粉（氯胺酮）、迷幻剂等合成毒品开始出现，在受到"瘾君子"追捧的同时，也被陆续列入管制名单。[1]随着医疗药品的不断开发问世，如果在医疗使用过程中发现某些药品具有依赖性，并有可能造成滥用的危害，这些药品便有可能被列为新的管制药物，进而成为毒品。

"毒品"一词是在中国特定的历史环境下形成并成为国家和社会大众广泛接受的一个约定俗成的词汇的，它背后凝聚了国家、社会和个人多种复杂的感情因素。可以说，历史上的鸦片战争作为中华民族历史上的耻辱让社会大众世代都对"毒品"一词刻骨铭心，毒品在历史上给中国人民带来的是摧残民众的身体健康、损害国家的主权和领土完整，一个朝代的衰败和官僚腐败。"毒品"一词反映了我国社会大众对此类物质的基本认识态度，"自1729年雍正皇帝颁布中国历史上第一个禁烟条例以来，官方和民间长期使用'鸦片''鸦片烟''烟毒''土药'等用语，用于指代朴素意义上的、已引发严重社会问题的、以'鸦片'为代表的所谓'有毒害之物品'"。[2]中华人民共和国成立初期，国家的很多政策与法律文件也以"鸦片烟毒"指代鸦片类毒品。我国《刑法》第357条第1款规定："本法所称的毒品，是指鸦片、海洛因、甲基苯丙胺（冰毒）、吗啡、大麻、可卡因以及国家规定管制的其他能够使人形成瘾癖的麻醉药品和精神药品。"基于毒品犯罪的巨大危害，我国对毒品犯罪持一以贯之的"零容忍"态度。关于毒品的规定，我国实际上采用的是半列举式，前半段列举了鸦片、海洛因、甲基苯丙胺、吗啡、大麻和可卡因，后面是一种概括性的规定，即违反国家规

---

〔1〕 于燕京、张义荣：《禁毒学》，群众出版社2004年版，第104页。
〔2〕 引自陈帅锋、甄橙："'毒品'溯源问题的多维度解析"，载《中国人民公安大学学报》2021年第1期。

定，能够使人形成瘾癖的麻醉药品和精神药品。[1]"毒品"一词在英文中为"drug"或者"narcotic drug"。"drug"是指一种对人体有兴奋作用的容易成瘾的物质；"narcotic drug"是指一种少量服用具有催眠和镇静作用，大量服用却有害并形成瘾癖的药物。而《现代汉语大词典》则将毒品解释为作为嗜好的鸦片、吗啡、海洛因等。对于"毒品"一词，不同领域有不同的解释。[2] 2007年的《禁毒法》对毒品的定义进行了再次重申："毒品，是指鸦片、海洛因、甲基苯丙胺（冰毒）、吗啡、大麻、可卡因，以及国家规定管制的其他能够使人形成瘾癖的麻醉药品和精神药品。"这是从立法层面对毒品作出的解释。

概括起来，现行定义下的"毒品"应当同时具备三重特征：一是具有"国家规定管制"的法律属性；二是具有"能够使人形成瘾癖"的自然属性；三是具有归类列管于"麻醉药品和精神药品"的管理属性。世界上能够使人形成瘾癖的物质很多，但不都天然是毒品，只有经过特定的法律程序，国家规定予以管制并列管于特定品种目录中才可以说这个物质是中国现今法律意义上的"毒品"。综上可知，我国现今对毒品的法律界定采取的是"列举加概括"的方式，既指明了毒品的主要种类以便于禁毒实践中的认定和操作，又概括出了毒品的自然属性以弥补列举之不足。[3]

（二）国际视野下毒品问题概述

在全球化的背景下，毒品问题在全球迅速蔓延，世界各国

---

[1] 参见何荣功等：《毒品类死刑案件的有效辩护》，中国政法大学出版社2017年版，第57页。

[2] 徐宏、李春雷：《毒品犯罪研究》，知识产权出版社2016年版，第1页。

[3] 引自陈帅锋、甄橙：""毒品"溯源问题的多维度解析"，载《中国人民公安大学学报》2021年第1期。

都深受毒品的影响。制造、贩卖和滥用毒品等问题在部分国家和地区较为突出，由于毒品来源较为复杂，毒品种类不断增多，涉毒人员持续增多，导致毒品问题已然成为困扰世界各国的经济、文化与社会稳定的重大问题。对于我国来说，国际国内毒品问题加速交织，境外毒品对国内的渗透不断加剧，国内制贩毒犯罪活动日益突出、毒品滥用持续蔓延，毒品问题形势依然严峻复杂。毒品问题所引发的艾滋病传播、社会治安和衍生犯罪等问题突出，同时，大量的社会财富流失和资源浪费成了影响我国社会稳定和经济发展的不稳定因素。

近年来，国际社会在毒品治理的某些领域取得了较为显著的进展，但"毒品仍旧对全人类健康、安全和福祉构成挑战；应对毒品带来的公众健康问题、安全问题和社会问题，协助确保人人享有健康、尊严、和平、安全与繁荣"，仍是国际社会艰巨的任务。[1]联合国毒品和犯罪问题办公室（United Nation Office of Drug and Crime，UNODC）发布的《2020年世界毒品报告》显示：世界2018年吸食过毒品的人大约有2.69亿人，占到全球15岁至64岁人口总数的5.3%以上，其中患有吸毒相关病症的大约有3560万人，这意味着他们的吸毒危害很大，到了可能需要治疗的地步。世界卫生组织的报告显示：2017年全年因吸毒死亡的人数超过58万人，死亡人数中有167 000例是吸毒过量导致死亡，有66%是使用类阿片物质造成的。[2]虽然每年有关吸毒者的数字统计变化不大，但这种相对稳定却掩盖了正在发生显著变化的全球毒品形势——所有毒品中大麻是最常用的物质，在非医疗使用大麻合法化的法域大多有大麻使用增

---

[1] 联合国2016年4月19日大会第S-30/1号决议：《我们对有效处理和应对世界毒品问题的共同承诺》，第2页。

[2] UNODC, World Drug Report, 2020, ExSum, Vienna: United Nations, 2020, p.4.

多的趋势；类阿片物质危害巨大，其中合成类阿片等物质的非医疗行为加剧了公共卫生的危机；随着非国际管制物质的出现，有潜在危害的新型类阿片正在增多，毒品复杂性增强，市场更迭速度加快。此外，新冠疫情的大流行可能会导致更多农民增加或者开始从事非法作物种植。在疫情背景下国家主管机关的控制能力降低，在经济危机下可能会有更多人选择铤而走险，从事非法种植活动进而导致毒品市场进一步扩张。[1]

而在毒品供给问题上，2019年罂粟种植面积连续第二年减少，阿富汗和缅甸的减幅最大。但这一数字仍显著高于10年前。2018年缉获的阿片剂数量也比前一年明显下降，但总量仍是有报告以来第三高。全世界此类物质的缉获有近80%发生在亚洲，全世界非法供应的鸦片有90%以上产自这里。古柯树种植量仍然保持在历史上的极高水平。从2017年到2018年，古柯种植面积保持稳定，在玻利维亚和哥伦比亚甚至还出现了小幅下降。然而，全球可卡因制造量估计数再次达到历史最高水平，全球缉获量略有上升，达到了有报告以来的最高值。[2] 自2020年爆发世界性的新冠肺炎以来，世界性的经济衰退给毒品的生产供应和消费需求带来了诸多变化，与可卡因或海洛因等植物类毒品不同，苯丙胺类兴奋剂的制造规模无法使用严格的方法来估计。然而，一些指标表明，这类物质（特别是甲基苯丙胺）的全球市场正在扩大。2018年，全球市场最大的苯丙胺类兴奋剂甲基苯丙胺的缉获数量再创历史新高，达到了228吨。有迹象表明，这种毒品在北美和东南亚等主要次区域市场的贩运明

---

[1] UNODC, World Drug Report, 2020, ExSum, Vienna：United Nations, 2020, pp. 2~6.

[2] UNODC, World Drug Report, 2020, ExSum, Vienna：United Nations, 2020, p. 6.

显扩大。虽然近年来中国的供应量明显减少，但其价格（已达到过去十年来最低水平）和纯度表明，该毒品的结晶体和片剂在东南亚区域供应充足。[1]随着"金三角""金新月"等毒源地的禁毒执法工作受制于防疫的一些管控措施，反而出现弱化，经济衰退也将部分铲除了鸦片的农民又拉回到了重新种植毒品的老路上，而疫情带来的严格管控措施，使得更多无生计的贫困人群转向从事毒品犯罪活动，出现了全球毒品产量居高不下、海上毒品贩运增多的情况。

无论是发达国家还是发展中国家，城市地区的吸毒情况都多于农村地区。吸毒情况总体增多的部分原因是人口从农村向城镇的大规模流动——目前全世界人口有一半以上生活在城市地区，而1960年这一比例为34%。城市化可能是影响毒品市场未来发展动态的一个关键因素，特别是在城市化趋势更为突出的发展中国家。[2]在世界范围内，发达国家的吸毒情况比发展中国家更为普遍。可卡因之类的毒品更是与世界上较富裕的地区联系较为牢固。同样，在各国内部，社会富裕阶层的吸毒流行率较高，但转为吸毒病症的比率较高的却是社会经济地位较低的人。来自少数几个国家的数据表明，有害的吸毒模式与病症同低收入之间存在联系。这些模式在较富裕的社会阶层似乎不太常见。全球新冠肺炎危机造成的经济制约很可能会提高包括吸毒者在内的最弱势群体的风险。例如，劳动力市场的变化（如失业率上升），过去一直与吸毒情况的增加有关，而这场疫情已经迫使全

---

[1] UNODC, World Drug Report, 2020, ExSum, Vienna：United Nations, 2020, p. 6.

[2] UNODC, World Drug Report, 2020, ExSum, Vienna：United Nations, 2020, p. 2.

球数千万人失业。[1] 总之，毒品的泛滥侵蚀着全球的每个地区，破坏着各个国家的政治、经济、文化、社会的发展，成了全球关注的重点问题。

## 二、新精神活性物质含义

（一）新精神活性物质定义

《2020年世界毒品报告》显示：2018年全球吸食过毒品的人大约有2.69亿人，占到全球15岁至64岁人口总数的5.3%以上。其中，患有与吸毒相关的病症大约有3560万人。而正当世界各国全面深化各项毒品治理措施，并在传统毒品以及精神活性物质的管制上取得了一些不错的成果时，游离于法律管制的精神麻醉药品之外的新精神活性物质（New Psychoactive Substances，NPS）却悄无声息地迅速发展着，成了摆在全球禁毒工作面前的又一难题。

各国政府及学者针对新精神活性物质的犯罪标准的判定不同，存在着定义上的差异。"新精神活性物质"是指以纯药物形式或者制剂形式出现的滥用物质，不受国际药物公约管制，却可能对公众健康构成威胁的物质。所以，"新"并非意味着新的发明，而是意指"仿效已管制毒品的功效但不受管制的（新的）精神活性物质"。也就是说，事实上"新精神活性物质"所谓的"新"，并不是这一类物质在致瘾性上有所创新，而只是为了逃避国家的管制。"欧洲毒品与滥用监控中心"（European Monitoring Centre for Drugs and Drug Addiction，EMCDDA）就在其2011年的报告中讨论了新精神活性物质的管制问题。其认为："（新精

---

[1] UNODC, World Drug Report, 2020, ExSum, Vienna: United Nations, 2020, p. 2.

神活性物质）是处于1961年《麻醉品单一公约》和1971年《精神药物公约》之外，但与公约所列管的毒品一样可能带来公众健康危害的物质；……是与那些受管制的物质达成相似效果但逃避管制的保护伞。"[1]联合国毒品和犯罪问题办公室（UNODC）也有大致相同的认识："'新精神活性物质'是'纯药物或制剂形式的滥用物质，不受1961年《麻醉品单一公约》或1971年《精神药物公约》管制，但可能对公众健康构成威胁'。"[2]联合国毒品和犯罪问题办公室（UNODC）对新精神活性物质的定义为："在《麻醉品单一公约》和《精神药物公约》的管制范围之外，无论是以纯净物还是制剂的形式被滥用，都将给公共安全健康带来威胁的物质。"[3]2015年9月，我国公安部、原国家卫生计生委员会、原国家食品药品监督管理总局和国家禁毒办联合制定的《非药用类麻醉药品和精神药品列管办法》（以下称《列管办法》）第2条规定："本办法所称的非药用类麻醉药品和精神药品，是指未作为药品生产和使用，具有成瘾性或者成瘾潜力且易被滥用的物质。"据此，在我国，新精神活性物质是指作为药品生产和使用，具有成瘾性或者成瘾潜力且易被滥用的物质。《列管办法》于2015年10月1日起实施。

毒品具有理化和法律的双重属性，一般来说表现为社会危害性、滥用可能性以及依赖性等几个方面。传统毒品是已经被国际毒品管制体系管制的毒品，传统毒品一般都具有天然植物来源、以麻醉作用为主、生理依赖性较强等特征。而"新精神

---

[1] EMCDDA, Report on the Risk Assessment of Ketamine in the Framework of the Joint Action on New Synthetic Drugs, EMCDDA-EUROPOL 2011 annual report on the implementation of Council decision 2005/387/JHA (Lisbon, 2012), p.25.

[2] UNODC, World Drug Report, 2014, p.135.

[3] 张黎、张拓："新精神活性物质的滥用与防控问题研究——以构建我国禁毒防控体系为视角"，载《中国人民公安大学学报》2013年第4期。

活性物质"的出现，事实上是由现有毒品管制制度的缺陷造成的。由于国际上的毒品管制制度都是以建立目录并列举作为管制方式的，那么在市场上流行乃至于泛滥的具有目录所管制的毒品功能，但是却由于化学结构的差异而无法列举的物质，就是所谓的"新精神活性物质"。从理化属性上看，新精神活性物质更加注重精神作用，在性质上与合成毒品差别不大，但是因为在分子结构上可以调整的空间更大，所以药物作用的靶向性更强。就区别来说，传统毒品与"新精神活性物质"在作用机理上的主要区别在于传统毒品大多属于麻醉药品，而"新精神活性物质"大多属于精神药物。但是，这样的区别并不足以显示其本质上的差别。从本质上看，传统毒品是已经被管制的类型化的毒品，而"新精神活性物质"则是具有毒品的理化属性和成瘾机能，但是没有被管制的物质，所以二者最大的区别在于法律管制状态的差异。

联合国毒品和犯罪问题办公室（UNODC）将新精神活性物质分为"合成大麻素类、苯乙胺类、卡西酮类、哌嗪类、植物类（恰特草、鼠尾草等）、氯胺酮及其他（色胺类、氨基茚类、苯环己基胺类、镇静类等）"等七类。由于不法分子对现有成瘾性物质化学结构的不断改造，各种化学族的大量新精神活性物质不断涌现。根据《2020年国际禁毒研究报告》：2009年至2019年，全球合计报告的新精神活性物质数量已经多达950种，超过120个国家报告存在新精神活性物质。2015年以来，联合国麻醉药品委员会对多种新精神活性物质按照1961年《麻醉品单一公约》和1971年《精神药物公约》进行了列管审查，它们先后被列入了国际禁毒公约管制目录。2015年N-苄基哌嗪、4-

甲基甲卡西酮等 10 种[1]新精神活性物质分别被列入 1961 年《麻醉品单一公约》或 1971 年《精神药物公约》管制目录；2017 年管制目录收录了丁基芬太尼、4-甲基乙卡西酮等 11 种[2]新精神活性物质；1961 年《麻醉品单一公约》管制目录于 2018 年收录了奥芬太尼、呋喃芬太尼等 6 种[3]新精神活性物质，同时 1971 年《精神药物公约》管制目录收录了 4-氟苯丙胺、N-(1-氨甲酰基-2-甲基丙基)-1-戊基吲唑-3-甲酰胺等 6 种新精神活性物质。1961 年《麻醉品单一公约》于 2019 年又将氟丁酰芬太尼、对氟代芬太尼、甲氧基乙酰芬太尼及环丙基芬太尼列入管制目录，1971 年《精神药物公约》新收录 ADB-FUBINACA、FUB-AMB（MMB-FUBINAC，AMB-FUBINACA）、CUMYL-4CN-BINACA、ADB-CHMINACA（MAB-CHMINACA）、N一乙基降戊酮（ephylone）等 5 种新精神活性物质。[4]近年来，多种新精神活性物质先后被欧盟列入管制。

我国于 2001 年已将氯胺酮列入管制，在《列管办法》中一次性收录了 116 种新精神活性物质。2017 年 7 月 1 日将 U-47700

---

[1] 10 种新精神活性物质包括：N-苄基哌嗪、24-甲基甲卡西酮、5B-NBOMe、25C-NBOMe、25I-NBOMe、JWH-018、AM-2201、3,4-亚甲二氧基吡咯戊酮、3,4-亚甲二氧基甲卡西酮和 AH-7921。

[2] 11 种新精神活性物质包括：丁基芬太尼、4-甲基乙卡西酮、N-甲基-N-(2-二甲氨基环己基)-3,4-二氯苯甲酰胺、乙基卡西酮、1-苯基-2-(N-吡咯烷基)-1-丁酮、哌乙酯、1-(2-噻吩基)-N-甲基-2-丙胺、N-(1-甲氧基羰基-2,2-二甲基丙基)-1-(环己基甲基)吲哚-3-甲酰胺、N-(1-金刚烷基)-1-(5-氟戊基)吲唑-3-甲酰胺和[1-(5-氟戊基)-1H-吲哚-3-基](2,2,3,3-四甲基环丙基)甲酮。

[3] 6 种新精神活性物质包括：奥芬太尼、呋喃芬太尼、丙烯酰芬太尼、4-氟异丁基芬太尼、四氢呋喃芬太尼和卡芬太尼。

[4] CND Resolutions, 2015-2019；国际药物管制公约合编：经 1972 年议定书修正的《麻醉品单一公约》附表（截至 2019 年 5 月 24 日）；国际药物管制公约合编：《精神药物公约》附表（截至 2019 年 11 月 19 日）。

等4种物质列入《非药用类麻醉药品和精神药品管制品种增补目录》，于2018年列入了32种，于2019年5月1日将芬太尼物质整类管制。至此，我国列管的新精神活性物质已达170余种。

在本书的视野中，区分毒品与新精神活性物质的意义即在于此。新精神活性物质的萌生与泛滥，并非毒品品项或功能的自然进化，而是毒品列管制度的缺陷与难以根除的毒品消费需求之间固有矛盾的衍生现象。新精神活性物质的出现，对传统的毒品管制制度提出了挑战。[1]从理化属性上看，新精神活性物质与"毒品"并没有差异，只是由于法律介入的方式和程度有差别，因此出现了在法律定性上的不同。所以，将毒品和新精神活性物质进行区分，是为了更好地研究毒品的属性和种类，以便对新精神活性物质进行合理的管制。

(二) 新精神活性物质特征

1. 成瘾性

世界卫生组织专家委员会将药物成瘾定义为，由反复使用某种药物所引起的一种周期性或慢性中毒状态。其具有以下特征：有一种不可抗拒的力量强制性地驱使人们使用该药，并不择手段地去获取它；有加大剂量的趋势；对该药的效应产生精神依赖，也可产生躯体依赖；对个人和社会都产生危害。同时，基于"成瘾"一词的广泛性，世界卫生组织建议用"依赖"代替"成瘾"。[2]

新精神活性物质与许多毒品类似，成瘾性极强。新精神活性物质能产生使人兴奋、抑制、麻醉和致幻等效果，并能使人产生依赖性瘾癖。其成瘾和慢性中毒的主要表现特征是滥用时的中枢神经兴奋和戒断后的中枢神经抑制交替出现。停药后将

---

[1] 包涵："新精神活性物质管制的国际经验和中国路径"，载《公安学研究》2018年第3期。

[2] 杨国栋编著：《毒瘾医学》，中国医药科技出版社2002年版，第2页。

导致吸食者出现烦躁不安、焦虑、抑郁、精神差、疲乏无力等症状,长期使用后,滥用者需要增加剂量和频度才能达到其所追求的效果。同时,新精神活性物质将导致使用者有不同程度的心理渴求,控制不了频次、剂量,明知有害而仍然滥用。

2. 对人体有毒有害性

新精神活性物质所导致的健康损害包括对神经、精神和心血管系统等多方面的损害。吸食新精神活性物质所产生的人体损害后果主要是导致精神障碍。新精神活性物质主要是以中枢兴奋及致幻作用为主。从现有的案例中可以发现,往往是多种新精神活性物质被混合加工成"新型毒品",滥用后极容易导致急性过量中毒,甚至无法进行抢救。因此,这些新精神活性物质对人体的损害丝毫不亚于过去的传统毒品和合成毒品。吸食新精神活性物质将对使用者的认知功能造成一定损害,同时带来一定的躯体并发症,比如心血管疾病以及精神错乱,甚至导致使用者自残或暴力攻击他人。例如,苯乙胺类、卡西酮类以及色胺类物质,如果某人一次性大量吸食或长期吸食该类物质,就会引起心烦意乱、精神焦虑、恐惧、妄想、偏执等症状,甚至导致精神错乱,进而冲动自残或暴力伤人。

目前常见的新精神活性物质主要作用于大脑的"多巴胺系统""5-羟色胺系统""去甲肾上腺素系统""内源性大麻酚系统"和"内源性阿片肽系统"。由于滥用者对新精神活性物质中各种物质的含量和作用并不知悉,故更易由于吸食过量而导致严重后果。比如,U-47700 的药效约是吗啡的 7.5 倍,卡芬太尼的药效为吗啡的 1 万倍,对成人的致死量仅约为 2 毫克。新精神活性物质的变种翻新极快,效力更强的物质不断被合成、贩卖,人们无法掌握它们的实际药效和安全使用剂量。

### 3. 隐蔽性和迷惑性

新精神活性物质本身即为规避法律监管而被设计出来的新型毒品，同时某个品种的毒品一旦被列入管制，新的替代物质即可"无缝连接"地取代被管制毒品，更新换代速度非常快。作为合成毒品，新精神活性物质合成简便，具有多种衍生物和变体，其中具有代表性的为苯乙胺。苯乙胺的分子核心有 8 个位置可以被其他物质取代，从而形成一个新的精神活性物质。正是新精神活性物质这种合成简便、变种灵活的特质，加速了其更新换代的速度。[1]许多新精神活性物质，都是制毒者仅需对某种受管制药品的分子结构稍作改动，就能够合成出一种与原药类似的新精神活性物质，这也就是通常所说的策划药。其具有与管制毒品相似或更强的兴奋、致幻、麻醉等效果，且不易被检测出来。比如，现有常用的甲基苯胺试剂盒对部分苯乙胺类和卡西酮类物质呈阳性，但大麻试剂盒对合成大麻素类物质却呈阴性，须将精神和行为异常的行为人生物样本，送至实验室方能检测出其是否已经吸食。

新精神活性物质的迷惑性体现在，其外表披着"合法的外衣"，却不在法律监管范围内，与管制毒品具有相似甚至超过管制毒品毒性的物质。涉世未深、不知情的消费者可能会由于其迷惑性的外表而为其危害性与非法性买单。以彩虹烟、开心水为例，其商品形式丰富多样，通过各种各样的包装和噱头博取眼球，深受消费者（特别是年轻消费群体）的追捧和喜爱。销售新精神活性物质的犯罪分子往往会掩盖其毒害的本质，用电子烟、功能饮料等名头伪装起来，利用受众的猎奇心理在各类

---

[1] 胡雅岚："我国精神活性物质预警系统之建构"，载《云南警官学院学报》2020 年第 4 期。

娱乐场所兜售甚至在新媒体、公众平台上公开宣传叫卖,传播速度快、危害范围广,会严重危害社会秩序和人类健康。[1]由于地下市场的各类新精神活性物质源源不断地出现,速度快、类型多,导致吸食者自己都不能确定他们服用了哪种物质,使用者对各类新精神活性物质的剂量把控不好、几种新精神活性物质混合使用更容易导致吸毒者快速死亡。

4. 未被列入国家管制药品

新精神活性物质产生的"新"问题,根源在于业已定型的国际毒品管制制度。目前的国际毒品管制体系是由联合国反毒公约及相应的附表作为基础予以构建的;其中附表确定了毒品管制的范围以及品项。目前通行的三大国际禁毒公约,即1961年《麻醉品单一公约》、1971年《精神药物公约》和1988年《联合国禁止非法贩运麻醉药品和精神药物公约》都使用了附表(schedule)的方式对毒品进行列举(listed)。作为缔约国的立法样本,三大公约为大多数国家或地区的域内立法提供了参考。"'新精神活性物质'是'纯药物或制剂形式的滥用物质,不受1961年《麻醉品单一公约》或1971年《精神药物公约》管制,但可能对公众健康构成威胁'。"[2]因此,"新精神活性物质的'新'并非意味着'新近发明',而是指'最近(或者以新的方式)被滥用',它们中的大多数在很多年前就已经被制造出来"。[3]我国《刑法》第357条将毒品定义为:"鸦片、海洛因、甲基苯丙胺(冰毒)、吗啡、大麻、可卡因以及国家规定管

---

[1] 参见董丰瑞:"我国新精神活性物质管控困境与对策研究",中国人民公安大学2020年硕士学位论文。

[2] UNODC, World Drug Report, 2014, p. 135.

[3] EMCDDA made it explicit that the term 'new' did not refer to newly invented, but rather 'newly misused' substances as most of the drugs in question were first created many years ago.

制的其他能够使人形成瘾癖的麻醉药品和精神药品。"除了所列的具体毒品名以外,其中的"国家规定管制"是通过授权国务院制定的《麻醉药品与精神药品管理条例》,将规定与更改毒品品种的权力赋予了国务院相关部委。[1]得到授权的国务院相关部委会根据现实生活中某种使人形成瘾癖的麻醉药品和精神药品所产生的社会危害以规范性的形式文件加以列管,在未列管前这些麻醉药品和精神药品不属于刑法打击的毒品范畴。而现实是国家管制速度与新精神活性物质不断研发推陈出新的速度并不匹配,制售者会以赶超监管的速度来规避法律的制裁。

可见,新精神活性物质并非在毒品功能上有所创新,而只是为了规避"管制"而刻意制造的在结构上与已管制物质迥异但功能相似或者更甚的物质,在满足吸毒者滥用需求的同时,逃避法律的否定评价及相应的惩戒。与此同时,由于在制造过程中参与了有意识的"设计",新精神活性物质的理化属性可能更加强烈,在"合法"的身份下可以达到较之传统毒品更为强烈的精神作用。这也就给了制造走私新精神活性物质的不法分子牟利的可乘之机。如何构建最有效的惩治利用新精神活性物质犯罪行为的刑法框架,是各国立法者面临的共同挑战。

(三)新精神活性物质类别

新精神活性物质是难以被类型化的,与传统的毒品有较大区别的是,对新精神活性物质无法进行类别上的划分。传统的毒品根据1961年《麻醉品单一公约》和1971年《精神药物公约》被分为了"麻醉药品"与"精神药品"两个大类。同时,

---

[1] 附表并不附属于《刑法》或者《禁毒法》,而是以附属于《麻醉药品与精神药品目录》以及《列管办法》的形式予以发布。例如《麻醉药品品种目录》《精神药品品种目录》和《非药用类麻醉药品与精神药品品种增补目录》,这些规范形式属于根据《刑法》《禁毒法》等法律进行的授权立法或者再授权立法。

作为各缔约国的立法样本，大多数国家和地区都以"麻醉药品"和"精神药品"作为区分毒品种类的标准。例如，我国2005年颁布的《麻醉药品和精神药品管理条例》以及附设的《麻醉药品品种目录》和《精神药品品种目录》已经形成了较为固定的分类模式。但如前所述，新精神活性物质在理化属性上产生了巨大的变化，而且其仅为逃避管制而生，因此很难在管制制度上进行分析判断和归类。因此，无论是联合国还是世界各国，对于新精神活性物质的分类都有单独化和个别化的趋势。例如，联合国毒品和犯罪问题办公室（UNODC）就是以化学属性来分别列举的，下面是联合国毒品和犯罪问题办公室（UNODC）对新精神活性物质的分类：

（1）卡西酮类。2010年前后开始出现，并且很快流行起来，已经成为近年来各国滥用最严重的一类新型策划毒品。主要是苯丙胺类兴奋剂的β-酮衍生物，具有极强的兴奋功效，如α-吡咯烷基苯丙酮（α-PPP）、4-甲氧基甲卡西酮（Methedrone）、4-甲基甲卡西酮（Mephedrone，又称"喵喵"）、3，4-亚甲二氧基苯丙胺的β-酮衍生物（如Methylone、Butylone、Pentylone等）和3，4-亚甲二氧基吡咯戊酮（MDPV）及其衍生物。

（2）人工合成大麻素。俗称Spice或K2，通常是人工合成的大麻素受体的激动剂，作用于人体中枢型受体CB1和末梢型受体CB2，对人体具有较强的致幻、镇定和抑制的作用。主要分为萘甲基吲哚类、萘甲酰基吡咯类、萘甲酰基吲哚类（如AM-2201、JWH-018）、苯甲酰基吲哚类（如AM-694、RSC-4）、苯乙酰基吲哚类（如JWH-250）、二苯并吡喃类（如HU-210、Nabilone）以及环已基酚类（如CP47, 497）等。滥用者通常将其添加在烟草中吸食，或者与氯胺酮、大麻等其他毒品混合吸食。2009年开始，世界上的许多国家已陆续对合成大麻素类新型策划毒品进行严格的管制。

（3）哌嗪类。21世纪初最早出现在新西兰，是"派对药丸"的主要成分，后蔓延至欧美各国，在毒品消费市场上通常以"致幻剂"的名义销售，也用作其他毒品片剂中的掺杂物。哌嗪类物质能够影响5-羟基色胺的释放和摄取，对人体中枢神经系统具有和缓的兴奋作用以及一部分致幻作用，如有1-苄基哌嗪（BZP）、1-（3-氯代苯基）-哌嗪（mCPP）和1-（4-氟代苯基）哌嗪（pFPP）等。2009年，绝大多数欧洲国家已经将BZP列为管制。

（4）人工合成致幻剂类。主要分为以下几类：①麦角酰胺类。具有与麦角酸二乙酰胺（LSD）相似的致幻作用，如ALD-52、ETH-LAD、PRO-ALD等；②色胺类。色胺的衍生物，如二甲基色胺（DMT）、二甲基-4-羟色胺（Psilocin）、5-甲氧基-N, N-二异丙基色胺（5-MeO-DIPT）、α-甲基色胺（AMT）、α-乙基色胺（AET）等；③苯乙胺类。主要包括2, 5-二甲氧基苯乙胺类化合物2C-X（X = Cl、Br、I、Me、Et等）、2, 5-二甲氧基苯丙胺类化合物（如DOB、DOC），以及三甲氧基苯丙胺类化合物（如TMA-2）。

（5）人工合成阿片类。主要是阿片类镇痛药，如1-甲基-4-苯基-4-丙酰氧基哌啶（MPPP）、O-去甲曲马多、Methopholine和Nortilidine等。

（6）解离性麻醉剂类。主要是苯环利定（PCP）的衍生物，如3-MeO-PCP、N-乙基-1-苯环己基胺（Eticyclidine）和氯胺酮的衍生物（如Methoxetamine）。

（7）苯丙胺类衍生物。主要是苯丙胺类兴奋剂的衍生物，如5, 6-亚甲二氧基-2-氨基茚（MDAI）、5-（2-氨丙基）-2, 3-双氢-1H-茚（5-APDI）等茚满化合物、5-（2-氨丙基）苯丙呋喃（5-APB）、2-苯基-1-丙胺（β-Me-PEA）、4-氟甲基苯丙胺（4-FMA）和4-甲硫基苯丙胺（4-MTA）等。

我国是通过2015年《列管办法》以及附设的《增补目录》来进行新精神活性物质管制的。其所列管的新精神活性物质具体包含九类：合成大麻素类、卡西酮类、苯乙胺类、色胺类、氨基茚类、哌嗪类、氯胺酮类、笨环利定类、植物类及其他类。这九类物质除植物类名单增长速度缓慢外，其他八类物质不断衍生出变异品种。其衍生路径主要有两种：一是沿用已有的毒品化学主体结构，但对其结构进行细微修改，如2C-I-NBOME（2-甲氧苄基碘苯基乙胺）与25I-NBOME（俗称"开心纸"）是同一物质，但在化学结构上却有细微不同；二是完全创造出的新结构物质，如合成大麻素类毒品。截至2018年8月16日，公安部、国家卫生健康委员会、国家药品监督管理局联合发布公告，将4—氯乙卡西酮等32种物质列入《目录》管制，自2018年9月1日起施行。至此，我国共列管有170种新精神活性物质。

（四）新精神活性物质在我国的违法使用现状

自中国《2014年中国毒品形势报告》发布以来，我国就开始重视新精神活性物质问题。《2014年中国毒品形势报告》首次指出，新精神活性物质的泛滥将随工作力度的加强进一步显露，逐渐成为常见的新毒品问题。我国于2014年在湖南、广东、海南缴获的片剂毒品中开始发现哌嗪类新精神活性物质，存在国内快速蔓延的可能，而且我国将继续巩固海洛因治理成果以及应对合成毒品滥用快速蔓延的压力。[1] 2015年，国内制造走私新精神活性物质问题开始突出，当年中国国家毒品实验室检测发现的新精神活性物质包括卡西酮类、合成大麻素类、

---

[1] 《2014年中国毒品形势报告》。

哌嗪类、苯乙胺类等除植物类外所有类别。合成大麻素类和卡西酮类含有的物质的数量最多，生产滥用问题严重，新精神活性物质非法制造走私正逐渐从"长三角"地区向其他地区延伸。[1]

2018年、2019年，全国吸毒人员总数连续两年减少。"截至2019年底，中国现有吸毒人员214.8万名，占全国人口总数的0.16%，系连续第二年减少，同比下降10.6%。"[2]以海洛因为主的阿片类毒品滥用人数下降，但以冰毒、氯胺酮为主的合成毒品滥用人数增势加快，滥用新精神活性物质问题逐渐显露，出现了传统毒品、合成毒品和新精神活性物质叠加交叉滥用的特点，毒品滥用结构发生了本质变化。同时，制造走私新精神活性物质问题凸显，未管制的新精神活性物质开始出现。2016年，中国国家毒品实验室在各地的样本中共检出1529份新精神活性物质，主要为卡西酮类、合成大麻素类和芬太尼类物质。2015年10月我国增列116种新精神活性物质之后，管制的新精神活性物质制造走私问题得到遏制，但不法分子为规避管制，通过修改化学结构，不断创造新型新精神活性物质，有的不法分子还向国外客户推荐新研制的类似结构替代品。中国国家毒品实验室也在各地送检的样品中发现了未管制的类似物质。同时，新精神活性物质滥用问题更加严重。2016年，中国国家毒品实验室从各地送交的检测样品中发现了22份可直接吸食的新精神活性物质，反映出新精神活性物质在中国已存在滥用人群，主要是在娱乐场所滥用。[3]

在我国的司法实践中，对某一新精神活性物质，执法机关并不是从一开始就知道其会对人类社会造成危害。从该物质被

---

[1]《2015年中国毒品形势报告》。
[2]《2019年中国毒品形势报告》。
[3]《2016年中国毒品形势报告》。

发现危害到人类身体健康及生命安全到上报国家有关部门进行列管要经历七道程序：一是全国各地基层公安禁毒部门获取某一新精神活性物质会对人体健康造成危害的情报，这往往来自于医院接收大量因服用该种物质导致病人出现相似症状的病例的报告或其他临床症状的案例出警报告；二是基层公安禁毒部门对该新精神活性物质的滥用情况进行评估，分析判断该新精神活性物质的滥用程度以及上报必要性；三是若确定该物质具有滥用趋势或已形成滥用局面，层层上报；四是各地禁毒部门对该新精神活性物质使用情况进行分析判断，认为这一新精神活性物质确实存在滥用趋势的，经层层上报后，该新精神活性物质的相关信息到达国家禁毒委员会办公室；五是根据《列管办法》，由国家禁毒委员会办公室对该新精神活性物质的列管必要性进行分析论证；六是国家禁毒办确定有列管必要性后，将该新精神活性物质正式交由专家委员会对其进行最长时间为3个月的风险评估与列管论证；七是在符合列管要求的基础上，由国家禁毒委员会办公室向国务院公安部门、药品监管部门和卫健委提出列管建议，由后者在6个月内完成列管工作。[1]从中我们可以看到，判定某种物质是不是需要加以列管需要经历一个较长的过程，这就给了那些长期精于此道的毒品制造与贩卖者以可乘之机，在国家执法机构还在走流程判断是否为新精神活性物质的时候，其已将该种物质行销多地，国家一旦将其作为新精神活性物质加以列管，毒品违法者便会开始生产新品种的精神活性物质，由于新型合成毒品大部分是通过人工合成的化学合成类毒品，加工、制造程序简单，原料价格便宜且极易

---

[1] 胡雅岚："我国精神活性物质预警系统之建构"，载《云南警官学院学报》2020年第4期。

获取，制毒成本低廉，获得的利润更大，新精神活性物质合成简便、变种灵活、更新换代速度快，造成该类毒品快速蔓延。而执法机构对其加以列管的程序繁琐且周期长，这也给基层公安机关打击贩毒分子制造了一定的困难。联合国毒品和犯罪问题办公室（UNODC）的资料显示：近年全球新精神活性物质新品种以不少于 1 种/周或 53 种/年的速度出现。[1] 2017 年我国新发现新精神活性物质 34 种，国内已累计发现 230 余种，好在尚未形成滥用规模，否则我国对新精神活性物质的列管速度是远远跟不上新精神活性物质更新换代速度的。目前，一些"毒贩子"还主要是通过改变外在包装，生产销售"咔哇潮饮""彩虹烟""咖啡包""小树枝"等新类型毒品。这些毒品形态各异，具有很强的迷惑性、伪装性和时尚性，以青少年在娱乐场所滥用为主。[2] 据中国国家毒品实验室的检测：2018 年新发现新精神活性物质 31 种，[3] 2019 年新发现新精神活性物质 5 种，[4] 新精神活性物质加速蔓延是我国目前面临的突出问题。

### 三、我国毒品与新精神活性物质问题概况

（一）我国的毒情形势

1988 年《联合国禁止非法贩运麻醉药品和精神药物公约》第 14 条之 4 规定："缔约国应采取适当措施，消除或减少对麻醉药品和精神药物的非法需求，以减轻个人痛苦并消除非法贩运的经济刺激因素。"对于毒品控制策略来说，"减少需求—遏制

---

［1］ United Nations Office on Drugs and Crime（UNODC），"Understanding the Synthetic Drug Market：the NPS Factor"，https：// www. unodc. org/unodc/en/scientists/global-smart-update-2018-vol-19. html，2018，p. 3.
［2］《2017 年中国毒品形势报告》。
［3］《2018 年中国毒品形势报告》。
［4］《2019 年中国毒品形势报告》。

供给"成了国际通识,因此分析毒品形势,一般也是从这两个方面来展开的。

1. 毒品滥用

《2020年中国毒情形势报告》显示:我国现有吸毒人数占全国人口总数的0.18%,系连续第二年降低。尽管我国治理毒品滥用取得了一定成效,但合成毒品滥用仍呈蔓延之势,滥用毒品种类和结构发生了新变化。毒品滥用人数增速减缓但规模依然较大,新增吸毒人员减少。"截至2020年底,中国现有吸毒人员180.1万名,同比下降16.1%。连续第三年减少;戒断三年未发现复吸人数300万名,同比上升18.4%。全年共查处吸毒人员42.7万人次,下降30.8%;其中新发现吸毒人员15.5万名,下降30.6%。受疫情防控影响,国内毒品滥用情况变化较大。疫情防控严密时期,因人流、车流、物流受阻,吸毒人员获取毒品难度大,上半年全国吸毒人员查处数、新发现数大幅下降。疫情防控常态化后,部分地区毒品滥用问题出现反弹。"[1]全年新发现吸毒人员中青少年占比下降,据公安部的最新统计:2020年35岁以下吸毒人员数量较2016年底下降了44.8%。[2]"在180.1万名现有吸毒人员中,滥用合成毒品103.1万名,占现有吸毒人员总数的57.2%,滥用阿片类毒品73.4万名,占现有吸毒人员总数的40.8%。海洛因、冰毒等滥用品种仍维持较大规模,大麻吸食人数逐年上升,新精神活性物质滥用时有发现,花样不断翻新,包装形态不断变化,有的甚至伪装成食品饮料,出现'毒邮票''毒糖果''毒奶茶',极具伪装性、隐蔽性、诱惑性。疫情防控下,常见毒品难以获取,吸毒人员转而寻求其他替代物质,各地查

---

[1]《2020年中国毒情形势报告》。
[2] "过去4年全国破获毒品犯罪案件39.7万起,缴获毒品278吨",载《北京日报》2021年6月24日。

处滥用杜冷丁、安眠酮等管制药物，吸食含合成大麻素、'笑气'、氟胺酮（氯胺酮替代物）等替代物质情况增多。"[1]吸毒人员的吸毒方式也越来越隐蔽，排查发现难。为规避公安机关查处，吸毒活动的隐蔽性、私密性特点增强，公共娱乐场所的吸毒活动有所减少，选择在私人住宅、出租屋、私人会所或私家车等隐蔽处所吸毒的明显增多。"一些吸毒人员从线下转入线上，利用网络社交软件建立'毒友群'，采用虚拟身份、暗语交流，进群先直播吸毒，进群后不参与直播吸毒或不购买毒品即被踢出群，形成更加隐蔽的网络吸毒圈子。"[2]"越来越多的吸毒人员通过网络视频聊天聚众吸毒，涉案人数众多，发现查处难度大。"[3]此外，目前，我国已列管431种毒品和整类芬太尼类物质，但近年来，受国际毒潮泛滥的影响，全球新型毒品种类繁多、层出不穷。截至2020年底，全球已出现新精神活性物质1047种，我国已累计发现新精神活性物质9大类317种。新型毒品形态各异、五花八门，既有含合成大麻素等新精神活性物质的"毒糖果""娜塔沙""小树枝"，也有含麻醉药品和精神药品成分的不法产品"蓝精灵""网红减肥药"，还有将传统毒品改头换面进行掺杂包装的"奶茶""神仙水"等，极具伪装性、隐蔽性和迷惑性，极易对青少年造成诱惑和危害。[4]如含有LSD成分的"邮票"、向学生兜售的"聪明药"以及逐渐

---

[1]《2020年中国毒情形势报告》。
[2] 引自"国家禁毒委印发通知部署围绕《防范新型毒品对青少年危害》宣传主题深入开展全民禁毒宣传月活动"，载中国禁毒网：http://www.nncc626.com/2021-06/05/c_1211188048.htm，访问时间：2021年6月10日。
[3]《2020年中国毒情形势报告》。
[4] 引自"国家禁毒委印发通知部署围绕'防范新型毒品对青少年危害'宣传主题深入开展全民禁毒宣传月活动"，载中国禁毒网：http://www.nncc626.com/2021-06/05/c_1211188048.htm，访问时间：2021年6月10日。

蔓延的"0号胶囊""G点液""犀牛液"等色胺类物质，品种五花八门。有的变换包装，伪装成食品、香烟等，如"奶茶"、巧克力形态的毒品；有的是未列管的毒品替代品，如号称"改良K粉"的氟胺酮；还有以新精神活性物质为主的第三代毒品，在国内迅速扩张，且花样不断翻新，如合成大麻素"娜塔莎"等。

毒品滥用危害依然突出，致使公共安全风险上升。毒品不仅会给吸毒者本人及其家庭造成严重危害，也会诱发盗抢骗等一系列违法犯罪活动。长期滥用合成毒品还极易导致精神性疾病，由此引发的自伤自残、暴力伤害他人、"毒驾"等肇事肇祸案事件在各地仍时有发生，给公共安全造成了巨大风险隐患。"由于滥用合成毒品人员基数庞大，吸毒人员毒驾、伤人等肇事肇祸案事件仍有发生，预警防范难度大。一些大城市出现滥用'犀牛液''零号胶囊'等色胺类物质的吸毒群体，多为18岁至35岁、学历较高且拥有稳定职业的人员，传播艾滋病风险极高。"[1]

2. 毒品制造

2020年，全国共破获毒品制造案件294起，与上一年持平，捣毁制毒窝点167个、缴获冰毒和氯胺酮1.1吨，相比上一年分别下降了3.5%和54.8%。随着疫情防控常态化，下半年国内制毒活动反弹，破案、捣毁窝点数同比分别上升26.2%和33.6%。2020年一年内，全国有27个省份发现制毒活动，呈现规模小型化、工艺简单化、分布零散化等特点。[2]近年来，经过连续开展打击整治制毒犯罪专项行动，中国国内的制造合成毒品犯罪得到了有力打击，制毒活动受到有效遏制，传统重点地区制毒活动大为收敛，制毒产能大幅下降，中国制造的毒品在国内外

---

[1]《2020年中国毒情形势报告》。
[2]《2020年中国毒情形势报告》。

市场的流入量大幅减少，一些地方合成毒品价格大幅上涨。但是，"金三角""金新月"和南美等境外毒源地对中国"多头入境、全线渗透"的复杂态势仍未改变，境外毒品向我国渗透呈进一步加剧势头。"金三角"地区向中国走私贩卖的毒品已经是传统毒品和合成毒品全面渗透，"中国缴获来自'金三角'地区的海洛因、鸦片6.3吨，占全国总量的96.2%，冰毒、氯胺酮18.8吨，占全国总量的83.1%。该地区毒品产能巨大、供应充足，是中国毒品的主要来源地。受疫情严控和边境封控限制，'金三角'地区毒品大量囤积在边境地区、价格极低，毒贩为回本牟利，伺机脱手，加紧向周边倾销大宗贩运"。[1]南美等地区的可卡因渗透也在加剧，"全年共缴获'金新月'海洛因186公斤、南美可卡因582公斤，同比分别上升1.4倍和2.5倍。'金新月'海洛因主要从广东走私入境，已形成分工明确、较为稳定的贩毒团伙网络。南美可卡因主要藏匿于远洋货轮集装箱中，在我国东部沿海等地被查获。北美大麻走私入境增多。全年破获北美大麻走私入境案件59起、缴获大麻16.9公斤，同比上升20.4%和1.6倍。大麻主要来源于北美地区，国内买家利用境外通讯软件或暗网下单，国外卖家将大麻夹藏在国际邮包中，从东南沿海走私入境，涉及我国17个省份"。[2]境外贩毒势力与境内贩毒团伙结成贩毒网络，贩毒团伙结构更加复杂，贩毒路线不断变化，贩毒规模不断扩大，贩毒手段不断升级，现实危害和潜在威胁进一步加大。

中国国家禁毒委员会办公室与缅甸中央肃毒委员会、老挝禁毒委员会合作开展的卫星遥感监测数据显示：2019年至2020

---

[1]《2020年中国毒情形势报告》。
[2]《2020年中国毒情形势报告》。

年生长季,"金三角"地区罂粟种植面积为55.5万亩,较上年略降1.4%,可产鸦片500余吨。同时,该地区还大规模制造冰毒片剂、晶体冰毒和氯胺酮并向我国及周边地区大肆输出,是中国毒品的主要来源地。"金新月"地区与我国地缘便利,南美贩毒集团不断扩张全球可卡因贩运网络,两地毒品对我国渗透的风险始终存在。我国北美大麻入境案件和缴毒量呈逐年增长态势。受欧美一些国家大麻合法化政策的影响,中国境内外籍员工、高校留学生、海外归国人员以及文娱从业人员通过互联网勾连,以国际邮包、航空夹带等方式从境外购买、滥用大麻及其制品现象明显增多。根据各地办案部门的不完全统计,其他不确定来源的缴获毒品大多数也产自境外。随着国产毒品产量的减少及毒品价格的暴涨,境外毒品向我国渗透的现象愈演愈烈。

经过持续不断推进打击制毒的"除冰肃毒"专项行动和易制毒化学品清理整顿,我国国内的制毒犯罪受到严厉打击,地下制毒活动得到了有效遏制。制毒活动出现新变化,呈现规模小型化、分布零散化、工艺简单化的特点,有的在家庭作坊、小型货车内流动制毒,大宗制毒活动减少,产能大幅下降。制毒活动向境外转移趋势明显。受"严打"整治挤压,国内一些制毒分子与境外贩毒势力相勾结,流窜到了"金三角"地区或其他东南亚国家选点设厂,购买生产制毒物品,制成毒品后再走私回流入境或销往其他国家。此外,我国国内制毒活动存在反弹风险。全国现有滥用冰毒人员群体庞大,市场需求规模依然大,冰毒成瘾性强、戒断难度大,毒品消费"刚需"依然存在。同时,国内冰毒、氯胺酮等合成毒品受国产供应减少影响,价格高涨,受高额暴利的刺激,个别地方地下制毒活动仍有发生。制毒物品流入制毒渠道问题得到了遏制。随着制毒物品监管、整治、打击力度的不断加大,非法流入国内制毒渠道的制毒物品大幅减少，但受境内外存在制毒原料需求影响，非法制贩和走私制毒物品活动仍较活跃，订单式研发生产非列管化学品用于制毒的问题日益突出。一些不法分子注册"皮包公司"，通过骗取经营资质和许可备案证明等方式，违规交易、运输、储存、进出口化学品，几经倒手即流入非法渠道。

3. 毒品贩运

从国家禁毒委员会发布的《2020年中国毒情形势报告》看："2020年，全国破获走私、贩卖、运输毒品案件4.7万起，抓获犯罪嫌疑人7万名，缴获毒品43.9吨，同比分别下降24.1%、18.1%和10.9%，其中抓获外流贩毒人员1.1万名，下降近四成。随着经济社会发展和交通物流基础设施不断完善，利用互联网新技术、新模式、新业态的贩毒活动明显增多。传统渠道贩毒减少，海上走私过境大案突出。在新冠肺炎疫情影响下，传统渠道贩毒活动出现变化，全年破获陆路贩毒案件3.3万起，同比下降25.7%，破获航空、铁路等渠道贩毒案件明显下降。海上运输受疫情防控影响较小，大宗毒品走私过境情况突出，福建等地联合海警部门连续破获多起海上贩毒大案，缴获各类毒品近1吨。'互联网+物流寄递'贩毒活动突出。物流寄递渠道贩毒案件持续上升，全年破获物流寄递渠道贩毒案件3011起，缴获毒品4.3吨，分别上升9.5%和1.1%。其中，破获物流货运渠道贩毒案件414起、缴获毒品2.7吨，邮寄快递渠道贩毒案件2303起、缴获毒品1.6吨，'大宗走物流、小宗走寄递'特点明显。网络贩毒手段多样，全年共破获网络毒品案件4709起、抓获犯罪嫌疑人8506名，缴获毒品856.9公斤，分别占全国总数的7.4%、9.2%和1.5%。疫情形势下，互联网虚拟平台、论坛、群组等成为涉毒活动聚集地。不法分子利用大众网络平台发布涉毒信息，采用数字货币支付毒资，使用邮寄、同城快递等方式或小众物流快递公司运送毒品，中途变更收货地址，交易两头不见人，加大了发现、查处、取证难度。境内外人员聚集西南边境勾连贩毒。贩毒团伙盘踞西南边境，坐大成势，毒贩利用暗网勾连、移动支付、卫星定位和通讯等技术手段实施犯罪，将'金三角'毒品从西南边境走私入境后，在华中地区中转集散，再销往西北、华北和东北等地区，智能化、隐蔽性强，侦控打击难度加大。"[1]

毒品贩运是中国境内外毒贩从制毒到销售的重要一环，毒品犯罪团伙跨国勾连贩运职业化、技术化特点越来越明显，网络联系、分工明确的运作方式已成为跨国犯罪的通用模式。毒品的贩运路线隐蔽多变，给禁毒执法部门实施有效堵截带来了困难。快捷、方便的物流业成了毒品犯罪者贩运毒品的新路径：一是毒贩利用物流直接托运制毒物品，实现人货分离以化解犯罪风险；二是将多种制毒原材料混合或掺杂、添加其他不明性质的物质，形成强酸性、高腐蚀性、易燃易爆危险化学品后再由物流托运，运到目的地后可以在短期内快速制成新型毒品并投放到地下毒品交易市场，导致执法主体的查缉难度加大；三是将毒品改换包装，伪装成普通生活用品进行托运，加上跨境物流中转寄递毒品的中间环节较多，即使执法部门缴获毒品、制毒物品，也难以查明其来源和去向，加大了执法监管机关追踪毒品犯罪的核心骨干分子的难度。

(二) 我国毒品问题现状

毒品对国际公共安全的影响是全方位和多领域的，涉及政治、经济、文化和社会生活等诸多方面。在当下的国际公共安全领域，毒品甚至在恐怖主义、民族冲突、区域冲突、跨国犯

---

[1]《2020年中国毒情形势报告》。

罪等现象中起主导作用。观察毒品在国际公共安全领域造成的现象，剖析其成因与源流并有针对性地制定应对策略，是须予以重视的问题。现实世界的各类脆弱性、能力因素正深刻描绘着当今社会公共安全的图景。[1]而毒品问题是"新兴和长期的挑战与威胁"，毒品问题不仅涉及人类的健康问题，还在经济、社会秩序、环境、法治等领域产生作用，进而影响到地区、国家以及国际社会的安全。[2]当前，国际毒品问题日益深重且复杂，在国际社会发展多极化、非传统安全威胁逐渐成为类型化现象的背景下，国际毒品问题呈现出急剧变化的特征，给毒品治理提出了新的课题。近年来，国际社会在毒品治理的某些领域虽取得了一些明显进展，但"毒品仍旧对全人类健康、安全和福祉构成挑战；应对毒品带来的公众健康问题、安全问题和社会问题，协助确保人人享有健康、尊严、和平、安全与繁荣"，仍旧是国际社会的艰巨任务。[3]

国际毒品犯罪十分猖獗，不仅在数量上呈上升趋势，而且在形式上日益与恐怖主义等有组织的国际犯罪相结合，威胁着国际社会的安定、经济发展和人类社会的安全。全世界的社会学家一致认为，毒品与核武器、环境污染、恐怖活动一样，已成为四大公害之一。联合国禁毒报告显示，目前全世界吸毒人数已超过2.72亿人。吸毒致死（不包括吸食、注射毒品染病死亡）的人数仅次于患心脏病和癌症死亡的人数。全球每年毒品的销售总额占到了全球贸易总额的10%，达到8000亿美元至1

---

[1] 朱正威、肖群鹰："国际公共安全评价体系：理论与应用前景"，载《公共管理学报》2006年第1期。

[2] UNODC, World Drug Report (2016), Abstract.

[3] 2016年4月19日联合国大会第S-30/1号决议：《我们对有效处理和应对世界毒品问题的共同承诺》，第2页。

万亿美元,已经高于石油和天然气工业收入,已与全球军火贸易额相差无几。[1]目前来看,我国毒品犯罪的数量已经上升到了所有刑事犯罪案件的第四位,仅次于盗窃犯罪、伤害犯罪及交通肇事罪。从犯罪类型上看,毒品犯罪作为无被害人的犯罪,其数量能够如此靠前,足以反映我国毒品问题的严重程度,需要注意的是,由毒品引发的"两抢一盗"、自伤自残、暴力侵害及吸毒后驾驶等案件尚未被统计到毒品犯罪当中,此类案件虽不属于毒品违法犯罪活动,但与毒品呈现出具有高度盖然性的因果关系。衍生自毒品的案件不断增多,严重危害着我国的社会治安和社会公共安全。以下是我国2010年至2020年所抓获毒品犯罪嫌疑人数以及刑事案件数。[2]

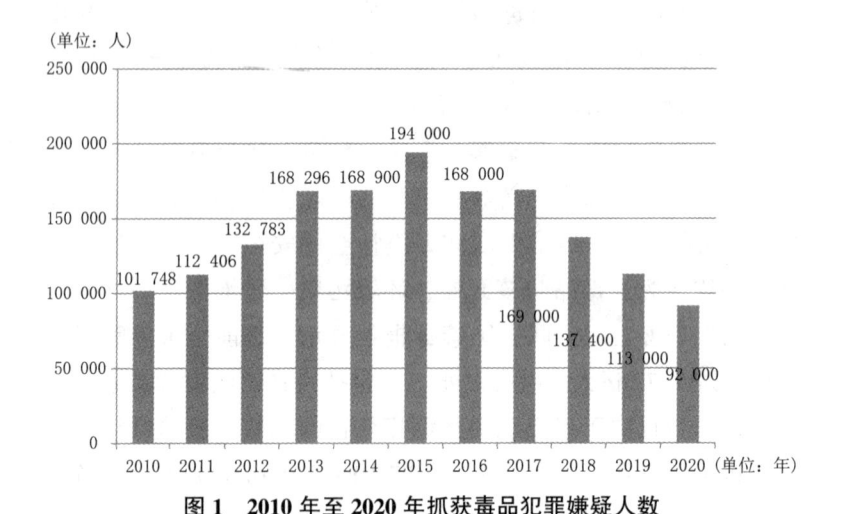

图1 2010年至2020年抓获毒品犯罪嫌疑人数

---

[1] 郑婷:"抵制毒品 缔造无毒时代",载《绿色中国》2012年第11期。
[2] "4年破获毒品犯罪案件39.7万起",载法制网:http://www.legaldaily.com.cn/judicial/content/2021-06/29/content_ 8540039.html,访问时间:2021年6月30日。

(单位：件)

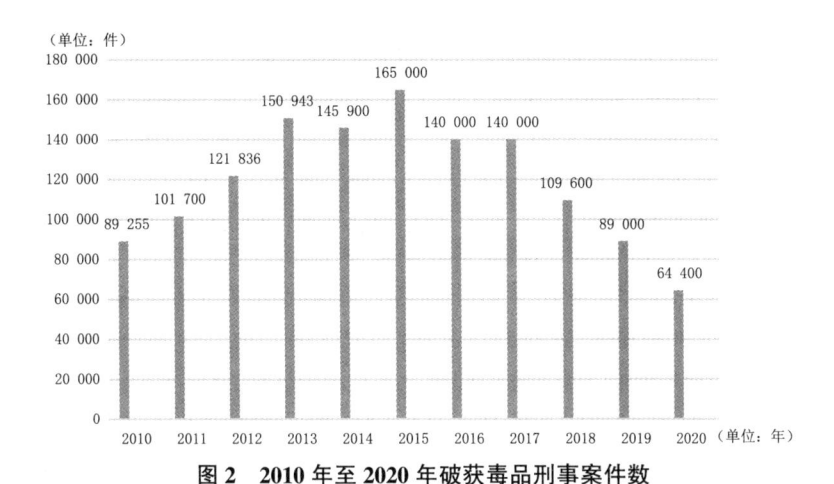

| 年份 | 件数 |
|---|---|
| 2010 | 89 255 |
| 2011 | 101 700 |
| 2012 | 121 836 |
| 2013 | 150 943 |
| 2014 | 145 900 |
| 2015 | 165 000 |
| 2016 | 140 000 |
| 2017 | 140 000 |
| 2018 | 109 600 |
| 2019 | 89 000 |
| 2020 | 64 400 |

**图 2　2010 年至 2020 年破获毒品刑事案件数**

从毒品违法犯罪的刑事案件数量和涉案人数看，我国毒品犯罪活动呈现增长趋势。2010 年至 2020 年，我国毒品违法犯罪情况整体上呈现动态增长的趋势。其中，2017 年之后虽在全国破获的毒品犯罪案件中破获的刑事案件数量和抓获的嫌疑人数都呈现一定的下降趋势，但是总体上 2010 年至 2019 年因毒品犯罪而被抓获的犯罪嫌疑人数一直保持在 10 万人以上，2020 年下降至 7 万人以下要考虑 2020 年上半年因全国性防控新冠疫情对人员流动进行有效追溯、严密网格化管控的因素，这在客观上也使得吸贩毒违法者的活动受到了遏制。这一年的毒品犯罪案件数据的急剧下降有一定的偶然性因素，还不能作为常态化数据进行判断分析。笔者认为，目前我国破获的毒品犯罪刑事案件数仍在较大的基数上，我国的社会公共安全和社会和谐稳定仍存在较大的隐患，对公民的人身安全、财产安全方面都构成了潜在的威胁，预防和打击毒品犯罪仍然任重而道远。

1. 衍生社会危害

毒品犯罪是典型的无被害人犯罪，毒品的滥用虽然是不具有"可罚性"的自伤行为,但可能有极大的概率引发其他的违法犯罪行为。直观的衍生型犯罪诸如贩毒者形成的集团化犯罪或涉枪、涉黑犯罪,吸毒者出于获取毒资的诉求而实施的侵财类犯罪。更进一步,毒品滥用可能会形成"亚文化"或者"同侪"现象,从而造成社会观念的崩塌,形成社会风险。因此,毒品所引发的问题,不仅仅是毒品本身,最主要的是毒品引发的其他违法犯罪活动。

吸毒人群多元化特点明显。涉毒的主体涉及各个行业,涉毒人员呈现出明显的多元化特征,因此毒品问题也随之复杂化。根据《2015年中国毒品形势报告》的统计分析,吸毒人员的职业信息比例如图3所示:[1]

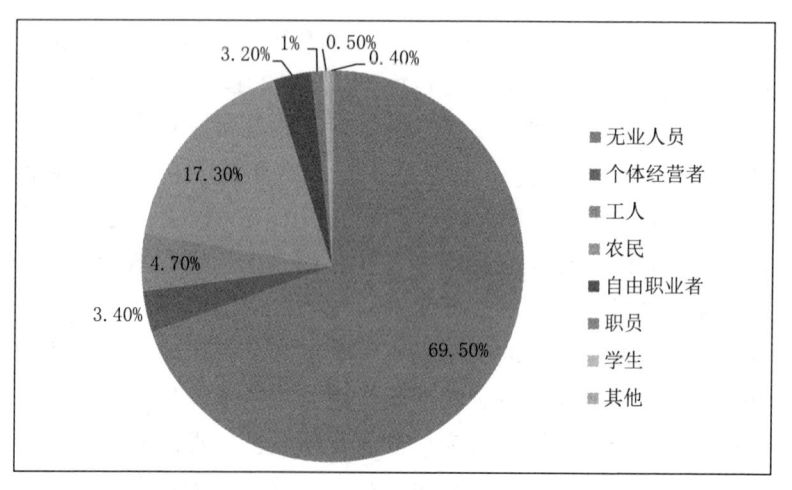

**图3 吸毒人员职业信息**

可见,在吸毒人员当中,无业人员所占比例最大,占整体

---

[1]《2015年中国毒品形势报告》,第2~3页。

的69.5%，其次从高到低的比例，依次是农民、工人、个体经营者、自由职业者、职员、学生、其他（包括专业技术人员、企业管理人员以及公职人员、演艺界明星等）分别占整体比重的17.3%、4.7%、3.4%、3.2%、1%、0.5%、0.4%。吸毒人员分布于社会的各行各业，吸毒主体朝着多元化的方向发展，且其中大量的人员都属于社会底层，可能蕴含着较大的风险。

吸贩毒诱发违法犯罪现象，影响社会的稳定。一般来说，毒品问题严重的地方（特别是吸毒问题严重的地方），犯罪现象就比较严重。由于毒品犯罪较易与其他暴力犯罪相结合，给公民的人身安全、社会安全和公共安全造成了严重的危害。2016年，全国共破获440多起涉枪毒品案件，案发地涉及全国各省区市，其中枪毒合流严重的省份主要有云贵川、两广地区以及福建和重庆等地区。[1]毒品犯罪分子所实施的武装贩毒、暴力抗法，给公安机关的缉毒执法工作带来了巨大风险和挑战，严重威胁着地区的社会治安稳定和公共安全。不仅如此，吸毒人员所实施的暴力犯罪案件突出。根据2015年国家禁毒委员会的统计数据：当年全国共破获了330多起因毒品滥用而引起的暴力攻击、毒驾肇事等事件，查获此类涉案的吸毒人员349名；全国共破获17.4万起由吸毒人员实施的刑事案件，其中"两抢一盗"等侵财性案件7.2万起，涉毒犯罪案件7.4万起，其中严重危及人身安全的暴力犯罪杀人、绑架和强奸等716起。[2]吸毒人员所实施的暴力犯罪案件突出，使人民的生命财产和安全受到威胁，影响到社会的正常发展。

---

[1]《2017年中国禁毒报告》，第66页。
[2]《2015年中国毒品形势报告》。

2. 毒品泛滥耗费资源

当前，毒品违法犯罪活动泛滥，国家每年要投入大量的人力、财力等资源来打击毒品违法犯罪活动，致使每年大量的资金用于打击毒品犯罪活动，还要投入大量的人力、物力进行禁毒的各种活动，整体上造成了国家大量的资源浪费。国家禁毒委员会在一些毒品问题严重的区域进行重点整治工作，在毒品问题较严重的区域投入大量的资源来进行禁毒整治。比如，增加地方基层禁毒队伍的力量、对禁毒队伍进行培训，加强对基层戒毒场所以及禁毒教育基地的禁毒基础设施建设。如在毒品重灾区四川凉山，2017年政府从全州政法系统抽调200多名工作人员去基层担任驻村专职禁毒副书记，广州市白云区的禁毒民警由原来的30人扩充到了260人。

不仅如此，国家要投入大量的经费来处理因毒品犯罪带来的各种社会问题，其中特殊人群吸贩毒就是一个较突出的社会问题。如在吸毒期间怀孕的妇女，其新生的婴儿容易患有先天性生理缺陷或是智力缺陷，这些受毒害的婴儿在出生后需要社会给他们提供额外的医疗服务和福利费用，这是一笔很大的财政支出，在一定程度上给国家财政增加了压力。此外，由吸毒丧失劳动力、感染各种疾病以及感染HIV而引发的艾滋遗孤等问题，由于需要为其提供治疗、救济，无疑又给社会带来了巨大的经济负担。此外，由于吸毒成瘾后极大降低了人的体力和智力水平，该类人群不能从事各类有益于社会的工作，更不用说为社会创造财富价值了。当前，青少年吸毒成了中国面临的一个社会问题。青少年是一个国家未来社会财富的主力军，青少年吸毒无疑是社会人力资源的一大损失。

3. 毒品危害经济发展

毒品犯罪造成社会财富流失，影响国民经济。在国家严厉打击毒品违法犯罪活动的背景下，毒品经济转入地下进行交易，所以很难进行精确统计。但国家每年需要为由吸贩毒问题引起的执行法律、提供医疗服务支出一大笔费用。

在缉毒、戒毒等相关方面，国家每年需耗费大量的财政支出，用于培训缉毒人员、建立缉毒队伍以及购买缉毒设备和用于办案经费等。2017年，四川省为凉山彝族自治州投入专门用于购买毒品查缉车的资金高达2300万元，投入5000万元经费进行绿色家园建设，将凉山彝族自治州的禁毒专项资金由原来的2400万元提高到了4000万元；广西壮族自治区东兴市为了建成边境国防栏为其投入了近1.3亿元，广州市白云区为了打击该地区的毒品违法犯罪活动投入了1.8亿元的专项经费，用于开展禁毒重点整治；每年投入到开展"6·27"青少年毒品预防教育工程和"8·31"社区戒毒康复工程的资金非常巨大，仅2016年中央补助地方用于禁毒的专项资金就高达12亿元。[1]这导致大量本可以用于国家其他基础设施建设的资金被用在了打击毒品违法犯罪活动上，造成社会财富的大量流失。近年来，虽然国家和地方财政每年都在增加缉毒和戒毒经费，但还是不能满足实际需要。由此可见，毒品违法犯罪的上升给国家的财政造成了巨大的损失，浪费了大量的资源。

4. 毒品危害青壮年身心健康

目前，青壮年是主要的吸毒群体，2019年底国家禁毒委员会统计：吸毒人员中"35岁以上109.5万名，占51%；18岁到35岁104.5万名，占48.7%；18岁以下7151名，占0.3%"。[2] 2020年底全国现有吸毒人员"35岁以上109.5万名，占51%；

---

[1]《2017年中国禁毒报告》。
[2]《2019年中国毒品形势报告》。

18 岁到 35 岁 104.5 万名,占 48.7%;18 岁以下 7151 名,占 0.3%"。[1]从上面的吸毒人员年龄结构分布中我们可以看出,青年吸毒仍是我国吸毒的主流,青壮年吸毒成了中国面临的主要社会问题。

5. 毒品危害公民健康

毒品的滥用会使公民的身体健康受到侵害,加剧艾滋病、丙型肝炎等一系列疾病风险,影响社会健康发展。国家禁毒委员会办公室的统计数据显示:2020 年全国有吸毒人员 180.1 万名,"滥用合成毒品 103.1 万名,占现有吸毒人员总数的 57.2%,滥用阿片类毒品 73.4 万名,占现有吸毒人员总数的 40.8%。海洛因、冰毒等滥用品种仍维持较大规模,大麻吸食人数逐年上升"。[2]合成毒品逐步成为主流消费毒品,合成毒品滥用规模不断扩大,并且长期使用合成毒品极易引发精神性疾病,导致大量的毒品次生犯罪与极端暴力犯罪发生,危害公共安全。据 2014 年底统计,当年全国在册登记吸毒人员死亡人数 4.9 万人。2014 年中国国家药物滥用监测中心监测数据显示:大部分滥用者以注射方式感染。[3]其中,海洛因滥用者艾滋病感染率高于合成毒品感染率,海洛因滥用人群艾滋病病毒感染率为 3.5%,而合成毒品滥用人群艾滋病病毒感染率为 1.4%。

6. "毒驾"问题突出

以交通运输、演艺界为例的重点行业群体涉毒问题已成为一个新的趋势,这些特殊行业群体涉毒问题每年均呈上升趋势。其中,"毒驾"引发的恶性交通事故时有发生。随着合成毒品滥用问题在全国的持续蔓延,吸食毒品群体呈现出低龄化、大众

---

[1] 《2019 年中国毒品形势报告》。
[2] 《2020 年中国毒情形势报告》。
[3] 《2014 年中国毒品形势报告》。

化的趋势,这使得毒品问题向社会的各个层面渗透、蔓延,这其中最受影响的是公共交通安全领域,"毒驾"导致的交通事故时有发生。伴随着吸毒人数的急剧增加和全国各地机动车保有量的增长,驾驶员群体中吸食毒品的人数呈增长趋势,造成近两年来吸毒导致交通事故案例的多发。2015年,全国公安机关依法注销14.6万名吸毒驾驶人的驾驶证,拒绝申领驾驶证1.1万人。[1]2016年,全国公安机关依法注销7.13万名吸毒驾驶人的驾驶证,拒绝申领驾驶证6435人。由此可见,"毒驾"肇事已经呈爆发式增长,已经迅速成为道路交通领域中的又一重大隐患,严重危害了公共安全和人民群众的生命财产安全。随着国家对戒毒和禁毒工作的深入,近三年滥用毒品的危害有所减轻,但由于滥用合成毒品的人员基数仍然较大,毒驾肇事影响公共安全的风险依然存在,预警防范难度仍然很大。

(三) 新精神活性物质对个人及社会的影响

新精神活性物质虽不受制于国际管制条约,但其产生的作用类似于受管制的成瘾性物质,同样具有中枢兴奋作用、依赖性、致幻作用等特性,给个人、家庭和社会造成了巨大损失。其特点主要包括:①未被列入国家管制药品,故生产、加工、销售、运输、进出口以及使用新精神活性物质的行为,均不会触犯法律。这也就给了制造走私新精神活性物质的不法分子牟利的可乘之机。②新精神活性物质所具有的疾病风险更大。由于滥用者对新精神活性物质中各种物质的含量和作用并不知悉,故更易由于吸食过量而导致严重后果。比如,U-47700的药效约是吗啡的7.5倍,卡芬太尼的药效约为吗啡的1万倍,成人的致死量仅约为2毫克。③新精神活性物质合成方法简便,更新

---

[1]《2015年中国毒品形势报告》。

换代速度非常快。一方面，许多新精神活性物质在很早以前就已经被合成，由于种种限制不清楚其效用而被搁置，而在某种契机下，一旦被不法分子发现并掌握其合成方法，其被滥用的危险性将会有很大程度的提高。另一方面，在很多情况下，制毒者仅需对某种受管制药品的分子结构稍作改动，就能够合成出一种与原药类似的新精神活性物质，这也就是通常所说的策划药，例如苯乙胺等。以上情况均可增加禁毒立法和执法的艰巨性和复杂性。

自新精神活性物质兴起以来，其对吸食人群健康的危害便逐步显现。主要包括：①导致精神障碍。新精神活性物质主要是以中枢兴奋及致幻作用为主，如苯乙胺类、卡西酮类以及色胺类物质均有致幻作用，一次大量吸食或长期吸食可能引起躁动、焦虑、恐惧、妄想、偏执等症状，甚至导致精神错乱，进而冲动自残或暴力伤人。例如，"丧尸浴盐"事件的当事人丧失了自我意识，并有自残和袭击他人的行为。②导致肝炎、艾滋病等传染性疾病的感染传播，损害躯体健康。新精神活性物质对性活动有兴奋作用，会造成滥用者间的性乱行为，继而增加肝炎、艾滋病等传染性疾病的传播。新精神活性物质也可直接影响大脑功能，导致神经中毒症状等，过量或长期服用会引发急性精神障碍或急性心脑疾病，例如，心动加速、血压升高、肝肾功能衰竭等急性中毒症状，甚至引发抽搐、休克、脑卒等。各个国家报道的滥用新精神活性物质致死的案例数量正逐年增加，致死率增加的主要原因有：一是使用"安全""合法"等字样误导滥用者，导致其过量吸食死亡；二是新精神活性物质经常与其他类物质混合使用，多种新精神活性物质在人体内相互协同作用会给吸食者的健康带来更大隐患；三是新精神活性物质的变种翻新极快，效力更强的物质不断被合成、贩卖，无法掌握它们的实际药效和安全使用剂量。

## 四、我国的禁毒政策

我国既定的毒品政策认为,"毒品危害人民健康,滋生犯罪和腐败,破坏可持续发展,危及国家安全和世界和平,对一切毒品违法犯罪活动必须严加禁绝"。[1]因此,我国的禁毒立法着重以惩戒为导向,强调从严惩处毒品犯罪。根据《人民法院禁毒工作白皮书》(2012-2017)的统计:2012年至2016年,毒品犯罪案件在全部刑事案件中的比例从2012年的7.73%增至2016年的10.54%。毒品犯罪成了增长最快的案件类型之一,其增长幅度是全部刑事案件总体增幅的4.12倍。毒品犯罪案件判处五年有期徒刑以上刑罚的重刑率总体为21.91%,各年度的重刑率均高于同期全部刑事案件重刑率十余个百分点。[2]正因为有如此严厉的毒品政策作为立法指引,我国刑法对于毒品犯罪的规制力求尽可能严密犯罪圈,并通过扩充罪名和重刑惩戒的方式实现毒品政策所意图实现的目标。

(一)"严打"的刑事政策

刑事政策是"国家与社会据以组织反犯罪斗争的原则的综合"。改革开放以来,我国对毒品犯罪采取的是零容忍"'严打'的刑事政策"。1982年,《全国人民代表大会常务委员会关于严惩严重破坏经济的罪犯的决定》第1条规定:"(一)对刑法第一百一十八条走私、套汇、投机倒把牟取暴利罪,第一百五十二条盗窃罪,第一百七十一条贩毒罪,第一百七十三条盗运珍贵文物出口罪,其处刑分别补充或者修改为:情节特别严

---

[1]《中国的禁毒》(白皮书)。
[2]《人民法院禁毒工作白皮书(2012-2017)》。

重的，处十年以上有期徒刑、无期徒刑或者死刑，可以并处没收财产。……"结合当时的时代背景和"严打"刑事政策，毒品犯罪的法定刑设置也予以上调，体现了国家"严打"刑事政策的落实。1990年《全国人民代表大会常务委员会关于禁毒的决定》沿用了这一立法态度，并且最高人民法院《关于执行全国人民代表大会常务委员会关于禁毒的决定的若干问题的解释》（法发［1994］30号）和1997年《刑法》予以了延续，在1979年《刑法》的基础上补充规定了走私毒品罪等一系列毒品流通环节的罪名，并将走私、贩卖、运输、制造毒品罪的法定刑上限提高到死刑。而1997年《刑法》在吸收上述规定的基础上，通过入罪"零门槛"、不以纯度折算的规定表明了对毒品犯罪的严惩态度。可见，我国的毒品犯罪立法随着时代背景和毒情形势的变化，国家"严打"的刑事政策也在刑法中不断深入具体化，在这一过程中，司法活动的反馈也为立法革新提供了相当程度的助力。刑法试图通过严厉的刑罚对处于供给阶段的所有涉毒行为进行打击，从而达成阻隔毒品流通的目的。例如，将种植毒品原植物的行为予以犯罪化。有人认为，这些行为与毒品流通的关联度极小，似乎没有必要在立法上给予关注，但我国的禁毒政策强调"要从民族兴衰和国家安危的高度，深刻认识惩治毒品犯罪的极端重要性和紧迫性"。[1]毒品犯罪刑事立法秉承了这一理念，以扩张犯罪圈的形式来切断毒品供给的"行为链"，通过犯罪前置化规则，体现出立法者希望尽可能减少法律漏洞、完善毒品犯罪打击范围的目的。

我国在司法实践中也坚决贯彻了"严打"的刑事政策。通

---

［1］ 最高人民法院《全国部分法院审理毒品犯罪案件工作座谈会纪要》（法［2008］324号）。

过降低部分毒品的量刑标准、从严把握毒品犯罪缓刑、假释，对源头性、社会危害性较大的毒品犯罪从重处罚等做法，试图通过严惩、重刑以达到对毒品犯罪的威慑效果。根据最高人民法院的统计，在人民法院始终坚持依法从严惩处毒品犯罪的指导思想下："2012年至2016年，毒品犯罪案件判处五年有期徒刑以上刑罚的重刑率总体为21.91%，各年度的重刑率均高于同期全部刑事案件重刑率十几个百分点。在严重毒品犯罪高发的云南，重刑率一直保持高位，2012年至2016年的总体重刑率为71.08%，高出同期全国总体重刑率49.17个百分点。"[1]"2018年，全国法院判处五年以上有期徒刑、无期徒刑至死刑的毒品犯罪分子26 443人，重刑率为24.11%；2019年1到5月，判处重刑人数10 029人，重刑率为26.38%，均高出同期全部刑事案件重刑率十几个百分点，充分体现了人民法院依法从严惩处毒品犯罪的政策立场。"[2]在刑事司法上，也降低了部分毒品犯罪的量刑标准，严把缓刑、减刑、假释的审查与裁定关，切实保障刑罚执行效果。"毒品犯罪案件中，累犯、毒品再犯的比例较高，部分再犯系在缓刑、假释考验期或者暂予监外执行期间再次实施毒品犯罪。为确保刑罚的执行效果，人民法院严格规范和限制对毒品犯罪的缓刑适用，对于毒品再犯一般不适用缓刑，对于不能排除多次贩毒嫌疑的零包贩毒被告人、因认定构成贩卖毒品等犯罪的证据不足而认定为非法持有毒品罪的被告人，以及实施引诱、教唆、欺骗、强迫他人吸毒犯罪或者制毒物品犯罪的被告人，亦严格限制缓刑适用。同时，人民法院坚持从

---

〔1〕《人民法院禁毒工作白皮书（2012-2017）》。

〔2〕参见"坚持依法严惩毒品犯罪 大力提升案件办理质量——2018年以来人民法院禁毒工作的主要情况"，载人民网：http://legal.people.com.cn/n1/2019/0625/c42510-31187599.html，访问时间：2019年12月10日。

严把握毒品罪犯的减刑条件,并对严重毒品罪犯的假释作出严格限制,对于具有毒枭、职业毒犯、累犯、毒品再犯等情节的毒品罪犯,一律从严把握减刑条件,适当延长减刑起始时间、间隔时间,严格控制减刑幅度,延长其实际执行刑期;对于刑法未禁止假释的前述毒品罪犯,严格把握假释条件。毒品犯罪属于典型的贪利型犯罪,为剥夺犯罪分子再犯的经济能力,人民法院除依法适用主刑外,亦注重加大对毒品犯罪的经济制裁力度,依法追缴毒品犯罪分子的违法所得,充分适用罚金刑、没收财产刑并加大执行力度,同时注重依法惩处涉毒洗钱和窝藏毒赃等下游犯罪。以上举措,进一步规范了毒品犯罪的刑罚适用和执行,保障了刑罚作用的有效发挥。"[1]"严打"的刑事政策在禁毒实践中发挥了威慑作用,我们可以看到,批捕毒品犯罪嫌疑人、对毒品罪犯判处刑罚能显著减少毒品犯罪案件,说明刑事司法处罚对毒品犯罪的确有威慑作用。应当说,国家各级司法机关在发挥刑罚惩治毒品犯罪工作上发挥了积极作用,"严打"使毒品犯罪的成本提升,在一定程度上遏制了毒品犯罪率的提升。

关于"严打"的刑事政策,2010年2月8日颁布的最高人民法院《关于贯彻宽严相济刑事政策的若干意见》指出:"宽严相济刑事政策中的从严,主要是指对于罪行十分严重、社会危害性极大,依法应当判处重刑或死刑的,要坚决地判处重刑或死刑;对于社会危害大或者具有法定、酌定从重处罚情节,以及主观恶性深、人身危险性大的被告人,要依法从严惩处。"同时,我国还对宽严相济刑事政策中的"宽"作出了详细的论述。由此可见,"从严"打击的刑事政策也并不意味着一味"从严",

---

[1]《人民法院禁毒工作白皮书》(2012-2017)。

而应当坚持"严"有度、"宽"有度。笔者认为，仅靠"严打"的刑事政策来彻底遏制毒品犯罪问题，显然还是不够的，目前缺少统一的对毒品预防、禁毒宣传教育、禁毒社会参与等综合治理的政策，导致相应的法律规定与刑法缺乏有效衔接，出现了对毒品治理多头管理、各自负责的局面。"一方面，毒品犯罪中过于依赖刑法乃至重刑手段的作用，进而影响了其他治理措施的发挥；另一方面，难以构建完善的治理体系，发挥其他措施在毒品犯罪治理中的作用。当其他措施难以发挥作用，在缺乏刑法外机制而使得毒品犯罪态势得不到控制甚至有恶化趋势的情况下，采取重刑是最为直接的、短期内也最有效的举措，而这又将进一步影响其他手段的发挥。"[1]据笔者调查，在西南的云南、四川地区，有许多毒品犯罪分子来自农村，尤其是从缅甸至昆明、成都的地下运毒通道运输毒品的犯罪分子多是一些文化程度不高、几乎没有固定收入来源的不发达地区的农民、小城镇无业人员，毒品犯罪给其带来的暴利诱惑，加之毒品犯罪的侦查手段和技术、人力的制约，较高的毒品犯罪黑数，使得他们铤而走险走向贩毒之路，而此时的"严打"政策和刑法的重刑似乎并没有发挥出特别明显的预防威慑作用。因此，我们在贯彻"严打"毒品犯罪的刑事政策的同时，还要辅之以其他综合治理的政策才能收获对毒品犯罪的特殊预防和一般预防作用。

（二）预防为主、综合治理的禁毒政策

2014年6月，中共中央、国务院的《关于加强禁毒工作的意见》（以下简称"中央6号文件"）提出了加强禁毒工作的

---

[1] 胡江、陈熠："刑事政策视野下毒品犯罪多元立法模式之提倡"，载《广西警察学院学报》2021年第1期。

指导思想、任务目标和主要措施。这是党中央、国务院作出的重大决策部署，也是首次以中央名义下发的禁毒文件。随后，中央办公厅、国务院办公厅又印发了贯彻落实中央6号文件重要政策措施分工方案的通知，即中共中央、国务院《关于加强禁毒工作的意见重要政策措施分工方案》，分解、细化了各项工作任务，明确了牵头单位和参加单位，确定了工作进度、完成时限、成果要求。这些文件的出台体现了党中央对遏制毒品犯罪蔓延势头的坚定决心和在治理工作上的全方位覆盖和措施细化。根据中央6号文件所提出的"源头治理、以人为本、依法治理、严格管理、综合治理"的基本原则和"预防为主，综合治理，禁种、禁制、禁贩、禁吸并举"的工作方针，我们可以认为国家开展的禁毒工作是采取"预防为主、综合治理"的禁毒政策。我国当前的毒品犯罪治理政策以及对吸毒人员和毒瘾未戒除者的治疗政策较传统政策虽有很大的改善和提高，但在治理中不能单纯依靠国家的力量，不能仅靠"严打"的刑事政策，用刑法的威慑效应来实现预防毒品犯罪的效果，还要注重综合治理，即综合运用多种手段和措施进行治理。《禁毒法》第4条明确规定，禁毒工作采取"预防为主，综合治理，禁种、禁制、禁贩、禁吸并举的治毒方针"，并规定了包括禁毒宣传教育、戒毒措施、毒品管制、禁毒国际合作在内的社会、行政、法律等多元并行的治理手段。

1. 预防为主

预防为主的禁毒政策已被落实为《禁毒法》的工作方针。"预防为主"体现的是党和国家的禁毒工作一是要防止绝大多数未染毒品的广大群众成为毒品犯罪分子（制、贩、运毒者）的潜在"客户"，从而在客观上减少社会对毒品的需求，反向降低毒品的供给，这是"预防为主"禁毒政策的主要之意。二是防止已经吸毒者越陷越深并且影响身边人成为吸毒者,预防社会公序良俗被破坏。

(1) 创建"无毒社区""无毒村"活动。创建"无毒社区(村)"工作就是预防为主的禁毒政策"一项具体工作"的落实。"社区"是指一定范围的社会区域。具体讲是指:由居住在某一地方的人们结成多种社会关系从事多种社会活动所构成的社会区域生活的社会群体,一般是指城市中的街道、居民小区等。村是由一个或多个家族聚居而自然形成,其居民在本地从事农林牧渔业的生产,根据《村民委员会组织法》的规定,由若干个村民小组组成的基层群众性自治单位。"无毒社区""无毒村"是指:无吸毒、无贩毒、无种毒、无制毒的"四无"型社区。毒品问题是一种社会问题,具有深刻的社会根源。对于社会问题,不仅要依靠法律和法规,还必须依靠社会中实际存在并影响社会生活的其他规范进行自我约束、自我抵制。2003年,国家禁毒委员会、中央综合治理委员会和中央精神文明建设指导委员会联合发文《关于深入开展创建"无毒社区"、"无毒村"工作的通知》,提出从 2003 年开始,深入开展创建"无毒社区""无毒村"活动。通过发动全国城乡各基层社会组织,在政府的统一指挥下,发挥中国特色社会主义的制度优势,用广大人民群众的力量,把国家的禁毒工作转化为全民参与的行动,把《禁毒法》规定的"禁种、禁制、禁贩、禁吸"等预防毒品违法犯罪活动的工作目标、任务、责任落实到基层组织和群众参与之中。例如,在社区戒毒中,通过社区、村组织与吸毒人员签订社区(村)戒毒协议形式执行戒毒义务,依靠社区戒毒人员的自我约束、自我管理来履行戒毒义务,同时自觉接受社区(村)基层群众性组织监督,促使戒毒者将拒绝毒品德治内化于心、法治外化于行。通过群众联防机制建设,积极引导社区群众抵制毒品违法、揭发毒品违法行为，教育群众识别毒品的危害行为，做好未成年人毒品预防教育，健全完善学校、家庭和社区"三位一体"衔接教育机制，加强重点地区、重点场所、重点部位的预防教育，全面提升毒品预防教育的覆盖面和影响力，积极引导广大人民群众追求健康文明的生活方式，增强公民的禁毒意识，提高公民自觉抵制毒品的能力。实现预防毒品违法无死角。形成一个良好的社区禁毒氛围。用积小区禁毒小胜为大区禁毒大胜，逐步扩大"无毒社区""无毒村"的范围，最终实现全国"禁绝毒品"大胜的目标。实践证明，这无疑是非常有效的发动群众进行有效预防的禁毒政策。

（2）强制戒毒措施。对吸毒成瘾人员，公安机关可以责令其接受社区戒毒，负责社区戒毒工作的城市街道办事处、乡镇人民政府可以指定有关基层组织与戒毒人员签订社区戒毒协议，落实有针对性的社区戒毒措施；对于拒绝接受社区戒毒，在社区戒毒期间吸食、注射毒品的，严重违反社区戒毒协议的，经社区戒毒、强制隔离戒毒后再次吸食、注射毒品的吸毒成瘾人员，由公安机关决定予以强制隔离戒毒。强制戒毒是对吸毒者施以根治毒瘾的法律强制性措施，其目的是预防吸毒成瘾者复吸，避免其威胁社会的公共秩序。1990年12月28日第七届全国人大常委会第十七次会议通过的《全国人民代表大会常务委员会关于禁毒的决定》（以下简称《关于禁毒的决定》），从法律上明确了我国强制戒毒的体系结构。我国《禁毒法》坚持以人为本的戒毒理念，将对吸毒人员的教育挽救作为第一要义，统一"三大戒毒模式"，形成了以强制隔离戒毒为中心的多层次的戒毒工作体系。1995年，国务院制定《强制戒毒办法》，作为有关戒毒工作方面的行政法规，对强制戒毒工作单位、戒毒所、戒毒人员的管理进行了详细、全面的规定；2000年3月30

日,公安部通过并实施的《强制戒毒所管理办法》,主要是为了加强和规范对强制戒毒所的管理,以保障强制戒毒的顺利开展。依据《强制戒毒办法》的规定:"强制戒毒是对吸食、注射毒品成瘾的人员,在一定时期内,通过行政措施对其强制进行药物治疗、心理治疗和法制教育、道德教育,使其戒除毒瘾。"强制戒毒包括公安机关的强制戒毒和司法行政机关的劳教戒毒。依据《强制戒毒办法》第6条的规定:"强制戒毒期限为3个月至6个月,自入所之日起计算。对强制戒毒期满仍未戒除毒瘾的戒毒人员,强制戒毒所可以提出意见,报原作出决定的公安机关批准,延长强制戒毒期限;但是,实际执行的强制戒毒期限连续计算不得超过1年。"

(3)加强毒品预防法治教育。为增强全社会禁毒意识,《禁毒法》专章单设"禁毒宣传教育"工作。其第11条规定:"国家采取各种形式开展全民禁毒宣传教育,普及毒品预防知识,增强公民的禁毒意识,提高公民自觉抵制毒品的能力。国家鼓励公民、组织开展公益性的禁毒宣传活动。"有学者指出:"将宣传教育设置专章,并将其置于仅次于总则的地位,这在我国现有法律中是不多见的,《中华人民共和国禁毒法》的这种具有一定例外性的结构和内容设置,充分体现和贯彻了预防为主的禁毒方针。这一章的内容既是对我国长期开展的禁毒宣传教育实践经验的肯定,也是基于纠正实践中所存在的忽视毒品宣传教育、宣传教育缺乏长效机制等弊端而在法律上所采取的应对措施。"[1] 2010年8月,国家禁毒办、中宣部、中央外宣办、中央综治办、公安部、教育部等18个部门联合下发《关于深化全民禁毒宣传教育工作的指导意见》,对禁毒宣传教育的指导思想、基本原

---

[1] 参见姚建龙:《禁毒学导论》,中国人民公安大学出版社2014年版。

则、教育对象、任务目标、教育方法、责任主体等内容作了明确、细致的指导，各级政府和相关职能部门也积极开展各种禁毒宣传教育活动，有效地推动了全社会依法履行禁毒宣传教育职责，进一步提高了全民抵御毒品的能力和参与禁毒斗争的意识。我国每年在"6月26日"国际禁毒日前后集中开展大规模的活动，进行禁毒宣传教育，充分发挥报刊、广播、电视、微信公众号、公共媒体网络客户端、禁毒展览等线上和线下国家媒体的作用，开展强大的宣传攻势，广泛宣传吸毒危害和禁毒法规，唤起人民群众积极参与禁毒的意识和对毒品蔓延的警惕意识。2015年6月25日在习近平总书记亲切会见全国禁毒先进集体和先进个人代表之后，国家禁毒委员会、公安部随即将青少年毒品预防教育工作作为贯彻习近平总书记重要讲话精神的重要举措，制定了全国青少年毒品预防教育"6·27"工程方案，即以10岁至25岁的青少年为重点，以各类学校为主阵地，力争通过3年的努力，构建完善的青少年毒品预防教育工作体系，使青少年禁毒意识明显增强，新滋生吸毒人数明显下降。全国各地学校和社区加强了常态化毒品预防教育，整个社会对于禁毒宣传教育重要性的认识逐渐提高。公安、教育、民政、司法行政、文化、工会、共青团、妇联等部门坚持将青少年、无业人员和进城务工人员作为禁毒宣传教育工作的重点，创造丰富的品牌教育活动载体，组织以6月全国禁毒宣传月为重点覆盖全年的禁毒宣传活动，推动禁毒宣传教育进社区、进学校、进单位、进家庭、进场所、进农村。由此可以看到，我国政府对毒品的预防教育始终是坚持发挥中国特色社会主义制度的优势，坚持党的领导，发动广大基层组织和人民群众，将先进文化和优良传统文化的文化教育融入社会基层群众的日常生活，为预防毒品犯罪和危害提供了思想动员和宣传教育保障，这也是我国能取得显著的毒品预防教育效果的重要原因。

2. 综合治理

毒品问题的治理需要有健全、完善的治理体系，全面、高超的治理能力，标本兼治、以人为本、与时俱进的现代化综合治理。整体上看，毒品犯罪仍然是增长最快的案件类型之一，人民法院审判的毒品犯罪案件数在全部刑事案件中仍位居前列，反映出我们仅靠"严打"的刑事政策还不足以遏制毒品犯罪上升的势头，必须要进行社会综合治理。习近平总书记指出，必须不断加强禁毒工作顶层设计，完善毒品治理体系，提升毒品治理能力，广泛发动群众，走中国特色的毒品问题治理之路。习近平总书记于2014年6月24日对禁毒工作作出重要批示："要标本兼治、多管齐下，坚持源头治理、系统治理、综合治理、依法治理，统筹运用法律、行政、经济、教育、文化等手段，综合采取禁吸、禁贩、禁种、禁制等措施，加强宣传引导，广泛发动群众，最大限度减少毒品的社会危害，为保护人民身心健康、维护社会秩序、实现'两个一百年'奋斗目标作出积极贡献。"[1] 2015年6月25日，习近平总书记在北京会见全国禁毒工作先进集体代表和先进个人，并发表重要讲话指出："禁绝毒品，功在当代、利在千秋。禁毒工作事关国家安危、民族兴衰、人民福祉，厉行禁毒是党和政府的一贯立场和主张。各地区各有关部门要切实增强做好禁毒工作的政治责任感，以更加坚定的决心、更加有力的措施、更加扎实的工作，坚持严打方针不动摇，坚持多策并举、综合治理，坚持部门协同、社会共治，保持对毒品的'零容忍'，锲而不舍，常抓不懈，坚定不移打赢禁毒人民

---

[1] 参见"习近平对禁毒工作作出重要指示，李克强作批示"，载中国政府网：http://www.gov.cn/xinwen/2014-06/25/content_2708073.htm，访问时间：2020年2月10日。

战争,不获全胜决不收兵。"[1]2017年9月,习近平总书记在北京出席国际刑警组织第86届全体大会开幕式时,发表了题为《坚持合作创新法治共赢 携手开展全球安全治理》的主旨演讲。他指出,中国积极参与并倡导国际执法合作和全球安全治理,并提出了责任共担、社会共治的国际禁毒合作方案。中央6号文件对新时期的禁毒工作已经作出了全面部署,提出了"六全"毒品治理体系的概念,即全覆盖毒品预防教育、全环节管理服务吸毒人员、全链条打击毒品犯罪、全要素监管制毒物品、全方位监测毒情态势、全球化禁毒国际合作。由此可以看出,新时代以习近平总书记为核心的党中央针对毒品治理提出的是要实施综合治理的禁毒政策。国家对毒品违法犯罪的综合治理可以体现在三方面:制度设计的系统性、治理主体的多元性、治理手段的综合性。

(1)制度层面的系统性。我国禁毒制度层面的系统性表现在:《禁毒法》,国务院制定的行政法规《戒毒条例》,最高人民法院、最高人民检察院、公安部、卫健委、司法部等部门分别或联合制定的《办理毒品犯罪案件适用法律若干问题的意见》《吸毒人员登记办法》《吸毒检测程序规定》《吸毒成瘾认定办法》《公安机关强制隔离戒毒所管理办法》等一系列规章和规范性文件,各省(区、市)制定的地方禁毒条例或有关决议,以及与有关国际组织、国家签订的国际公约、政府间双边和多边禁毒协议、部门间双边禁毒协议。可见,我国逐步形成了以国家禁毒法律、行政法规、地方性禁毒法规、部门规章和规范性

---

[1] "习近平亲切会见全国禁毒工作先进集体代表和先进个人",载央广网:http://china.cnr.cn/news/20150626/t20150626_518961739.shtml,访问时间:2020年2月12日。

文件、国际公约、国际禁毒协议为配套支撑的禁毒法律体系，严密了从上到下、从国内到国外的禁毒法网。

（2）治理主体的多元性。毒品问题的公共性决定了对毒品违法犯罪的治理不能单纯自上而下地靠政府和司法机关的行政管理和司法制裁来完成。政府只有依靠人民群众，让广大群众积极参与预防毒品违法犯罪的社会治理，成为禁毒工作综合治理的重要主体，才能有效地推进禁毒工作见成效。2019年5月7日，习近平总书记在出席全国公安工作会议时发表重要讲话："对盗抢骗、黄赌毒、食药环等突出违法犯罪，要保持高压震慑态势，坚持重拳出击、露头就打。要坚持打防结合、整体防控，专群结合、群防群治，把'枫桥经验'坚持好、发展好，把党的群众路线坚持好、贯彻好，充分发动群众、组织群众、依靠群众，推进基层社会治理创新，努力建设更高水平的平安中国。"[1]《禁毒法》第3条规定："禁毒是全社会的共同责任。国家机关、社会团体、企业事业单位以及其他组织和公民，应当依照本法和有关法律的规定，履行禁毒职责或者义务。"2020年6月23日，习近平总书记对禁毒工作作出重要指示：强调"坚持厉行禁毒方针，打好禁毒人民战争"。[2]人民群众和社会各界参与禁毒工作是从"禁毒人民战争"这一中国特色的毒品综合治理的政策基础上发展起来的禁毒工作运行体系，旨在最大限度地调动人民群众参与治理的积极性，通过社会共治、多元共赢，让群众在毒品预防宣传、执法信息提供和监督、社会帮教

---

[1] "习近平出席全国公安工作会议并发表重要讲话"，载中国日报中文网：http://cn.chinadaily.com.cn/a/201905/08/WS5cd2d068a310e7f8b157b8e8.html，访问时间：2020年2月16日。

[2] "坚决打赢新时代禁毒人民战争 习近平这样部署"，载人民网：http://politics.people.com.cn/n1/2020/0623/c1001-31757142.html，访问时间：2020年10月9日。

等环节发挥作用，促使国家机关、企事业单位、家庭、学校、社区、公民等每一个基层"细胞"均能发挥禁毒的能动作用，实现依靠全民推动禁毒工作全覆盖。毒品问题治理的中国特色就是在党的领导下广泛发动群众开展全民禁毒，就是要求我们政府和司法机关要把以人民为中心的发展思想落实到毒品问题治理决策部署和禁毒实际工作之中。自党十九大召开以来，我国基层各级政府和司法机关在毒品问题治理上坚持和发展新时代"枫桥经验"，把党的群众路线落实在禁毒工作中，始终坚持习近平总书记强调的"坚持以人民为中心"的治理理念，坚持治理中的人民主体地位，紧紧依靠人民群众，积极构建了党委领导、政府负责、部门协同、社会共治、公众参与的共建、共治、共享的毒品治理和禁毒工作格局。

（3）治理方式的综合性。一是源头治理。即预防毒品制造、运输、买卖犯罪。从毒品制造到毒品流入社会的毒品犯罪链条必然存在着毒品犯罪分子与吸毒者两个主体与供需关系，在执行"严打"的刑事政策的同时，也需要对吸贩毒地下市场进行充分治理。1990年2月20日召开的国际合作取缔麻醉药品和精神药物非法生产、供应、需求、贩运和分销的联大特别会议通过了《政治宣言》和《全球行动纲领》，确立了联合国的"减少毒品非法供应"和"降低毒品非法需求"两大禁毒战略，各成员均积极响应。我国坚定不移地开展"脱贫攻坚"政策并且在实现全国脱贫的基础上进一步实行全民奔小康的乡村振兴战略，无疑是对联合国禁毒战略的最好响应。我国党和政府确立的两个百年奋斗目标，可以从根本上解决那些接触毒品地下市场机会多的文化程度不高、收入偏低的农民、无业人员等弱势群体的基本生活保障问题，通过经济治理构建完善的社会保障制度，最终实现群众文化水平和需求层次的提高，从而有效避免那些容易接触到毒品的低收入阶层群众为了短期的经济利益而走上毒品犯罪道路。坚持禁毒工作和扶贫工作相结合,坚持集中攻坚与常态推进、源头预防与综合治理相结合,既打击整治涉毒违法行为,又帮扶救助因毒致贫人员,实现禁毒工作和扶贫奔小康工作双促进。应当说,这是断绝毒品违法犯罪最重要的社会综合治理政策和治理手段。二是运用司法手段。全国各级人民法院积极运用多种手段对毒品违法犯罪进行治理。《全国法院审理毒品犯罪案件工作座谈会纪要》(法〔2000〕42号)、《全国部分法院审理毒品犯罪案件工作座谈会纪要》(法〔2008〕324号)、《全国法院毒品犯罪审判工作座谈会纪要》(法〔2015〕129号)均指出,在惩治毒品犯罪的过程中,应当贯彻综合治理的政策。具体来说,一方面,强调发挥非刑法手段的作用,将毒品犯罪惩治与禁毒教育、毒品防治等措施相结合,构建完善、合理的社会治理机制,从而形成从预防到惩治的、帮扶的、严密的毒品犯罪治理体系;另一方面,注重对轻刑、重刑与非监禁刑等不同的刑罚手段的综合运用,刑罚适当、宽严相济,有针对性地从严惩处,充分发挥不同刑罚手段的作用。例如,据最高人民法院统计:全国法院"2019年1月至5月,判处重刑人数10 029人,重刑率为26.38%,均高出同期全部刑事案件重刑率十几个百分点,充分体现了人民法院依法从严惩处毒品犯罪的政策立场"。[1]全国各级人民法院在做好毒品犯罪审判工作的同时,又"在禁毒宣传方面,最高人民法院和部分地方法院采取召开新闻发布会、发布典型案例、直播庭审、发放禁毒宣传资料等多种方式开展禁毒宣传活动,形成全国法院广泛、同

---

[1] "坚持依法严惩毒品犯罪 大力提升案件办理质量——2018年以来人民法院禁毒工作的主要情况",载人民网:http://legal.people.com.cn/GB/n1/2019/0625/c42510-31187599.html,访问时间:2019年9月10日。

步开展禁毒宣传的整体声势"。[1]2021年6月，最高人民法院在国际禁毒日来临之际，发布了10件2020年以来审结的毒品犯罪和吸毒诱发次生犯罪的典型案例，收到了很好的社会效果，彰显了最高人民法院履行严惩毒品犯罪的审判职责和履行禁毒法治宣传教育的社会责任。2020年以来，人民法院认真履行禁毒委员会成员单位职责，继续做好典型案例发布、庭审直播、法治进校园等禁毒宣传工作，积极配合有关部门开展"净边""除冰肃毒"等专项行动和毒品问题严重地区整治行动，有力地推动了禁毒综合治理。三是运用技术手段。随着互联网、大数据、人工智能等技术在社会生活中的广泛运用，毒品违法犯罪分子借助于这些现代化的通信与技术制造、运输、销售毒品，导致违法犯罪活动越来越隐蔽、方便、快速。国家禁毒委员会办公室发布的《2019年中国毒品形势报告》明确指出，利用网络虚拟身份联络、线上交易毒品，采用手机银行、微信、支付宝转账等网络支付方式付款已成网络贩毒的突出表现。[2]毒品违法犯罪者充分利用网络进行毒品犯罪活动沟通、毒品制造指导、雇人运输、销售等犯罪活动。为有效治理毒品违法犯罪，禁毒工作也必须全面借助现代科学技术。例如，对易制造新精神活性物质的化学原料及其场地实施有效的技术监控措施，对易制毒化学品的生产、销售、运输、流转、使用的全部环节，运用科技手段建立起现代化的监管体系，实现全环节"透明"式管理，有效防止易制毒化学品流入非法渠道，用于制造毒品，从而有效地遏制国内制造毒品的犯罪问题。在机场、边境

---

[1] "坚持依法严惩毒品犯罪　大力提升案件办理质量——2018年以来人民法院禁毒工作的主要情况"，载人民网：http://legal.people.com.cn/GB/n1/2019/0625/c42510-31187599.html，访问时间：2019年9月10日。
[2] 《2019年中国毒品形势报告》。

口岸等毒品过境场所，运用先进的化学微量物质探测仪器、无线射频探测仪器对过境人的身体以及随身携带的物品进行扫描，从而达到快速识别毒品的效果。由国家建立有效的毒情网络信息监控与反馈系统，用信息化技术有效监控线上与线下毒品犯罪活动。充分运用人防、物防与技防相结合的毒品防控模式，特别是发挥毒品技防的关键作用，充分挖掘毒品的大数据海量信息，"重视电子证据的收集和固定，增强侦查人员收集电子证据的能力和意识，规范电子证据的取证方式，充分利用现代信息技术，依法、全面地搜集、固定、保全相关的电子证据"，[1]力求实现缴获毒品的及时性、打击毒品违法犯罪人员的精确性。

(三) 全社会帮扶戒毒的政策

《禁毒法》将戒毒人员界定为"违法者、病人和受害者"，体现了国家对戒毒人员的人文关怀。"过去的法律法规偏重于从道德和维护社会治安秩序角度看待吸毒人员"，"而如今更多的是从医学或人道主义出发，体现出更多的人文关怀"。[2]国务院的《戒毒条例》也确立了"以人为本、科学戒毒、综合矫治、关怀救助"的戒毒工作原则。但无论是被强制戒毒者还是自愿接受社区戒毒者，其在社会上均已被人们潜意识地贴上了不良行为者标签，容易受到来自家庭、社会的孤立和歧视，这会影响到他们能否成功戒毒和再社会化。政府和社会需要为他们营造一个宽容与关爱、帮扶的环境，通过药物治疗、心理治疗、社会帮扶和救助来树立他们正确的人生观和价值观，使他们真

---

[1] 胡江："毒品犯罪网络化的刑事治理"，载《西南政法大学学报》2020年第5期。

[2] 姜祖桢："刍议我国戒毒体制的重构与完善"，载《犯罪与改造研究》2008年第4期。

正从心理上摆脱对毒品的依赖。为此，国家禁毒委员会办公室、原中央社会治安综合治理委员会办公室、公安部、原国家卫生和计划生育委员会、民政部、司法部、财政部、人力资源和社会保障部等11个部门于2014年4月联合下发了《关于加强戒毒康复人员就业扶持和救助服务工作的意见》，要求各地区、各有关部门做好戒毒康复人员就业服务工作，帮助戒毒康复人员重新融入社会。该意见规定，要适当放宽戒毒康复人员就业困难人员的认定条件，保障戒毒康复人员按照有关规定享受税费减免、信贷支持、社会保险补贴、公益性岗位补贴等就业扶持政策。为符合税收政策规定条件的招用戒毒康复人员的企业按规定提供相应的税收优惠政策，扶持戒毒康复人员自主创业和自谋职业。社会救助方面，要求各地党委、政府积极引导戒毒康复人员参加职工基本医疗保险、城镇居民基本医疗保险或新型农村合作医疗，对符合城乡医疗救助条件的参加城镇居民基本医疗保险或新型农村合作医疗个人缴纳部分给予相应补助。符合城乡最低生活保障和农村五保的戒毒康复人员及其家庭，要按规定纳入供养范围；对因特殊原因造成基本生活出现暂时困难的戒毒康复人员家庭，要给予临时救助，保障戒毒康复人员有学可上、有业可就、病有所医、困有所帮。

2015年12月15日，国家禁毒委员会办公室等11个部委和社会团体联合发布《全国社区戒毒社区康复工作规划（2016—2020年）》，提出在戒毒措施上"整合基层资源，依靠人民群众，帮助吸毒成瘾人员戒除毒瘾、融入社会"。在戒毒的社会力量方面，"广泛动员各方面社会力量，统筹利用各方面社会资源，全面推进社区戒毒、社区康复工作，建立集生理脱毒、心理康复、就业扶持、回归社会于一体的戒毒康复模式"，"形成政府统一领导、有关部门齐抓共管、乡镇（街道）具体实施、社会力量广泛参与的工作格局"。国家坚持以人为本,在《禁毒法》中将戒毒人员当作"违法者、病人和受害者",特别是一些吸毒者还患有艾滋病、性病、肝炎等疾病,虽然他们是社会秩序的越轨者,但也是社会弱势群体,国家仍然要求全社会以人道化的方式对其进行教育和救治,通过对吸毒成瘾人员采取"帮助、教育、挽救",动员全社会共同参与帮助吸毒者戒毒,使他们真正体会到家庭和社会的关心和帮助,切实认识到吸毒带来的危害,从而决心戒毒,以便使其更顺利地回归社会。而作为社会组成的基本细胞,社区是预防毒品犯罪和吸毒行为发生的主要场所,也是社会治理的重要内容,因此我国要充分发挥社区基层组织能及时渗透到普通群众基本生活中的优势,将社区戒毒和社区康复两种戒毒模式引入戒毒政策体系中,作为国家禁毒工作的重要抓手。社区在戒毒工作中可以与其他组织(诸如学校、社会团体、周边娱乐场所)共同配合,为戒毒人员创造良好的社会环境氛围,更好地帮助吸毒人员回归社会。

# 第二章
# 毒品和新精神活性物质管制制度

## 一、我国毒品管制制度

"毒品"一词具有多重含义。从理化属性上看，毒品是药物的下位概念，只是在药理性质上有一定的特殊性（例如具有成瘾性、可能引发滥用），这并不意味着毒品就处于被完全否定的地位。因此，对于毒品来说，需要在"禁止非法滥用"与"保障合理使用"之间寻找合理平衡点。在立法的表述方面，既需要严格控制管制药品流入非药用领域而造成可能的社会危害，也必须明确其本身的药理属性而授权合适人群进行合理使用。正如1961年《麻醉品单一公约》"弁言"部分所述："缔约国关注人类的健康与福利，确认麻醉品在医药上用以减轻痛苦仍属不可或缺，故须妥为规定俾麻醉品得以供此用途，确认麻醉品成瘾于个人危害之烈，对人类在社会上及经济上的危险亦巨……"[1]可见，只有赋予毒品以法律意义上的定义，使之成为法律管制的对象，才有讨论禁毒制度的前提。

（一）我国禁毒立法沿革

1. 清朝的禁毒立法

禁毒立法的产生和发展，总是与毒品违法犯罪的演变和蔓

---

[1] 联合国1961年《麻醉品单一公约》，弁言。

延分不开的。旧中国的毒品犯罪,源于清朝末期的鸦片泛滥问题。从雍正皇帝到道光皇帝均重视禁烟,颁布了大量禁烟法律。1729年,清朝雍正皇帝颁布了世界上第一个禁烟令——《兴贩鸦片及开设烟馆之条例》,首次提出通过运用刑罚的方式来惩治贩卖、教唆或引诱他人吸食鸦片的行为。但该条例并未确定吸食鸦片的罪名,也没有禁止鸦片进口。清政府及以后历届中国政府的禁毒活动都从禁烟令中得到了借鉴经验。该条例是我国乃至世界上第一部有关禁毒的立法,标志着我国禁毒史的开始,也意味着禁毒立法史的开端。

乾隆和嘉庆年间,清政府又多次颁布禁止鸦片贩运、进口、罂粟种植以及吸食鸦片的法令。嘉庆皇帝借鉴了雍正年间对"兴贩鸦片"和"开设烟馆"的处罚规定,开始限制外国对华的鸦片贸易,从关税表中刨除了鸦片,禁止其进口,并采取了一系列措施打击外国商人走私鸦片活动。清政府于1813年颁布《官吏、兵弁及人民吸食鸦片治罪则例》,于1815年颁布《查禁鸦片烟章程》,检查澳门的西洋货船,实行官吏禁烟奖惩办法。同时,明确规定禁止在国内种植罂粟,任何购买、运输、销售鸦片的行为都是非法的。此外,嘉庆皇帝还令刑部制定了《吸食鸦片烟治罪条例》,把禁烟范围从过去的单纯禁止贩卖扩大到禁止吸食,第一次运用刑法手段制裁吸毒者。

之后,道光皇帝继续推行禁烟政策,在禁烟立法方面有突出成果。道光三年(1823年),清政府颁布《失察鸦片条例》,以后年年下达禁烟诏书。道光十一年(1831年),清政府发布《禁种条例》之后,同年又发布《禁吸条例》。《禁种条例》共6条,规定了自首立功者从宽处罚、对毒品犯罪附加没收财产刑等内容。道光十八年(1838年),颁布《钦定严禁鸦片烟条例》,将清朝历次发布的有关禁烟禁毒的规定整合成39条,是我国历史上第一部综合性禁烟法典。道光十九年（1840年），清政府颁布了《查禁鸦片章程》，该章程共39条，规定了烟毒犯罪、对烟毒犯罪处以峻刑、自首从轻制度、连带责任制度、官吏皇室犯罪与民同罚等内容。

鸦片战争以后，1858年11月，清政府分别与英法美签订《通商章程善后条约》，将鸦片贸易合法化。随后，又解除了禁吸、禁贩、禁种、禁制的法令，开始了中国近代史上的所谓"弛禁"时期。清政府从大力禁烟到鸦片贸易合法化，直到发展到使鸦片税成为财政支柱，这明显是一种悲剧性转变。20世纪初，清朝统治面临危机，开始实行新政，在此背景下，1906年9月，清政府提出"十年禁烟计划"，开始了清政府的第二个禁烟时期。清政府颁布《禁烟章程十条》，此后又连续颁布《稽核禁烟章程》《禁烟查验章程》《禁烟议叙议处章程》《购烟执照章程》《管理售卖膏土章程》等专门法令；1907年所定的《新刑律》将鸦片烟罪单列；1909年10月，民政部与修订法律大臣又会订《禁烟罚惩条例》。此外，清政府还加强了禁烟国际合作，例如于1907年签订了《中英禁烟条约》；于1909年在上海召开万国禁烟会议，形成了决议案9款，相对完备的禁毒法律体系初步确立。其中值得一提的是于1907年颁布的《大清新刑律》，其第21章专章规定了鸦片罪。其内容和特点有以下几点：①全面规定了鸦片犯罪；②处罚鸦片罪的犯罪未遂；③从经济上制裁毒品犯罪；④对烟毒犯罪处罚偏轻；⑤官吏犯罪从重处罚。

2. 民主革命时期的禁毒立法

民主革命初期，在南京临时政府禁烟政策的影响下，以袁世凯为核心的北洋政府总体上是主张支持禁烟的。1912年3月10日，袁世凯在北京就任临时大总统，宣布原有法律暂时有效，在事实上承认了清末禁烟法令的效力。同年5月，迁移到北京的参议院提议实施禁烟法，公开表明了禁烟的决心，并为此颁布了多个禁烟令，包括：《通告禁止鸦片文》《参议院提议实行禁烟法案》《吗啡治罪条例》《关于禁烟奖惩条例》《禁种罂粟条例》等。到了南京国民政府时期，禁毒立法经历了一些变化。首先是"寓禁于征"时期的禁毒立法。1927年9月，国民政府财政部颁布了《禁烟暂行章程》13条，规定：由财政部设禁烟处管理全国禁烟，从1928年起3年内禁绝鸦片毒；贩卖鸦片抽以重税，第一年70%，第二年100%，第三年200%；进口的戒烟药品须交财政部禁烟机关，贴印花税票，统一运输，贩卖者必须持有特许证。同年11月，又颁布《修正禁烟条例》，1928年3月至4月，国民政府财政部颁布了《禁烟药料特税章程》等有关收税的章程，并颁布了《中华民国税法鸦片罪》《审理烟案简易程序》等，规定鸦片以"禁烟药料"名义准许贩卖吸食。罂粟种植以3年为限禁绝，吸食及贩卖吗啡绝对禁止。由此可见，此时期政府的禁毒立法主要是以"经济利益"为中心的。其次是由"寓禁于征"向禁烟为主的过渡时期的禁毒立法。1928年9月，南京国民政府颁布《禁烟法实施条例》，对禁烟机关以及禁种、禁运、禁售、禁吸等禁止性行为作了规定。1928年3月10日公布的《中华民国刑法》第19章专章规定了鸦片罪。其内容特点主要有：①规定的毒品犯罪种类繁多；②处罚毒品犯罪的犯罪未遂；③罚金刑在惩治毒品犯罪中得到了广泛适用；④对毒品犯罪处罚进一步轻刑化。1929年7月，根据《中华民国刑法》"鸦片罪"的相关规定，国民政府制定并颁布了《禁烟法》4章22条，并将其作为禁烟根本大法。1929年至1930年，国民政府还颁布了《麻醉药品管理条例》《禁烟法实施细则》《医院兼理戒烟事宜简则》《各地水陆公安机关考察烟贩办法》《公务员调验规则》等一系列法令。此时期不仅有

《禁烟法》等禁毒法律指导全国禁毒，而且有一系列法令对禁毒法律进行补充。例如《市县立戒烟所章程》《中央各省市调验所报告》等。因此，这一时期的禁毒立法更加完善。1932年至1934年，南京国民政府又制定了《查禁种烟注意事项》《严禁烈性毒品暂行条例》等一系列法律法规，为大规模的禁毒工作奠定了基础。再次是"二年禁毒、六年禁烟"时期的禁毒立法。1935年1月1日，国民党政府又颁布了新的《中华民国刑法》（史称"中华民国新刑法"）。该刑法第20章为鸦片罪。其规定的罪名在1928年《中华民国刑法》规定的罪名的基础上，删减了走私吸食鸦片器具罪，增添了包庇烟毒分子罪，运输烟毒罪，运输吸食鸦片器具罪，公务员强迫他人种植罂粟、贩卖、运输罂粟种子罪等罪。1935年4月，南京国民政府颁布了《禁毒实施办法》12条和《禁烟实施办法》13条，这标志着南京国民政府的六年禁烟计划开始确立。1935年11月设立禁烟委员会总会，1936年又改称禁烟总会。禁烟总会颁布《禁烟禁毒实施规程》，附定《禁烟禁毒查缉章程》《取缔商运烟土暂行规则》《取缔土膏行店暂行规程》等法规以代替前面的法规。自1936年开始，又颁布了《禁烟治罪暂行条例》和《禁毒治罪暂行条例》等一系列法律法规，涉及禁种、禁贩、禁售、禁吸等各方面。除中央颁布的法规以外，各省市也依照有关法令颁布了一些单行法规，此时期的禁毒工作有了较大成果。最后是"断禁"时期的禁毒立法。六年禁烟禁毒工作取得了不错的成绩，但随着日本侵华，国内局势不稳定，烟毒又起泛滥势头。1940年，南京国民政府宣布从1941年1月开始进入禁烟善后工作，以巩固六年禁烟所取得的成果。在此时期又颁布了《禁烟禁毒治罪条例》等一系列法律、法规，并在一定程度上发挥了作用。

3. 革命根据地的禁毒立法

第二次国内革命战争时期，虽然苏共中央政府制定了一些刑事法律，但是，这一时期只有个别地方的苏维埃政权在刑事立法过程中规定了惩治毒品犯罪的刑法规范。如《赣东北特区苏维埃暂行刑律》第9章共6条规定了鸦片罪，该刑律对毒品犯罪分子的处罚主要是对其公权的剥夺，不注重给予经济上的制裁。抗日战争时期，各边区政府都制定了惩治毒品犯罪的法律。如1942年的《陕甘宁边区查获鸦片毒品暂行办法》和《陕甘宁边区禁烟禁毒条例（草案）》，1939年的《晋察冀边区行政委员会关于严禁播种罂粟的命令》，1941年的《晋察冀边区毒品治罪暂行条例》，1941年的《晋西北禁烟治罪暂行条例》等。解放战争时期，革命根据地惩治毒品犯罪的刑事法律主要有：1949年7月16日的《华北区禁烟禁毒暂行办法》，1945年11月21日的《晋察冀边区鸦片缉私暂行办法》《苏北区禁烟禁毒暂行办法》，1949年8月20日的《绥远省戒吸毒品暂行办法》，1946年的《辽吉区禁烟禁毒条例》。在上述惩治毒品犯罪的法律中，除《辽吉区禁烟禁毒条例》有具体的罪刑规定外，其余各区法律都只是对制造毒品、贩卖毒品、运输毒品、吸食毒品等行为作出要予以处理的规定，并没有规定具体的处罚方式和制度。

4. 中华人民共和国成立初期的禁毒立法

中华人民共和国成立之初，鸦片烟毒泛滥问题仍十分突出，中国4亿多人中以制贩毒品为业的有30多万人，吸毒者有约2000万人，严重影响了人民健康和社会安定。以毛泽东同志为核心的第一代党中央领导集体把禁毒工作放在了重要位置，陆续颁布禁毒法令，严禁种植。强制戒毒，严厉打击贩毒犯罪活动，追究了8万多毒品犯罪分子的刑事责任，并使2000万吸毒者戒除了毒瘾。1950年2月24日，中央人民政府政务院颁布

《关于严禁鸦片烟毒的通令》，要求各级人民政府协同人民团体，开展广泛的禁毒宣传活动，调动人民群众积极性，禁绝烟毒，同时规定贩运、制造和售卖、吸食鸦片烟土的，均从严治罪。[1] 1950 年 11 月 12 日颁布的中央人民政府政务院《关于麻醉药品临时登记处理办法的通令》，是为统一管理全国医药及科学研究用的麻醉品而颁布的，要求公私机构或个人持有者应依法登记。1952 年 4 月 15 日颁布的《中央关于肃清毒品流行的指示》是中华人民共和国成立初期最重要的禁毒法规，旨在根除旧社会的恶劣遗毒，在全国范围内的重点地区大张旗鼓地发动一次群众性禁毒运动。[2] 1952 年 12 月 12 日政务院颁布的《关于推行戒烟，禁种鸦片和收缴农村存毒的工作指示》，是在禁毒斗争取得重大胜利的基础上，出于进一步解决存在于我国的为数众多的吸毒者、偏僻山区、少数民族地区偷种鸦片和农村存毒的问题的目的而制定的。通过党中央领导全国人民开展声势浩大的禁烟斗争，到 1952 年底，我国基本扫除了旧中国遗留下来的烟毒弥漫的"东亚病夫"形象的社会状态。

5. 改革开放后的禁毒立法

自 20 世纪 80 年代改革开放后，国际毒潮也伴随着国际贸易和人员交流范围的扩大开始全面向中国境内渗透。针对毒情的新变化，我国加快了禁毒立法脚步，制定了一系列禁毒法律法规。例如，1978 年，国务院颁布《麻醉药品管理条例》，确立了我国毒品管制的基本制度，规定"麻醉药品是指能成瘾癖的毒性药品，使用得当，可以治病，使用不当，就会发生流弊，危害人民。为此必须坚持党的基本路线，加强对麻醉药品的管

---

[1] 王金香：《中国禁毒史》，上海人民出版社 2005 年版，第 354~355 页。
[2] 王金香：《中国禁毒史》，上海人民出版社 2005 年版，第 360 页。

理,以保证医疗和科研的正当需要,维护人民健康"。1987年11月28日,国务院发布《麻醉药品管理办法》;1988年12月27日,国务院发布《精神药品管理办法》;1990年12月28日,第七届全国人大常委会第十七次会议通过《关于禁毒的决定》;1995年1月12日,国务院170号令发布《强制戒毒办法》;1997年3月14日,第八届全国人民代表大会常务委员会第五次会议修订了《中华人民共和国刑法》第6章第7节第347条至第357条;2005年,国务院发布《麻醉药品和精神药品管理条例》和《易制毒化学品管理条例》;2005年8月28日,十届人大常委会第十七次会议通过《治安管理处罚法》;1990年,第七届全国人民代表大会常务委员会第十七次会议通过《关于禁毒的决定》。其是第一部对禁毒工作系统作出规范的法律。但是,由于《关于禁毒的决定》只是一部单行法规,以"决定"的形式出现,因此法律效力和法律层级都不具备相应的地位。然而,在当时的时代背景下,其已经可以算是一个重大的立法成果了。由于当时立法技术和社会形势的限制,以及对毒品认识程度的有限,在《关于禁毒的决定》执行多年以后,伴随着我国政治、经济、法律和社会文化发生的巨大变化,对于毒品的认识、规范毒品的手段也有了改变,《关于禁毒的决定》已无法适应新的社会环境。随着我国社会经济的发展,涉及禁毒的法律法规日益繁杂,法律法规之间层级不一、适用范围交叉、部门立法杂乱无章的现象频发,制定统一的《禁毒法》的呼声日益高涨。2004年4月15日,胡锦涛同志主持召开中央政治局常委会,专题研究禁毒工作,中共中央、国务院下发了《国家禁毒委员会2004-2008年禁毒工作规划》,第十届全国人民代表大会将《禁毒法》作为重大立法事项,并推动了《禁毒法》的颁布。2007年12月29日通过并于2008年6月1日开始施行的《禁毒法》，正是在国家高度重视禁毒工作的大背景下应运而生的。由全国人大常委会进行专门立法，《禁毒法》在立法层级上具有较高的地位；在规范内容上，《禁毒法》囊括了几乎所有的禁毒事务。《禁毒法》总则对毒品定义、禁毒工作方针、权利义务关系、禁毒机构等重要事项进行了明确的规定；从具体内容的角度来看，该法从预防教育、毒品管制、戒毒措施、国际合作和法律责任五个方面对禁毒工作进行了较为全面的规范。《禁毒法》的制定，不但使以往零散的禁毒法律法规有了上位法的渊源，也为以后禁毒行政法或单行法的制定奠定了正当性基础。此外，作为具有宣誓性作用的立法，《禁毒法》的制定也表明了国家对于禁毒工作的重视，表明了国家赋予了禁毒工作极其重要的法律地位。

6. 进入中国特色社会主义新时代的禁毒工作与制度深化

党的十八大以来，中国共产党始终秉持全心全意为人民服务的初心使命，对禁毒工作没有一刻松懈。以习近平同志为核心的党中央高度重视禁毒斗争，习近平总书记对禁毒工作做出过多次批示，深刻指出禁毒工作事关国家安危、民族兴衰、人民福祉。习近平强调："当前，境内和境外毒品问题、传统和新型毒品危害、网上和网下毒品犯罪相互交织，对群众生命安全和身体健康、对社会稳定带来严重危害，必须一如既往、坚决彻底把禁毒工作深入进行下去。各级党委和政府要坚持以人民为中心的发展思想，以对国家、对民族、对人民、对历史高度负责的态度，坚持厉行禁毒方针，打好禁毒人民战争，完善毒品治理体系，深化禁毒国际合作，推动禁毒工作不断取得新成效，为维护社会和谐稳定、保障人民安居乐业作出新的更大贡献。"[1]

---

[1] "习近平对禁毒工作作出重要指示"，载中央人民政府网：http://www.gov.cn/xinwen/2020-06/23/content_ 5521305.htm，访问时间：2020年7月1日。

习近平总书记反复强调以人民为中心的理念，发挥人民群众参与的力量来共同维护好广大人民群众的生命健康安全和社会生活正常秩序。2014年，中央6号文件从中央层面对新时期的禁毒工作进行了全面部署，国务院各部委和最高司法机关紧密配合、积极落实，进一步完善了毒品治理体系和治理能力，创新了禁毒工作措施。国家禁毒委员会办公室会同11个部委制定全国社区戒毒康复工作五年规划；各省区也积极制定了禁毒地方性法规。2020年8月山西省修订了已实施20年的《山西省禁毒条例》，较好地回应了新时代的社会关切。例如，该条例针对非列管可制毒化学品无管制依据的问题，规定由省人民政府制定管理措施，如实施实名登记、售后报备、制定新精神活性物质禁止性规定、建立具备研发制造能力的企业和人员信息库、对特殊岗位的从业人员吸毒筛查管理等。《山西省禁毒条例》对《易制毒化学品管理条例》中没有规定但现实生活中大量存在的易制毒化学品调剂行为进行了明确，弥补了国务院行政法规相关条款的不足。可以说，如《山西省禁毒条例》这样的地方性法规填补了国家禁毒立法存在的一些空白点，严密了国家从上至下的禁毒法网。在新时代禁毒背景下，各地方立法机关积极制定的地方性禁毒条例收获了明显的社会效果。

党的十八大以后，我国在参与国际禁毒方面也在积极、务实地开展合作，既参与了国际组织的禁毒工作，又推进了区域合作、重点合作。我国政府坚决维护以联合国三大公约为核心的国际禁毒规则，同时积极推进与"一带一路"沿线重点国家的禁毒合作。例如，我国与13个国家建立了年度禁毒会晤机制，与缅甸、越南、蒙古等周边国家建立了12个边境禁毒联络官办公室，开展中、老、缅、泰、柬、越联合扫毒跨境执法行动；加强了与俄罗斯、新西兰等欧美国家的情报交流和执法合作。中国特色社会主义进入新时代以来，我国政府和司法机关在缉毒执法、强制戒毒、治疗康复、毒品预防教育、司法惩治、国际禁毒合作等全方位推进，开展禁毒行动坚决、力度强大，获得了世界各国的普遍赞誉，树立了一个对人民群众高度负责任和对国际社会敢于担当义务的形象。

（二）我国现行的毒品管制制度

禁毒法律体系是与毒品及涉毒行为有关的法律规范的总称。联合国前秘书长科菲·安南曾说："毒品之所以非法，是因为它造成问题；而不是因为毒品是非法的才成为问题。"可见，毒品之所以被管制，是因为其给公民和社会造成了危害，使得国家希望通过强制性的规则对毒品进行管制，对涉毒的活动进行惩罚或者矫正，同时对潜在的毒品供给或消费行为形成威慑。国家通过不同层级和效力的法律对不同的涉毒行为进行不同类型的规范，并以此形成禁毒工作的法律法规体系。

国际上，禁毒立法的模式大致可被分为三种。其一是单行禁毒法，其特点是规模庞大，规定了几乎所有的禁毒事务，体例详尽。例如，美国1971年《管制物质法案》（Controlled Substances Act）。隶属于国会的《毒品滥用综合防治法》（The Comprehensive Drug Abuse Prevention and Control Act），规定了毒品定义、毒品分级管制、毒品前体与列管化学品管制、类似物管制、毒品列管程序，以及毒品犯罪刑事处罚、从业者登记注册、毒品专家咨询委员会等内容。由于规定详细、体例完备，因此被视为政府向毒品宣战的主要法律依据（The CSA provides the legal basis for the government's war on drugs）。其二是特别禁毒法，也就是在刑法、药品管理法等相关法律之外，另行制定禁毒特别法，但不设置禁毒法典。其三仍旧是单行禁毒法，但其规定的范围较小，只确定禁毒事务涉及的范围和法律地位，以上位法的形式授权其他法律分别规定禁毒事务，与《刑法》等法典形成平行关系。由《禁毒法》统一规定抽象的禁毒工作事项，但禁毒工作的实际展开却需要依赖其他的法律。这种类型的典型体现就是我国的《禁毒法》。我国的《禁毒法》在立法思路上力求简略，规定较为笼统、概括，但通过授权这种方式将不同的相关事务分给其他的立法或行政机关自行制定详细的规则。

目前来看，我国的禁毒法律法规表现出了数量众多、体例庞杂、内容交叉的特点。主要有两方面的原因：一是立法主体多。除了全国人民代表大会及其常委会、国务院、最高人民法院、最高人民检察院等立法主体外，公安部、司法部、国家卫生健康委员会、国家市场监督管理总局、海关总署等对口职能单位，以及商务部、农业农村部、国家邮政局等单位均出台过涉及禁毒工作的法律规范文件。二是法源门类多。除了规范的法律、法规和规章外，指导禁毒实践工作的还包括许多解释性司法文件，如通知、答复、批复、座谈会纪要、解释、指导意见等，且这些文件长期发挥着重要作用。造成这一现象的原因在于，我国《禁毒法》制定时，大量的禁毒行政、刑事以及单行法规业已颁布施行。例如，1995年国务院颁布的《强制戒毒办法》，1996年卫生部发布的《关于发布〈麻醉药品品种目录〉〈精神药品品种目录〉的通知》以及2005年国务院颁布的《麻醉药品与精神药品管理条例》等规范性文件，假若《禁毒法》条纹详尽具体，那么上述规范性文件就会面临制定主体变更、条例内容失效等情形。这会对已经基本成型的部门法规造成巨大冲击。因此，《禁毒法》在立法思路上力求精简，尽可能避免对已存在的规范造成不利影响，而针对以往散见的部门立法，通过《禁毒法》来赋予其较高的立法层级，从而获得法律地位的正当性显然也是较为合理的做法。可见，以概括和抽象作为特征的《禁毒法》，在立法的完备性和法律的兼容性上做了一个有益的平衡。

1. 以立法主体分类

（1）全国人民代表大会及其常委会制定的法律主要包括：《刑法》分则第6章第7节"走私、贩卖、运输、制造毒品罪"的类罪以及第191条"洗钱罪"等个罪，《治安管理处罚法》第71条至第74条，以及《禁毒法》。此外，《药品管理法》第35条规定"国家对麻醉药品、精神药品……实行特殊管理，管理办法由国务院制定"，亦可被称为涉及毒品管制的禁毒法律。

（2）国务院制定的法规。主要包括：《麻醉药品和精神药品管理条例》《易制毒化学品管理条例》《戒毒条例》以及《娱乐场所管理条例》第13条至第14条所涉及的禁毒内容。

（3）国务院下属部委制定的规章。主要包括：原国家卫生与计划生育委员会制定的《药品类易制毒化学品管理办法》、原国家食品药品监督管理总局制定的《戒毒药品管理办法》、原国家食品药品监督管理总局和国家邮政局制定的《麻醉药品和精神药品邮寄管理办法》、司法部制定的《司法行政机关强制隔离戒毒工作规定》以及公安部制定的《公安机关强制隔离戒毒所管理办法》《易制毒化学品购销和运输管理办法》等。

（4）最高人民法院、最高人民检察院（以下简称"两高"）司法解释。主要包括：最高人民法院制定的《关于审理毒品案件定罪量刑标准有关问题的解释》《全国法院审理毒品犯罪案件工作座谈会纪要》、最高人民检察院制定的《毒品犯罪案件公诉证据标准指导意见》等。

（5）其他法律规范性文件。例如，最高人民检察院、公安部《关于公安机关管辖的刑事案件立案追诉标准的规定（三）》；公安部、商务部、原国家卫生与计划生育委员会等发布的《关于将羟亚胺列入〈易制毒化学品管理条例〉的公告》等。

（6）地方性法律文件。此类文件数量庞大。例如，《黑龙江省禁毒条例》《山西省禁毒条例》《云南省禁毒条例》以及《武汉市禁毒条例》等。

2. 其他分类

（1）按法律部门类别，可以分为毒品行政管制法与毒品刑法，前者规定了一般的毒品管制行政行为，后者规定了毒品犯罪行为。前者的典型是2005年7月26日颁布的《麻醉药品和精神药品管理条例》，其分别对麻醉药品和精神药品的种植、实验研究、生产、经营、使用、储存、运输、审批程序的监督管理，以及违反该条例所应承担的法律责任等作出了规定。

（2）按有无处罚手段，可分为处罚法和非处罚法。所谓处罚限定于刑罚和行政拘留。具有处罚性质的法律包括《刑法》《禁毒法》《治安管理处罚法》等。其余皆为非处罚法，例如《麻醉药品和精神药品管理办法》等。

（3）按法律管辖范围，可分为专门法和非专门法。前者如《禁毒法》《戒毒条例》等，专门以毒品作为法律规范的对象，后者如《刑法》等，并非专门针对毒品进行管制，而是在其某一部分的规范中含有涉及毒品的内容。

（三）域外毒品管制制度考察

考察世界各法域的立法，关于毒品的定义主要有抽象管制和列举管制两种，这两种管制方式以及在此之下对于毒品管制的解释，事实上反映出了一个法域对待毒品的具体态度及立法权的分配原则。这当中可能涉及的问题是，在抽象管制当中，毒品管制的抽象性使得被授权的立法事实上扩大了列管毒品，这是否符合法律保留原则；在具体管制当中，毒品的列举也可能会在被授权法中予以解释，这关涉授权明确性和规范明确性的问题。同时，无论哪一种管制方式，毒品的管制要素均应当符合法益保护的直接性与必要性。

1. 抽象管制

抽象管制是一种由立法者归纳出特定事物的一般特征，以此作为刑罚惩罚对象的管制方式。在抽象管制当中，毒品的含义应当遵循刑法介入社会的一般准则，也就是说，应当通过对毒品的抽象描述体现出惩罚毒品的正当性。我国《刑法》第357条将毒品定义为："本法所称的毒品，是指鸦片、海洛因、甲基苯丙胺（冰毒）、吗啡、大麻、可卡因以及国家规定管制的其他能够使人形成瘾癖的麻醉药品和精神药品。"这其实就是一种抽象管制的方式，虽然本段文本对毒品的范围进行了一定的列举，但是这种列举的作用并不在于完整提供毒品的列表，而是列举出少数几类较为常见或者影响较大的毒品种类，以便为公民提供明确、直接的预测可能性。也就是说，在我国的毒品管制当中，依然会存在上述问题，即如何解释"国家规定管制的其他能够使人形成瘾癖的麻醉药品和精神药品"，这个管制中所涉及的管制主体、解释的法律层级、方法以及内容，都需要授权其他法律进行再解释。

2. 列举管制

英美法系国家常采用列举管制的模式，例如，美国《管制物质法案》第802条（6）规定："术语'管制物质'（controlled substance）是指列举在本法案B部分之下的附表Ⅰ、Ⅱ、Ⅲ、Ⅳ或Ⅴ中的任意一种药物、其他物质或直接先驱体。这一术语不包括蒸馏酒、酒、麦芽饮料或者烟草以及其他的按照1986年《国内税收法案》之'标题E'（Subtitle E of the Internal Revenue Code of 1986）当中进行定义和使用的物质。"[1]英国《1971年毒品滥用法案》第2条（1）（a）规定："'管制毒品'（controlled

---

[1] Controlled Substances Act, 802 (6).

drug）是指业已被本法附表 2 第Ⅰ、Ⅱ、Ⅲ部分列举的任何物质或制品。"[1]联合国的公约也采取了毒品的形式定义模式。例如，1961 年《麻醉品单一公约》第 1 条（j）规定："称'麻醉品'者，谓附表一、二内的任何物质，不论其为天然产品或合成品。"

　　抽象管制是对毒品的属性予以表达，与之相对的，列举管制并不涉及毒品的属性，而是直接以列举的方式加以管制。这一管制方式属于形式上的管制，其并不揭示毒品的内在属性，而是以列举的形式说明了规范所管制的对象。许多国家和地区都采用列举式的管制，联合国的公约也采取列举管制的方式来描述毒品。美国《管制物质法案》第 802（6）条规定："术语'管制物质'（controlled substance）是指列举在本法案 B 部分之下的附表Ⅰ、Ⅱ、Ⅲ、Ⅳ或Ⅴ中的任意一种药物、其他物质或直接先驱体。"列举式的管制在保障公民预测可能性的程度上更加明确、具体，通过附表的形式，公民可以查阅和知晓立法者管制毒品的种类，但是列举式管制也存在着不可回避的问题。首先，列举管制并未表明国家管制毒品的正当性，因为公民对于"列举物质是非法的"这一法律印象，仅是基于列表的添附，无法理解立法者列管该物质的理由，这很可能造成"基于意识形态"而施加管制的观感。[2]其次，列举式的管制缺乏相对的

---

　　[1]　Misuse of Drugs Act, Controlled drugs and their classification, 2（1）（a）.
　　[2]　基于意识形态的管制，意味着国家将某种物质添加到列表当中，并非是因为该物质具有适用管制的正当性（例如，成瘾、滥用或者造成了具体的社会危害），而是通过管制来实现较为普遍的道德或者历史认同。这种管制事实上相当普遍，例如我国对于鸦片的管制。由于鸦片的滥用人数很少，其成瘾性客观上并不高，但其一直以来始终受到管制，可能历史的原因占据了较大的成分。但是严格来说，历史因素并不是刑法上对毒品实施管制的必要原因。又如德国对于大麻的管制，曾经引发过对大麻管制的违宪审查。其原因就在于大麻虽然被列举到毒品附表当中，但其危害性并不见得符合管制的正当性判断。——笔者注

弹性或前瞻性，当毒品更新之时，相应的列表也应随之改变，以保持对新兴毒品的管制。然而立法更新的速率显然无法与毒品更新速率相当，这将导致列举式管制经常面临着滞后的局面，特别是在当前策划毒品（designer drugs）[1]日益泛滥的背景之下，列举式的管制受到了明显的冲击。

由于抽象管制和列举管制各有利弊，因此采取其中某一方式的法域大多都采取了一定的手段以弥补缺陷。在抽象管制的立法例当中，通过授权其他专门机构制定毒品列表是较为常见的现象；而在采取列举管制的立法例当中，也会存在对毒品的抽象归纳。前者如我国，国务院《麻醉药品和精神药品管理条例》将列管目录的制定、调整与公布权授予了"国务院药品监督管理部门、国务院公安部门以及国务院卫生主管部门"，并由上述部门适时公布《麻醉药品品种目录》和《精神药品品种目录》。[2]后者如美国《管制物质法》，该法在第802（9）（D）条当中规定只要符合"司法部长经过调查发现并经正当程序确认的具备滥用潜力且具有对中枢神经系统产生兴奋、抑制或致幻作用的任意物质"，都可被视为"抑制剂或兴奋剂"。同时在

---

[1] 由于在列举式定义当中，毒品在附表中是以特定的形式来表达的，一些化学家开始试图寻求持有、分发或使用违禁物质但避免受到刑事处罚的方法。这些化学家试图细微地改变管制物的化学结构，从而制造出一种在化学定义上与管制物不同的新物质，这些物质被称为"策划毒品"。See Paul Anacker & Edward Imwinkelried, "The Cofusing World of Controlled Substance Analogue Enforcement Act Criminal Defense", *Criminal Law Bulletin*, 42（2006），p. 744.

[2] 《麻醉药品和精神药品管理条例》第3条规定："本条例所称麻醉药品和精神药品，是指列入麻醉药品目录、精神药品目录（以下称目录）的药品和其他物质。精神药品分为第一类精神药品和第二类精神药品。目录由国务院药品监督管理部门会同国务院公安部门、国务院卫生主管部门制定、调整并公布。上市销售但尚未列入目录的药品和其他物质或者第二类精神药品发生滥用，已经造成或者可能造成严重社会危害的，国务院药品监督管理部门会同国务院公安部门、国务院卫生主管部门应当及时将该药品和该物质列入目录或者将该第二类精神药品调整为第一类精神药品。"

第811（c）条当中，对于管制某一物质的决定性要素也作了抽象的归纳。[1]可见，这两种管制模式在互相融合。

## 二、新精神活性物质的管制制度

如前所述，两种毒品的管制方式尽管法律外观不同，但它们都要求法律应当以明确的形式记载毒品的种类。其原因在于，毒品的管制是价值无涉的行政管理行为，毒品违法犯罪也大多属于行政犯的范畴。受罪刑法定原则的限制，法律应当赋予公民在行为时违法性认识的可能性。对于自然犯，不断积累的社会道德规范和世代传承的族群习惯可以向人们传播违法性认识的印象，所以自然犯大多只需要概念描述，诸如杀人、盗窃之类的犯罪行为，虽然行为样态也具有外观上的多样性，但一般来说并不需要通过列举加以明确。然而，行政犯却不能通过归责性条款的设置直接赋予公民违法性认识，对于毒品犯罪来说，仅仅说明毒品是"国家规定管制的使人形成瘾癖的麻醉药品与精神药品"并不能让普通民众了解哪些具体的物质是违法的，违法的理由是什么。除了一些具有历史渊源的毒品因其在公民的理念当中长期积累而形成了排斥性的通念之外，大多数被管制的毒品都并不具有道德可谴责性。[2]因此，法律一旦设定作

---

[1] "Controlled Substance Act"（21 U.S.C 802）811（c）：管制或移除管制的决定性要素对某一药物或其他物质实施管制或移除管制，司法部部长应当考虑如下要素：①实质或相对的成瘾潜力；②若可以证实，其药理作用的科学证明；③关于该药物或物质目前科学的认知状况；④其滥用的历史和现状；⑤滥用该物质的范围、持续时间以及显著程度；⑥对公共健康可能存在的任何风险；⑦其生理与心理的依赖性；⑧该物质的直接前驱体是否已在本节中作为管制物质予以列管。——笔者译

[2] 例如，海洛因、鸦片甚至冰毒，这些毒品经过长时间的宣传教育，通过历史上的史实、现实的滥用规模以及危害的宣教，可能会让公民达成排斥性的通念。但是对于大多数毒品来说，公民的观念几乎是价值无涉的，某种物质是否属于毒品更多的是一种事实判断。

为行政犯的毒品犯罪，罪刑法定主义便会要求立法者明示毒品的种类，以此赋予公民确定的法律印象——某种物质属于国家否定评价的对象，涉及这一物质的行为是非法的。这是国家对公民行为进行约束的前提，而列举毒品种类是提供这一法律印象的直接途径。只有在法律明确告知公民处罚的具体对象的情况下，公民的涉毒行为才具有在法律上进行归责的理由。基于此，公民方可产生对国家管制的认可与遵守，国家对于涉毒行为的否定评价也才会具有正当性。

对于毒品管制制度来说，明确列举毒品种类是必不可少的管制要素，毒品种类目录既为公民提供涉毒违法行为的预测可能，同时也宣告了立法者对于所列举毒品的否定态度。然而，新精神活性物质的出现打破了这一平衡——新精神活性物质与已列管毒品在"成瘾性"等理化属性上相似，但在结构上却和已列管毒品存有差异，因此不再受毒品管制目录约束，也就脱离了相应的法律评价，那么现有的法律规范只能对新精神活性物质施以"放任"的态度。显然，为了保障公民预测可能性的需要而确定列管目录，在目录之外的物质自然就不能被视为毒品，国家也就无法搭建毒品与相关违法行为和惩戒措施之间的法律关系。在这一背景之下，行为人故意设计与管制目录所列举毒品功能相似但是结构和名称均存有差异的物质，就可以达成既满足与毒品相同消费需求，又逃避毒品管制的目的。[1]

毒品管制制度以目录为管制手段，与目录中的毒品具有相似的成瘾性，但在化学结构上存在差异而未能列入目录的物质，

---

[1] 这一类物质被称为"策划毒品"（designer drug）。策划毒品与新精神活性物质在概念内涵上存在一些差异，但是在概念外延上有很大部分的重合。

## 第二章　毒品和新精神活性物质管制制度

就成了所谓的"新精神活性物质"。如上所述，国家应当通过立法将某种物质纳入毒品管制目录，以体现毒品的法律属性。然而，物质的化学结构千变万化，具有不可穷尽的特征，在列举式的管制方式之下，若有目的地改变已管制毒品的化学结构，在不影响其理化属性的基础上，主动脱离法律的列举范围，就能创造出一种"合法"的"毒品"。面对此种情形，毒品管制制度就会面临双重困境：若通过修法对该种物质加以管制，法律修订与继续改进该物质使之脱离修订后法律的管制相比要困难很多——不仅修法的固有程序需要大量的时间成本，作为管制"合法"物质的强制性和义务性立法，还应当在公布之后到施行之前留出必要的时间以供公民了解法律更改给权利带来的减损并获得涉及该物质的行为是否合法的判断。这段时间足以让毒品的"策划者"重新物色新的修饰物质的手段，制造新的毒品。[1]而且，不断修订法律，还会带来法律"缺乏稳定和权威"的负面印象。法律需要尽可能契合社会生活的稳定性进程，在适用的过程当中，应当保持相对的安定状态，不至于使社会过度波动，这既符合法律自身进化的规律，同时也符合民主的基本理念。[2]但若立法者为了保持法律相对稳定而对有泛滥可能的新精神活性物质置之不理，该物质的提供者和消费者就可能合法地脱离法律的管制，在满足牟利或者滥用目的的前提下逃避相应的制裁。

---

〔1〕 修订列管的法律是需要时间的，有些国家在刑法中进行列表增补还需要议会的同意，这大概会花掉一年以上的时间。然而新精神活性物质的更新是非常快速的，在这段时间之内，更新的物质又摆上货架了。See EMCDDA, Perspectives on drugs: Legal approaches to controlling new psychoactive substances (2016).

〔2〕 [德] G. 拉德布鲁赫：《法哲学》，王朴译，法律出版社2005年版，第73~74页。

（一）我国对新精神活性物质的管制制度

2016年6月8日，国家禁毒委副主任刘跃进主持相关会议，听取公安部禁毒局和全国重点省市汇报关于我国新精神活性物质的非法生产、贩运及走私情况，针对突出问题，研究部署加强打击和管制工作。会议指出，目前全球累计发现新精神活性物质637种，超过国际管制的麻醉药品和精神药品总和的244种，遍布全球95个国家和地区。新精神活性物质已被认为是极有可能在全球范围内流行的第三代毒品。

任何一种新制度的产生和运行，都有赖于一整套从社会私主体到国家公权力的机制与规范建设，毒品管制制度的设立概莫能外。在这一过程当中，既要保持毒品管制体制的一致性与规范性，同时也应当针对不同的毒品或者毒情作出有针对性的改进。具体到新精神活性物质，其产生与蔓延，自有毒品进化的客观规律使然，但更为重要的原因却在于新精神活性物质在法律上的地位并不明确，体现出了与管制规则相冲突的矛盾，因此无法按照传统的列管体系加以管制，这让毒品供给者看到了有利可图的空间，也让毒品消费者看到了作为法外之徒的可能。所以，在治理新精神活性物质之时，既然沿袭已有的毒品管制策略无法取得较好的效果，那么就应当针对新精神活性物质的特质与蔓延状态，设置更为有效与灵活的管制方法。我国目前对新精神活性物质的管制，虽然在灵活性等问题上已有了较大的突破，诸如设置了专家评估与建议制度，用以适应新精神活性物质变化较快的现象，但是在有效性上，仍旧缺乏类似于国际上常见的"临时列管、事前列管以及类似物列管"制度，所以对于新精神活性物质仍是被动应对，而非主动或前瞻性地预防。

我国对新精神活性物质管制的关注以及在此基础上开展的

立法活动是近几年才开始兴起的。《2016年中国毒品形势报告》显示："2016年中国国家毒品实验室从各地送交的检测样品中，发现22份可直接吸食的新精神活性物质，反映出新精神活性物质在中国已存在滥用人群，主要是在娱乐场所滥用；共检出1529份新精神活性物质，主要为卡西酮类、合成大麻素类和芬太尼类物质。2015年10月中国增列116种新精神活性物质之后，管制的新精神活性物质制造走私问题得到遏制，但不法分子为规避管制，通过修改化学结构，不断创造新类型的新精神活性物质，有的不法分子向国外客户推荐新研制的类似结构替代品。"[1]虽然滥用规模并不大，但是可以看出，我国的新精神活性物质的制造与出口已经成为类型化现象，这些现象对中国的毒品管制制度提出了新的要求。

从宏观上看，我国对新精神活性物质的管制进度在整体上基本保持了与国际同步，在某些物质的管制上，甚至超前于国际社会。例如，2001年至2014年，中国先后将14种国际上未曾管制过的新精神活性物质按照传统的毒品管制程序和手段进行了列管。特别是氯胺酮，目前联合国并未将其纳入禁毒公约附表。此外，中国还制定了单行的新精神活性物质列管规则，也就是2015年10月1日国家禁毒办、原食药监总局、原国家卫计委和公安部共同颁布实施的《列管办法》，在这一办法附设的增补目录当中，列举管制了116种新精神活性物质。在实践中，这一办法已经成了中国常态化列管新精神活性物质的基本依据，2017年3月1日列管了4种芬太尼衍生物，2017年6月19日又列管了U47700等4种新精神活性物质，均已列入《非药用类麻醉药品与精神药品增补目录》。至今，我国已经列管了138种新

---

[1]《2016年中国毒品形势报告》。

精神活性物质，基本与联合国禁毒公约附表保持了一致的列管进度。与此同时，对应新精神活性物质的罪刑标准也有了一定的进展。2016 年 4 月，最高人民法院发布《关于审理毒品犯罪案件适用法律若干问题的解释》（以下简称《毒品案件解释》），为 12 种苯丙胺类新精神活性物质确定了定罪量刑的数量标准。从整体态势上看，我国的新精神活性物质管制在行政法规、刑事裁判规则以及管制手段、程序等方面都有较大的发展，也积累了一定的制度性规范，对于新精神活性物质的管制能够做到基本上"有法可依"，但是从新精神活性物质的管制制度构建上看，我国目前的法律规范与配套措施都有值得考量与完善的空间。

1. 管制规范

我国目前所采用的仍旧是列举式管制的策略，而且对于新精神活性物质的列举，当前的立法是在独立于毒品列管之外单独进行的，外观上呈现出了一定的单行立法特征。在立法上，由单行法规来规范新精神活性物质，也就是以 2015 年《列管办法》作为管制的规范性文件。与之相对应的是 2005 年国务院颁布的《麻醉药品与精神药品管理条例》。不仅列管依据有差别，管制附表也是相互独立的，管制新精神活性物质的附表是附属于《列管办法》的《非药用类麻醉药品与精神药品管制品种增补目录》的。这一目录与附属于《麻醉药品与精神药品管理条例》的《麻醉药品与精神药品目录》是平行的关系。然而，从实质内容上看，这一"平行关系"并非将毒品与新精神活性物质完全割裂开，而是在法律制度与管制措施上保持了一定的交叉关系。

《麻醉药品和精神药物管理条例》与《列管办法》应分属于不同的层级。按照《麻醉药品和精神药物管理条例》第 1 条的规定:"根据药品管理法和其他有关法律的规定,制定本条例。"而《列管办法》第1条则规定:"根据《中华人民共和国禁毒法》和《麻醉药品和精神药品管理条例》等法律、法规的规定,制定本办法。"可见,后者的立法层级是低于前者的,属于前者的衍生规范。从立法机关上看也是如此,前者是国务院制定的"条例",而后者是公安部、原国家卫生和计划生育委员会、原国家食品药品监督管理总局以及国家禁毒办所颁布的"办法"。法律位阶或层级的差异可能会引发一个问题,那就是规范是否符合立法要求。我国《刑法》第357条以空白罪状的方式,将毒品的列管交由"国家规定管制的麻醉药品与精神药物"进行授权立法。而《刑法》第96条则规定:"本法所称的违反国家规定,是指违反全国人民代表大会及其常务委员会制定的法律和决定,国务院制定的行政法规、规定的行政措施、发布的命令与决定。"可见,《刑法》对于类似"国家规定管制"的"违反国家规定",明确了其层级只能是"全国人大、全国人大常委会以及国务院",在授权立法的规范类型上,只能是"全国人大和常委会制定的法律和决定以及国务院制定的行政法规、规定的行政措施以及发布的命令与决定"。《列管办法》是由公安部、原国家卫生和计划生育委员会、原国家食品药品监督管理总局和国家禁毒办制定发布的,而且该办法的发布文号是"公通字〔2015〕27号"。这一规范性文件的制定主体超出了国务院《麻醉药品和精神药品管理条例》的规定范围,存在着授权主体的资格或层级问题。那么,《列管办法》既然在级别上低于《麻醉药品和精神药品管理条例》,其是否能规定列管新精神活性物质所对应的犯罪就很值得商榷了。《列管办法》第4条第2款规定:"各级公安机关和有关部门依法加强对非药用类麻醉药品和精神药品违法犯罪行为的打击处理。"显然,该办法所附的增补目录同样具有将列管的"非药用类麻醉药品与精神药品"关联到刑法的毒品定义并与相关的毒品犯罪进行联动的功能。然而，如前所述，《刑法》第 96 条所谓的"国家规定"，最低只能限于"国务院制定的行政法规、规定的行政措施、发布的命令与决定"，《列管办法》并非国务院所制定的法规、命令与决定，那么其能否自动建立与毒品犯罪的联动关系，显然也值得商榷。

可见，我国对新精神活性物质的管制策略，采取了在外观上近似于英国的单行立法手段，但是与其在实质上存在着极大的区别。英国《1971 年毒品滥用法案》与《精神物质法案》是完全平行的关系，且在法律层级上是一致的。另外，《精神物质法案》由于没有对"精神物质"进行列举，所以在犯罪行为以及法定刑上进行了折中和平衡，较之于管制毒品要轻缓很多。然而，我国管制新精神活性物质的立法，也就是《列管办法》，在层级上比管制毒品的法规更低，但是在对应的法定刑上却没有特殊的规范。当然，我国的新精神活性物质管制有明确的附表，所以采取与毒品同样的处遇强度也并不值得质疑。只是在规范的层级要求以及与毒品犯罪之间的对应关系上，我国目前的立法尚有一些难以克服的问题。

2. 管制程序

我国的新精神活性物质管制依然保持列举的手段，但如前所述，这一方式在针对新精神活性物质时成效并不显著。而其他国家和地区采取的一些措施，例如，临时列管或者类似物管制，在我国目前的管制策略当中并无体现。既然立法已然定型，那么采取列举管制这一方式治理新精神活性物质就应当在管制时间上有所限定，并且尽可能提高管制的效率。虽然在《列管办法》当中规定了列管的时间限度，以此来提高对新精神活性

## 第二章　毒品和新精神活性物质管制制度

物质的响应时间，但时限并不足以应对物质的更新速率。[1] 2017年3月列管四种芬太尼衍生物，可以被称作是第一次依据《列管办法》对新精神活性物质进行列管的工作，耗时大约5个月。[2] 与之对比，此次管制的呋喃基芬太尼，仅是在2016年9月27日美国缉毒局（DEA）提出临时列管申请之后，就立即展开了管制。即使不考虑临时列管措施，办法当中规定的时限依旧较长。当然，我国的列管措施可能会伴随着工作的深入和机构的默契程度的提高以及管制机关的协调能力的提高而有所改善，2017年7月1日增列U-47700［N-甲基-N-（2-二甲氨基环己基-3,4-二氯苯甲酰胺）］等4种新精神活性物质，距离列管4种芬太尼衍生物只过去了4个月，横向对比之前的芬太尼衍生物的列管工作，效率有了明显提升。

《列管办法》对管制程序作了明确的规定，制定了监测、预

---

[1]《列管办法》第7条第3款："专家委员会启动对拟列管的非药用类麻醉药品和精神药品的风险评估和列管论证工作后，应当在3个月内完成。"第9条："国务院公安部门会同食品药品监督管理部门和卫生计生行政部门应当在接到国家禁毒办列管建议后6个月内，完成对非药用类麻醉药品和精神药品的列管工作。对于情况紧急、不及时列管不利于遏制危害发展蔓延的，风险评估和列管工作应当加快进程。"从上述规定可以看出，一种新精神活性物质的管制期限最长为9个月，最短则没有明确的规定，但是"加快进程"的表述，让人觉得该规范对于管制时限并不是特别敏感。

[2] 列管四种芬太尼衍生物的过程可谓曲折。2016年9月4日的G20峰会，作为"习奥会"的议题之一，列管芬太尼衍生物就被提上议事日程，直至2017年2月16日国家禁毒办召开新闻发布会，宣布列管卡芬太尼、呋喃芬太尼、丙烯酰芬太尼、戊酰芬太尼并于3月1日生效，前后有5个月时间。而列管U47700等4种物质则无法找到列管启动时间的佐证，这可能意味着中国缺乏相应的列管建议启动机制，所以即便在论证和公布时间上有所提高，也不好说列管效率在提高，而且U47700等4种物质都是联合国已经列管的物质，我国的列管工作与其说是在对新精神活性物质提供管制，毋宁说是在契合禁毒公约附表的管制导向。某种意义上说，我国的新精神活性物质列管还没有形成常态化的工作模式，目前无法评估一般所需的大致的列管时限。

警、风险评估和列管论证等制度,与美国《管制物质法》有异曲同工之处。[1]然而,在实践当中,虽然也按照规范的要求开展了列管论证和风险评估程序,但论证过程显得较为粗糙,缺乏常规且程序化的论证过程,在论证内容上缺乏《列管办法》所规定的必要的列管论证要件,例如,对滥用潜力、成瘾性、非法行为的情况以及社会危害性的论证,同时也缺少处理拟列管物质对应法律后果的合理建议。[2]

3. 管制策略及制度评价

从前述的论证可以看出,我国虽然采取了传统的列举式管制措施,但却并未采用同为列举管制但简化了列管程序的临时列管措施,值得深思。临时列管本身是列举管制之下的子概念,只是在时间和程序上有所简化,其并不会破坏现存的毒品管制

---

[1]《列管办法》第6条规定:"国家禁毒办认为需要对特定非药用类麻醉药品和精神药品进行列管的,应当交由非药用类麻醉药品和精神药品专家委员会(以下简称专家委员会)进行风险评估和列管论证。"第7条第1、2款规定:"专家委员会由国务院公安部门、食品药品监督管理部门、卫生计生行政部门、工业和信息化管理部门、海关等部门的专业人员以及医学、药学、法学、司法鉴定、化工等领域的专家学者组成。专家委员会应当对拟列管的非药用类麻醉药品和精神药品进行下列风险评估和列管论证,并提出是否予以列管的建议:(一)成瘾性或者成瘾潜力;(二)对人身心健康的危害性;(三)非法制造、贩运或者走私活动情况;(四)滥用或者扩散情况;(五)造成国内、国际危害或者其他社会危害情况。"

[2] 笔者系国家禁毒委员会办公室确立的"非药用类麻醉药品与精神药品专家委员会"委员之一,也参与了四种芬太尼衍生物以及后续两次新精神活性物质列管的论证工作。在列管芬太尼衍生物的会议上,对于卡芬太尼的量刑标准,有专家建议以其致死量和海洛因的比值来适配量刑数量标准,而卡芬太尼的致死量为海洛因的1/800,那么根据《刑法》第347条第2款之一的规定,走私、贩卖、运输、制造海洛因50克以上属于"数量大"的量刑档次,对应的法定刑是有期徒刑15年、无期徒刑或死刑,若依据这一标准,则0.0625克卡芬太尼就应当对应该档次的法定刑,这显然很荒谬,也不可能符合罪责刑相适应的刑法原则。致死量可以是数量标准的厘定要素之一,但不能是唯一要素,成瘾性、成瘾规模、衍生的社会危害以及滥用范围等都应该是量刑的数量标准所需要考虑的。

## 第二章　毒品和新精神活性物质管制制度

机关权限分配以及管制手段。至于类似物管制措施，囿于大陆法系的立法传统，类似物管制并不能契合我国的毒品管制制度，我国没有采用或者借鉴，应当是明智的选择。其原因在于，类似物管制依靠司法裁判作为先例确定类推管制的方式，这在不以判例法作为法律渊源的我国显然是行不通的。此外，类似物管制本身也有一些不容易改善的弊端，类似物归根结底是一种类推解释，即便有再严格的限制条件，事后的类推解释也可能会与刑法罪刑法定原则的基本要求相抵触。在美国的实践当中，在相当一部分类似物判例当中，辩方都提出了违宪审查，其理由均涉及法律规范不够明确、涉嫌类推以及司法机关滥用诉权。而且，对于类似物的定义以及认定类似物与毒品"实质相似"条件的实体规范、证据规则、举证责任、行为人明知等问题都较为复杂多变，难以得出客观、确定的结论，因此在判决结果上也大相径庭，这也说明类似物管制可能还存在一些固有问题。[1]

我国对新精神活性物质的认识，在立法上似乎并没有关注到最核心的问题，也就是新精神活性物质在理化属性与法律制度上的固有矛盾，反而是在立法上体现为以"麻醉药品和精神药品"和"非药用类麻醉药品和精神药品"作为分类管制的依据。《列管办法》第3条规定："麻醉药品和精神药品按照药用类和非药用类分类列管。除麻醉药品和精神药品管理品种目录已有列管品种外，新增非药用类麻醉药品和精神药品管制品种由本办法附表列示……非药用类麻醉药品和精神药品发现医药用途，调整列入药品目录的，不再列入非药用类麻醉药品和精

---

[1]　目前来看，美国法院对类似物案件的判决结果差异极大，所以确认的类似物种类并不多。See United States v. Thomas William WASHAM, United States v. Forbes, United States v. Roberts, United States v. Brown, Colorado v. William J. FRANTZ, United States v. Mark FISHER, United States v. Tramain M. WHITING 等案。

神药品管制品种目录。"也就是说，立法者认为，有没有现实的医疗用途是分别管制的区分标准。然而，"新精神活性物质"这一概念的本意，是出现了管制目录之外但是属性与目录当中的已列管毒品相似的物质，并没有考虑新物质是否具有药用价值。显然，不排除新精神活性物质也具有一定的现实或潜在的医疗用途，但是如何施以管制才是最重要的。我国的做法是一种极具特色的分类管制方法，但这就相当于遮蔽了新精神活性物质对于毒品管制体系在法律制度上的负面影响，因此这一立法策略在实际的列管工作当中有可能面临一些人为的障碍。

显然，在2015年《列管办法》颁布实施之前，已经存在着"不存在药用价值但列入精麻药品管制品种目录"的物质，因为当时只有《麻醉药品与精神药品管理条例》，因此只能被列入《麻醉药品品种目录》或《精神药品品种目录》。而在《列管办法》颁布之后，缺乏医药用途的物质会被列入《列管办法》附属的《非药用类麻醉药品和精神药品管制品种增补目录》。这就意味着，同样是没有医药用途的物质，仅仅因为规范颁布的时间先后便被列入不同的目录，这可能会影响到法律适用的统一性。另外，上述第3条规定了"非药用类麻醉药品和精神药品"与"麻醉药品和精神药品"的单向转化，即在发现非药用类麻醉药品和精神药品具有医药用途之后，调整列入药品目录的，不再列入非药用类麻醉药品与精神药品管制品种目录。那么也就意味着，新精神活性物质的列管目录以"有无医药用途"为区分条件，背离了新精神活性物质管制的基本矛盾，即"管制滞后性与新精神活性物质更新速率"之间的冲突。从这个角度来看，《列管办法》似乎只是在形式上作为管制新精神活性物质的法律规范，实际上的立法目的是将其作为《麻醉药品与精神药品管理条例》的补充，对新精神活性物质的管制缺乏实质上

第二章　毒品和新精神活性物质管制制度

的针对性。此外，对某一物质施加列管之后，其目录归属还可能会有调整，因为一旦发现有医药价值，便将会调整到麻醉药品和精神药品管制目录当中，那么之前的管制事实上还是不稳定的。从某种意义上说，相当于架空了对某一物质实施管制时医药用途的判断，有可能为了加快管制速率而人为地排除对其医疗用途的论证，从策略上可以先将拟列管物质放到非药用类增补目录当中，赋予其法律管制属性之后，再缓慢解决其是否具有医药用途的问题。另外，从理论上看，既然存在当前没有确定药用价值以后可能发现药用价值的情况，那么也有可能存在目前认为有药用价值但以后认为缺乏药用价值的情况。但是针对这一情形，我国并未设置从麻醉药品和精神药品目录调整至非药用麻醉药品与精神药品增补目录的规则。

同时，在新精神活性物质对应的刑罚问题上，我国当前的管制制度似乎并没有给出明确的答案。在英国《精神物质法案》和美国《管制物质法》当中，无论是单行立法还是类似物管制，都有明确的对应规则。英国是在法案中专门规定了精神活性物质的处罚规范，而美国则是规定被认定为管制类似物的物质适用附表Ⅰ物质的处罚。但是，在我国的立法当中，并没有这样的对应规则。《刑法》仅仅对鸦片、海洛因和甲基苯丙胺确立了"毒品种类—数量—刑罚"对应关系，对于其他的毒品，《刑法》并没有规定相对应的刑罚裁量标准，而是通过大量散见的司法解释、准司法解释、部门规章乃至于法院的内部文件来实现。[1]

---

[1] 例如，2016年4月11日《毒品案件解释》；2012年5月16日《最高人民检察院、公安部关于公安机关管辖的刑事案件立案追诉标准的规定（三）》；2004年10月原国家食品药品监督管理局的《非法药物折算表》；2009年最高人民法院刑一庭发布的《关于审理若干新型毒品案件定罪量刑的指导意见》。其中较为重要的《非法药物折算表》在公开渠道几乎无法查找，不仅难为普通公民提供预测可能，从事司法工作的专业人员也需通过专门的途径查找。

《列管办法》并没有明确新列管的毒品与刑罚之间的罪刑搭配关系，还需要司法机关通过制定司法解释来明确定罪量刑标准，这个问题早在《列管办法》通过之时就已经存在，历经2015年10月1日增补目录所列管的116种新精神活性物质，直至2016年4月11日最高人民法院颁布《毒品案件解释》才予以部分解决。[1]这就意味着在长达7个月的时间当中，被管制的新精神活性物质处于一种"有罪而无罚则"的状态，司法机关无法就新精神活性物质进行合理且有效的追诉。2017年3月和7月两次追加增补的8种新精神活性物质，目前也没有对应的刑罚裁量规范，这无疑减损了两次管制工作的意义。对待新精神活性物质的立法态度，首要的追求就是列管速率，但只追求列管速率而不明确法律后果，会使得作为具有强制力的义务型规范缺乏相应的处罚规则，这无异于将殚精竭虑得来的列管成果虚置。在毒品管制制度当中，列管仅仅是赋予法律责任的前提要件，而只有列管所导致的法律后果（特别是行政甚至刑事责任）才能为列管所希望达成的遏制效果提供强有力的支持，对可能涉及被列管物质的行为构成威慑。而在我国目前的管制制度当中，

---

[1] 事实上，该司法解释并不是专门针对新精神活性物质的量刑标准而颁布的，其用意仅在于弥补之前《麻醉药品品种目录》与《精神药品品种目录》列管的大多数毒品缺乏量刑标准的窘境。该解释当中主要规定了《麻醉药品品种目录》和《精神药品品种目录》当中的毒品量刑数量标准，几乎没有涉及新精神活性物质。但是在该解释当中，规定了"3，4-亚甲二氧基甲基苯丙胺（MDMA）等苯丙胺类毒品（甲基苯丙胺除外）"（《毒品案件解释》第1条），而《非药用类麻醉药品与精神药品管制品种增补目录》当中列管的新精神活性物质，也含有苯丙胺类的衍生物，因此该解释可以对《增补目录》当中的苯丙胺类衍生物提供量刑标准，这与其说是部分解决了问题，毋宁将其看成解释目的与解释适用上的"巧合"。客观来说，我国毒品管制体系总体缺乏毒品的"品项—数量—刑罚"对应关系，不仅仅体现在新精神活性物质的管制当中，传统的毒品管制体系也存在同样的问题。就该问题的详细论述，可参加包涵："论毒品的定义要素与授权列管原则"，载《北京联合大学学报（人文社会科学版）》2017年第3期。

列管的时限本身就不足以应对新精神活性物质的更新速率，不仅如此，即便实行了管制措施，列入了管制物质附表，也面临缺乏罚则的问题，而且管制和罚则由不同的机关制定，规则上又不能同步，事实上将会导致管制措施失去效用或者进一步降低管制的效率。

可见，我国的新精神活性物质管制，虽然成绩颇丰，但也存有一些不足，在管制的策略和思路、管制的手段与方式以及整体性的管制体系的建立上，还有相当大的空间等待合理地完善。而且，对于新精神活性物质的管制，国际上并没有通行的做法，相当多的国家和地区也都是以摸着石头过河的态度逐步建立和完善对新精神活性物质的管制制度，在实践上具有较为显著的地方性特征，对我国的参考价值到底有多大还值得细致地进行研究与考察。所以，我们应当根据我国新精神活性物质的泛滥情形以及扩散趋势，建立具有中国特色的新精神活性物质管制制度。

(二) 新精神活性物质的国际管制

欧洲毒品与毒品滥用监测中心（EMCDDA）在 2016 年《毒品展望：控制新精神活性物质的法律手段》中指出，目前管制新精神活性物质的最主要挑战在于，不断增长的新精神活性物质种类以及越来越快的更新速度。种类更新导致传统列管式管制手段趋于失效，而更新速度增快，更是导致传统列管手段滞后的主要原因。然而，目前仍有一些即使变更管制手段也难以克服的问题，在这些问题解决之前，似乎很难解决新精神活性物质的管制问题。

一些新精神活性物质太"新"了，科学上还无法判断其可能给人体带来的健康方面的风险，然而这在某些国家的管制条件当中是作为首要因素加以考虑的；制定列管的法律是需要时间的，有些国家在刑法中进行列表增补还需要议会的同意，这大概会花掉 1 年以上的时间。然而，新精神活性物质的更新是非常快速的，在这段时间之内，更新的物质又摆上货架了；管制列表对于经营者来说只是一个设定排外条件的大致范围，在列表之外，对于新精神活性物质的定义是非常模糊的，所以控方很难证明分发这样的物质构成犯罪；列管新精神活性物质是需要鉴定的，然而目前的技术和财力尚不足以应对新精神活性物质的快速增长和变化趋势。

针对这些问题，欧盟的一些国家通过对法律制度的创新做了一些弥补，例如，通过消费者用药安全法律进行管制。这一制度是利用现有的药品法律来管制新精神活性物质。例如，波兰、意大利和英国通过不给含有力图管制的新精神活性物质的药物颁发上市许可或者合法的标签，来区别具有毒品作用的新精神活性物质和一般的药品。同时，扩展现有法律和程序的适用度。匈牙利和芬兰分别于 2010 年和 2011 年通过了相关法案，将科学上的危害评估作为是否管制的考察因素，简略了以往列管毒品时的考察标准。此外，有些国家还变更了管制程序。例如，2013 年拉脱维亚和斯洛伐克都建立了临时管制制度。2011 年，英国也建立了临时列管程序，可以提供 1 年以内的对某种特定物质的临时管制措施。通过建立新的管制策略，对新精神活性物质施以更好的管制。目前，爱尔兰、奥地利、葡萄牙、罗马尼亚、瑞典以及英国都建立了新的管制制度，例如，在某些国家确立了相当于类似物管制的制度，只需要物质具有类似于毒品的对中枢神经产生兴奋、抑制、致幻的作用，就可以比照已列管毒品进行管制。而有些国家是以对人体产生"作用"作为管制条件的，例如，英国。爱尔兰和葡萄牙则需要物质具有"显著"的作用；奥地利则认为如果具有"滥用潜力"以及可能对消费者身体造成损害，则可以加以列管。

从上述趋势可以看出，目前域外对于新精神活性物质的管制事实上采取了"双管齐下"的方式，即在保留传统的列管方式的基础上，设置更为灵活的法律条件，例如，类似物管制、骨架管制、通过药物法典进行平行管制等方式，都是期望在无尽的"猫鼠游戏"之间寻求一个较为有效的平衡，既管制新精神活性物质的流通与泛滥，又保障法律体系不受到大的冲击或者对公民权利造成大的影响。可见，新精神活性物质在域外已有发展与蔓延的趋势，这些区域的立法不得不就新精神活性物质作出一些有针对性的响应，通过改良与完善管制策略，修订毒品管制的法律制度，在一定程度上遏制了新精神活性物质的泛滥。

1. 单行立法模式

单行立法是在毒品管制的立法之外，通过专门的法律规范来解决具有毒品属性但是不易分类或列举管制的物质。这一立法模式力图在法律的相对稳定性与毒品变更速率的固有矛盾当中另辟蹊径，在已有的毒品管制立法之外通过专门的新精神活性物质立法来解决这一问题。这其中的典型代表是英国。1985年英国颁布了《毒物（供给）法案》[Intoxicating Substances（Supply）Act]，这一法案将提供"毒物"[1]的行为规定为犯罪，若"明知对方为18岁以下的人，而向其提供或者帮助提供物质（即便不属于毒品），且明知或有理由推定该物质或该物质的挥发物是被故意用来吸入而致人中毒"的行为，最高可被处以6个月的

---

[1] 该法案的主要对象为挥发性滥用物质，例如，笑气、鼻息剂、气溶胶等，这一类物质也具有一定的成瘾性，但是成瘾机理与麻醉药品、精神药品有较大差异，因此这一类物质的滥用被称为"挥发性物质滥用"（volatile substance abuse）。

监禁和 5000 英镑的罚金。[1]但是，该法案并没有对"毒物"（Intoxicating Substances）进行列举，只是笼统地规定，"凡是能导致吸入后产生毒性的物质"都属于"毒物"，而且法案对象较为局限，如其规定的犯罪行为仅限于对"18 周岁以下的人提供毒物"。[2]

有鉴于此，英国于 2016 年 5 月 26 日颁布《精神物质法案》（The Psychoactive Substances Act）取代了《毒物（供给）法案》，将管制范围扩张到所有能够产生精神作用的物质，同时将犯罪行为扩大到供给、意图供给、制造、进出口、为供给而持有、在机构内持有以及违反禁令等行为。[3]该法案所规定的"精神物质"（Psychoactive Substance）并不包括毒品（Controlled Drugs），也不包括尼古丁、酒精、咖啡因以及其他的虽然具有精神活性但可药用的物质。这也就意味着《精神物质法案》所管制的物质并非已经被管制的毒品，即使它们本来就可以造成"精神作用"，但也不属于该法案的管制对象，法案管制的是除了毒品以外的其他所有"能够使人产生精神效用的物质"。[4] 2016 年法案的立法目的主要在于对"合法兴奋剂"（legal highs）予以规制，特别是对"那些意图供应精神物质或者从事相关交易

---

[1] Intoxicating Substances (Supply) Act 1985. 1 (1) (a).
[2] R. J. Flanagan, P. J. Streete, J. D. Ramsey, *Volatile Substance Abuse, Practical Guidelines for Analytical Investigation of Suspected Cases and Interpretation of Results*, UN-ODC, 1994, p. 15.
[3] Psychoactive Substances Act 2016. Offences 4~9; Powers for dealing with prohibited activities 26~27.
[4] Psychoactive Substances Act 2016. 2 Meaning of "psychoactive substance" etc (1) In this Act "psychoactive substance" means any substance which (a) is capable of producing a psychoactive effect in a person who consumes it. 在本法案中，"精神物质"是指"任何能够使人在使用时产生精神作用的物质"。

的商店或者网站"。[1]为了尽可能扩大打击的范围,法案笼统地设定了"精神物质"这一概念,并且将涉及这类物质的部分行为规定为犯罪,以此来控制新精神活性物质的产生和蔓延。该法案并不影响《1971 年毒品滥用法案》(Misuse of Drugs Act, MDA, 1971)、《毒品临时分级管制令》(Temporary Class Drug Orders, TCDOs, 2015)以及《药品规例》(Human Medicines Regulations, HMR, 2012) 等法规的效力,也不涉及上述法案所确定的毒品管制列表,而是在这些法律构成的毒品管制体系之外,另外设立了一套平行的规范制度,因此该法案在管制强度、范围、法律责任等方面都有较大的差异。例如,该法案并不处罚持有精神物质的行为,而只处罚在机构化的场所(例如监狱、少年矫正机构或者社区服务机构)持有精神物质;[2]同时也不处罚消费精神物质的行为,而且在法定刑上,也大大低于《毒品滥用法案》的规定。[3]可以看出,该法案并不列举"精神物质",这留给了警察与司法系统更大的权限,例如警察可以向合理怀疑的行为人或者场所发布禁止令,而违背禁止令的行为是可以构成犯罪的,且在审判的过程当中,也不用依据具体的管

---

[1] A simple guide to the Psychoactive Substances Act. Local Safeguarding Children Board, 4/5/2016.

[2] Psychoactive Substances Act 2016. 6 Aggravation of offence under section 5 (10).

[3] 在《精神物质法案》当中,除"在机构内持有"和"违反禁止令"两种行为依据公诉程序定罪的最高法定刑是 2 年有期徒刑,其余的"供给、意图供给而持有、生产、进出口"依据公诉程序定罪的最高法定刑都是 7 年,而依据简易程序定罪的最高法定刑都是 12 个月。相比较之下,《毒品滥用法案》则规定,制造或涉及制造(Production, or being concerned in the production, of a controlled drug)A 级毒品,依循公诉程序定罪的最高法定刑是终身监禁,B 级毒品的最高法定刑是 14 年。Misuse of Drugs Act 1971. Schedule 4 Prosecution And Punishment of Offences, Section 4 (2).

制附表，扩充了打击的范围。为了避免陷入类推的质疑，该法案通过限定犯罪行为和降低法定刑的方式予以适当平衡。在具体的作用上，目前还不好客观地评估单行立法的功效，但是英国的执法部门认为在面对诸如"笑气"和"亚硝酸酯"等流行的精神活性物质时，该法案的存在会有一定的遏制作用。[1]

2. 临时列管模式

由于新精神活性物质的产生在很大程度上源自于立法列管速率与毒品更新速率之间的"时间差"，立法程序繁冗而时限较长，无法应对毒品管制的时效性需求。有鉴于此，有些国家和地区设置了临时列管制度，在不改变毒品管制基本制度的基础上，通过立法程序的简化或者设立特别的程度，缩减列管毒品所需的时间，以此应对新精神活性物质的不断更新。在设置临时列管制度的国家和地区中，美国是较为典型的。美国建立了较为完整的毒品管制制度，1970年《管制物质法》（Controlled Substance Act）[2]将毒品的管制程序分为两类：一类是"事前明文

---

[1] A simple guide to the Psychoactive Substances Act. Local Safeguarding Children Board, 4/5/2016.

[2] 《管制物质法》是美国于1970年10月27日通过的《毒品滥用综合防治法》中的TITLE Ⅱ部分。国会制定《毒品滥用综合防治法》（The Comprehensive Drug Abuse Prevention and Control Act of 1970, Pub. L. No. 91-513, 84 Stat. 1236 Oct. 27, 1970），是基于20世纪60年代，娱乐化滥用毒品（recreational drug use）已经成为常见的现象，而当时的法律已然不足以应对日益泛滥的药物非法滥用行为。在这之前，国会也曾颁布过一系列关于禁毒的法律法规，例如，1906年《纯净食品与药品法案》（Pure Food and Drug Act of 1906, ch. 3915, 34 Stat. 768），通过这一法案建立起了美国联邦食品药品管理局（FDA）以及相应的监管制度，并且确定了由FDA作为药品监管的主体地位；1914年《哈里森毒品法》（Harrison Tax Act, ch. 1, 38 Stat. 789）以及依据该法案所作出的相应判决，禁止配制和分发麻醉药品；1922年，《麻醉品进出口法》（Narcotics Drug Import and Export Act, ch. 202, 42 Stat. 596），禁止除医疗用途之外的鸦片和其他麻醉品进出口；1956年《麻醉品管制法》（Narcotic Control Act of 1956, ch. 629, 70 Stat. 567），将运输包括大麻在内的毒品作为犯罪处理；1966年

列管";另一类是"事后类推列管"。事前明文列管事实上就是一般的列管程序,即根据某种物质是否符合法律的定义而展开管制,这一管制手段需要明确以附表的形式列举"被列管物质"。而列管需要考虑相关的因素,在法案当中,"列管/移除列管的标准"包括:①它(拟列管物质)的实际或相对滥用可能性;②它的药理作用的科学依据(如果有的话,此条件为选择适用);③相关于该物质,现行的科学知识的说明;④它的历史

---

(接上页) 《麻醉品成瘾戒治法》(Narcotic Addict Rehabilitation Act of 1966, Pub. L. No. 89-793, 80 Stat. 1438),立法将视野扩展到毒品消费,开始关注戒除毒瘾的法律保障,规范了作为监禁刑替代措施的戒毒制度。但是,这些法律被认为并不足以应对当时的毒品形势,例如,上述法律对当时已经非常流行的苯丙胺类和巴比妥类毒品并没有涉及,而且各个州大多已有自己的毒品立法,联邦期望通过统一的立法作出一些普适性的或者可参考的规定,有鉴于此,《毒品滥用综合防治法》的制定就显得颇有必要。《毒品滥用综合防治法》分为两部分:TITLE Ⅱ和TITLE Ⅲ。其中的TITLE Ⅱ部分就是《管制物质法》(Controlled Substances Act),《管制物质法》是《毒品滥用综合防治法》最主要的部分,规定了毒品分级管制、前体与列管化学品管制、类似物管制、毒品列管程序、刑事处罚、从业者登记注册、毒品专家咨询委员会等内容,被视为政府向毒品宣战的主要法律依据(The CSA provides the legal basis for the government's war on drugs)。而TITLE Ⅲ部分是《进出口、赃物追缴以及毒品修正案》(Importa-tion and Exportation, Criminal Forfeiture, and Drug Law Amendments),这一部分适用较少,主要涉及修订进出口管制物质的处罚和毒品犯罪的赃物追缴与没收,同时还有关于法案生效时间等程序性规定。《管制物质法》在制定后经历了数次修订,例如,1974年国会通过的《麻醉品成瘾者戒治法案》(Narcotic Addict Treatment Act of 1974, Pub. L. No. 93-281, 88 Stat. 124),允许执业医师为成瘾者脱毒治疗或基于相似目的而进行麻醉品的配制,该法案就是《管制物质法》823之下的相关内容。除了《管制物质法》之外,美国还有一系列的反毒法案,例如《国家麻醉品法案》(The National Narcotics Act of 1984, Pub. L. No. 98-473, 98 Stat. 2168)、《国家麻醉品主导者法案》(National Narcotics Leadership Act of 1988 as Subtitle A of the Anti-Drug Abuse Act of 1988, Pub. L. No. 100-690, 102 Stat. 4181)等,用以规定毒品执法机构,协调案件合作以及确定毒品政策等事项,但《管制物质法》作为美国毒品立法的核心地位一直未曾动摇,虽然经过历次修订,其仍旧是了解美国毒品立法模式和管制策略的重要法律资源。

以及现在的滥用方法；⑤滥用的范围、时间以及滥用特征；⑥对于公众健康的风险；⑦它的生理以及心理依赖倾向；⑧该物质是否有直接的先驱体（易制毒化学品）已被管制。[1]

依据列管程序的繁简程度和启动条件的差异，"事前明文列管"又可被分为"一般列管程序"与"临时列管程序"。立法首先明确将列管建议和批准权赋予司法部部长（The Attorney General），[2]当司法部部长认为某种物质"具有滥用可能"（potential for abuse）或者"认为美国需要按照签订的国际禁毒协议进行管制或变更管制"之时，就可以展开对该物质进行管制的程序。[3]在实施"一般管制程序"之时，司法部部长应当从"健康与人类服务部秘书长"（Secretary of Health and Human Services）处获得"医学或科学上的建议"。该建议是秘书长根据前述的列管标准对该物质进行评估而作出的，并且需要在合理的时间内书面提交司法部部长，司法部部长针对该物质是否应当列管作出的决定，受到该书面评估报告的限制。在经过该评估之后，

---

〔1〕 Controlled Substance Act. 21 U.S.C（802）811（c）. Factors determinative of control or removal from schedules In making any finding under subsection（a）of this section or under subsection（b）of section 812 of this title, the Attorney General shall consider the following factors with respect to each drug or other substance proposed to be controlled or removed from the schedules：（1）Its actual or relative potential for abuse.（2）Scientific evidence of its pharmacological effect, if known.（3）The state of current scientific knowledge regarding the drug or other substance.（4）Its history and current pattern of abuse.（5）The scope, duration, and significance of abuse.（6）What, if any, risk there is to the public health.（7）Its psychic or physiological dependence liability.（8）Whether the substance is an immediate precursor of a substance already controlled under this subchapter.

〔2〕 美国立法授权司法部部长作为决定毒品是否增列，解除或者变更管制的主体，司法部部长是美国司法部的最高首长，由总统提名并经联邦参议院同意任命，因此司法部长的职责仍旧属于行政权的范畴。

〔3〕 根据812（a）的规定，设定了5级列表进行管制。

以年度作为单位将该物质添加到确定的附表当中。[1]而"临时列管程序"则是司法部部长认为"某一物质将对公共安全带来紧迫危险"（imminent hazards to public safety），那么便可以直接将其放入附表Ⅰ进行管制。在此情形下，司法部部长不需要考虑上述的"一般程序"的前提条件——从"健康与人类服务部秘书长"那里获得"医学或科学上的建议"。临时管制在司法部部长将管制命令、目的以及所涉物质在"联邦公报"（Federal Register）上进行公布并将该管制令呈送"健康与人类服务部秘书长"并且将其回复记录在管制令中之后的30天内生效。该管制令一旦生效，有效期为1年，在1年内应当根据前述的"一般程序"该物质进行考察，实施正式管制，若时间届满仍旧悬而未决，临时管制还可以再延长6个月。[2]

实践当中，美国缉毒局（DEA）也可以提出临时列管申请。2016年9月26日，针对在美国泛滥严重的呋喃基芬太尼，就是由美国缉毒局向司法部部长提出的临时列管申请。临时列管可以大幅度压缩管制程序，削减启动和决定管制所花费的时间，在应对新精神活性物质的变化更新速率上具有响应相对及时的优势，能够在一定程度上克服当前新精神活性物质不断变化更新给管制制度带来的负面影响。而临时列管的考察要素与一般

---

〔1〕 根据812（2）的规定，附表在1970年10月27日起1年之后的2年内，应当半年修订及更新一次，此后每年修订及更新。

〔2〕 存在一个例外情形，当被临时列管的物质符合《联邦食品、药物与化妆品法》第505条的豁免条件——"新药申请"（New Drug Application）之时，需要经过"健康与人类服务部秘书长"在科学和医学上进行评估（scientific and medical e-valuation），若这一物质在医学上具有治疗效果"801（1）a useful and legitimate medical purpose"，则可以从临时列管中豁免，不纳入拟列管的附表。也就是说，临时列管仍旧会考虑被列管物质的医疗用途。21 U.S.C. 355 Federal Food, Drug, and Cosmetic Act.

列管相同，也避免了司法部部长专断行使权力而造成不当管制的结果。

3. 类似物管制模式

无论是单行立法模式，还是临时管制模式，都是希望在"事前"对新精神活性物质进行某种程度的限制而设计的管制制度。然而，临时列管依旧是以列举为手段的，只是在速率上有所提高，并不足以完全克服立法滞后的弊端；单行立法虽然可以通过兜底的形式来解释新精神活性物质，但是又会落入类推的质疑当中，因此不得在行为方式、法定刑上进行折中和平衡，在某种程度上降低了法律效力。而且，这两种方式都是被动响应新精神活性物质的产生或泛滥，那么能否主动应对新精神活性物质，从而从根本上遏制新精神活性物质呢？针对这一问题，相关的国家或地区创立了类似物管制制度，美国是采取该制度应对新精神活性物质的首倡者。[1]

---

[1] 除了美国，还有一些国家和地区采取了类似物管制的措施，但是与美国采取的手段大相径庭。例如，澳大利亚在 2005 年修订《毒品滥用与贩运法》(Drug Misuse and Trafficking Act 1985) 时增补了《重罪及裁量法案》(Serious Drug Offences and Other Measures)，就增设了"毒品类似物"(the drug analogue)，其规定凡是具有"相同基团、含有一个或一个以上不饱和键的氢原子、以不超过 2 个以上的碳环或杂环取代列管毒品碳环或杂环"的物质，都视为附表物质的类似物并且按照附表所规定的量刑罚则进行惩罚。这一做法形式上看是将某种物质作为毒品的类似物直接比照管制，但事实上并未脱离一般的列举规则，与我国在《麻醉药品品种目录》当中，注明"品种包括其可能存在的盐和单方制剂（除非另有规定）、包括其可能存在的异构体、酯及醚（除非另有规定）"的管制方式并无差异，因此笔者并不认为其是一种独立的管制制度，也不应将其归于类似物管制。这一管制措施将某些核心特征作为毒品的列举要素，事实上是所谓的"骨架管制"(generic control)，只能算是列举管制的相对扩张而已。New South Wales of Australia, Drug Misuse and Trafficking Act 1985. Law and Justice Legislation Amendment (Serious Drug Offences and Other Measures) Act, 2005 Division 314—Drugs, plants, precursors and quantities 314. 1 Controlled drugs (2).

## 第二章 毒品和新精神活性物质管制制度

1986年美国在《管制物质法》当中增设了802（32）号法案，这一被称为《管制类似物执法法案》（Controlled Substance Act of Enforcement of Analogue）的规范，确立了联邦的类似物管制制度。创设这一制度的背景是，20世纪80年代初"芬太尼"（Fentanyl）的衍生物"4-甲基-芬太尼"（4-Methyl-Fentanyl）在美国呈现出泛滥之势，"4-甲基-芬太尼"是在"芬太尼"的四号键位上加入一个甲基，且毒理效用大约是前者的30倍。[1] 但是，"芬太尼"在管制附表当中，"4-甲基-芬太尼"却没有被列入管制附表。[2] 这就意味着，"4-甲基-芬太尼"在法律上是"合法"的，吸毒者可以任意使用。针对这一状况，美国国会于1985年7月开始审议《策划毒品管制法案》（Designer Drug Enforcement Act of 1985），以惩罚"那些怀有逃避法律惩戒的意图而故意修饰物质化学结构的地下化学家（underground chemists）"。由于这些化学家能够轻易地改变一种物质的化学结构而制造出新的毒品，使得政府的毒品管制制度陷于虚置的危险。在该法案通过时，国会将法案的名称修改为《管制类似物执法法案》（Controlled Substance Analogue Enforcement Act of 1985），并且将其增补到《管制物质法》第802（32）条，以此确立了美国的类似物管制制度。

类似物管制与以往的毒品管制最大的区别在于，其通过立法设置了衡量一种新物质与已列管物质相似性的评价标准，如果某一物质符合类似物的标准，则将通过司法裁判的方式认定为

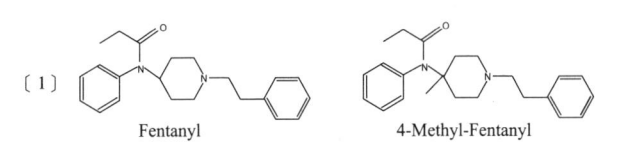

---

[1] Fentanyl 4-Methyl-Fentanyl

[2] 附表Ⅱ（b）（Opiates）（6）Fentanyl.

113

类似物，而根据《管制物质法》第813条的规定，被认定为类似物的物质应当被视为附表Ⅰ的物质，并且适用与附表Ⅰ对应的联邦法律的处遇后果。[1]从立法目的上看，类似物管制确立了"事后管制"的策略，因为其评价的是已经存在但不在毒品管制目录当中的物质，但是却对认定为类似物的物质施以毒品相同的法律处遇后果，这一策略对于"故意地制造或分发与那些危险的管制物质相类似的物质"可以起到遏制作用。[2]根据法案的规定，若某种物质与附表Ⅰ和附表Ⅱ中已列管的毒品存在"实质相似性"，则可以根据该条所设定的标准，通过司法裁判将其认定为"管制类似物"（controlled substance analogues），那么此时就可以依据《管制物质法》的规定对其比照附表Ⅰ的毒品进行惩罚。具体来说，一种物质能够被认定为"类似物"，在于"（该物质）①化学结构与表Ⅰ或Ⅱ中的物质实质上相似（substantially similar）；②具有相对于附表Ⅰ或Ⅱ中的管制物质相似或者更高的对中枢神经的兴奋、抑制以及致幻作用；或者对于特定的人（滥用者）来说，该物质具有与附表Ⅰ或Ⅱ中管制物质相似或者更高的对中枢神经的兴奋、抑制以及致幻作用"。[3]类似物管

---

[1] Controlled Substance Act. (21 U.S.C 802) 813. Treatment of controlled substance analogues. A controlled substance analogue shall, to the extent intended for human consumption, be treated, for the purposes of any Federal law as a controlled substance in schedule Ⅰ. 有目的的用于他人滥用的管制类似物，将作为管制物质附表Ⅰ予以管制，并且适用与附表Ⅰ对应的所有联邦法律的处遇后果。

[2] Designer Drug Enforcement Act of 1985 [S.1437], S. Rep. No. 196, 99th Cong., 1st Sess. 5

[3] Controlled Substance Act. (21 U.S.C 802) 802 (32) A. Except as provided in subparagraph (B), the term "controlled substance analogue" means a substance-(i) the chemical structure of which is substantially similar to the chemical structure of a controlled substance in schedule Ⅰ or Ⅱ; (ii) which has a stimulant, depressant, or hallucinogenic effect on the central nervous system that is substantially similar to or greater than the stimulant, depressant, or hallucinogenic effect on the central nervous system of a controlled substance in schedule

制是毒品列管制度的立法创新，其意义在于将传统的立法或授权立法确定毒品品项的"事前管制"策略，推及司法裁判确定毒品品项的"事后管制"，赋予了司法管制毒品的职能。在类似物制度当中，法院可以通过类似物诉讼对某种物质展开司法调查，一旦认定该物质属于类似物，那么就意味着将该物质"追认"为毒品，对涉及该物质的行为将会参照附表Ⅰ所对应的罚则进行处罚。

4. 早期预警模式

早期预警并非专门针对新精神活性物质的管制而开展的措施，但是对于以明文列举管制的国家和地区来说，提前预警并知晓某种物质可能会泛滥，可以及时介入，对该物质进行属性与危害的评估确认，从而为立法列管提供充分的依据以及相对充裕的时间，同时也可以紧急采取一些其他的手段遏制该物质的传播。[1]联合国毒品和犯罪问题办公室（UNODC）开展的"SMART"项目（Synthetics Monitoring: Analysis, Reporting and Trends，合成毒品监控：分析、报告与趋势）是早期预警措施的代表，截至2014年底，一共有39个欧洲国家、27个亚洲国家、14个非洲国家、13个美洲国家以及2个大洋洲国家报告涉及新精神活性物质的活动，一共报告新精神活性物质541种，其中有69种是2014年首次报告的。[2]通过早期预警制度，联合国建

---

（接上页）Ⅰ or Ⅱ; or (ⅲ) with respect to a particular person, which such person represents or intends to have a stimulant, depressant, or hallucinogenic effect on the central nervous system that is substantially similar to or greater than the stimulant, depressant, or hallucinogenic effect on the central nervous system of a controlled substance in schedule Ⅰ or Ⅱ.

[1] A. Helander and others, "Detection of New Psychoactive Substance Use Among Emergency Room Patients: Results from the Swedish Strida Project", *Forensic Science International*, Vol. 243 (2014), pp. 23~29; Also See Emcdda, "Perspectives On Drugs: Injection Of Synthetic Cathinones", *Perspectives on Drugs Series*, 27 May, 2014.

[2] UNODC, World Drug Report, 2015, p. 73.

立了以禁毒公约缔约国为节点的新精神活性物质预警网络架构，以此发现、分析和报告新出现的物质的滥用潜力以及可能存在的人体损害，给相关国家和地区提供涉及该物质的相关信息，以尽快作出响应，从而挤压新精神活性物质的蔓延渠道和流通路径。

欧盟也建立了区域性的早期预警系统。欧盟委员会于2005年5月10日在比利时布鲁塞尔通过了第2005/387/JHA号决议。该决议的内容就是"关于新精神活性物质的信息交流、风险评估及管制"（On the information exchange, risk-assessment and control of new psychoactive substance）。这一决议旨在快速、有效地响应新精神活性物质在欧盟范围内的制造、流通，协调成员之间的刑事司法协助、情报咨询交流、快速确定新精神活性物质成分以及提供相应的预警信息，以便成员根据自身的法律原则和法律体系，尽快做出应对。根据这一决议，欧盟建立了相应的早期预警制度，即"欧盟早期预警系统"（EUEWS, EU Early Warning System）。根据欧洲毒品与毒品滥用监测中心（EMCDDA）的统计：2005年欧盟报告发现新精神活性物质14种，2015年共报告98种，截至2016年一共报告新精神活性物质628种。[1]欧洲毒品与毒品滥用监测中心（EMCDDA）会随时统计并汇总相关的预警信息，并且将信息随时上传到"欧洲新毒品数据库"（European Database on New Drugs, EDND），并且组织对每一种物质进行相关的分析与定性，同时检测其在欧盟范围内的生产、流动等信息。[2]根据早期预警系统的情咨搜集和汇总分析，欧

---

　　[1] EMCDDA, EMCDDA-Europol 2016 Annual Report on the Implementation of Council Decision 2005/387/JHA, p.13.

　　[2] EMCDDA, EMCDDA-Europol 2016 Annual Report on the Implementation of Council Decision 2005/387/JHA, p.6.

洲毒品与毒品滥用监测中心（EMCDDA）每年都发布相关的报告，指出成员应当注意的问题和新精神活性物质可能泛滥的趋势。例如，2016年发布的《毒品展望：控制新精神活性物质的法律手段》指出欧盟新精神活性物质带来的最主要挑战在于不断增长的新精神活性物质种类以及越来越快的更新速度。种类更新导致传统列管式管制手段的趋于失效，而更新速度增快，更是导致传统列管手段滞后的主要原因。[1]在早期预警系统的警示之下，有些国家通过完善药物安全法律对新精神活性物质进行了一定程度的控制。例如，波兰、意大利和英国通过不给含有新精神活性物质的药物颁发上市许可或者合法标签，来区别具有毒品作用的新精神活性物质和一般的药品。也有国家扩展了现有法律和程序的适用度。例如，匈牙利和芬兰分别于2010年和2011年通过了相关法案，将科学上的危害评估作为是否管制的考察因素，简略了以往列管毒品时的考察标准。此外，有些国家还变更了管制程序，早期预警的警示信息可以作为变更管制措施的依据。例如，英国于2011年设立了临时列管程序，规定可以根据预警信息，在1年以内对某种物质实施临时管制措施。[2]

---

[1] EMCDDA, Perspectives on drugs: Legal Approaches to Controlling New Psychoactive Substances (2016).

[2] EMCDDA, Perspectives on drugs: Legal Approaches to Controlling New Psychoactive Substances (2016).

# 第三章
# 我国毒品犯罪的刑事立法

## 一、我国毒品犯罪的立法体系

立法体系是国家制定、国家强制力保障的规范性文件的总和，如宪法、法律、行政法规、地方性法规等。而毒品犯罪的立法体系就是国家制定并依靠国家强制力保证实施的有关毒品犯罪的规范性法律文件的系统总和。改革开放以来，我们国家关于毒品犯罪的刑事立法日趋精细和完备，我国积极应对毒品犯罪，从严治理毒品犯罪的方针政策始终如一，逐渐凸显出了社会综合治理的大方向。

毒品犯罪不仅侵犯社会秩序，还伤害了人民的身体健康，破坏了一个又一个幸福家庭。中国的近代历史告诫我们，毒品的泛滥对于个人、国家来说都具有极其严重的社会危害性。正因为如此，中华人民共和国成立之初，我国政府始终秉持着"严厉打击"、对毒品犯罪"零容忍"的态度。1950年开始，我国在颁布《政务院关于严禁鸦片烟毒的通令》《内务部关于贯彻严禁烟毒工作的指示》的同时还进行了一系列打击毒品的活动。自中华人民共和国第一部《刑法》通过以来，历次修正案对毒品犯罪的态度始终如一，即严厉而又坚决的"打击"。改革开放以来，虽然世界上的大多国家对毒品犯罪的态度有所缓和，但是我国在这方面始终奉行着"严厉打击,绝不动摇"的态度。四十多年来,立法随着社会的发展而不断完善,从立法的进程来看,总结和归纳已有的立法经验,对未来的刑事立法进行系统化、目的化的展望,将会更加完善我国刑法对毒品犯罪的规定,更加有利于实现国家的长治久安和伟大的"中国梦"的宏伟蓝图。

## 二、我国毒品犯罪的立法现状

### (一)毒品犯罪中罪名设置的立法现状

我国刑法的规定的毒品犯罪从重到轻可以被分为以下几种行为:第一,走私、运输、制造毒品的行为。对于这种行为,其社会危害性以及对法益的侵害程度最高,所以法定最高刑的设置在整个毒品犯罪中最为严格。第二,非法持有毒品的行为。这一行为,是对上述几个行为的补充。第三,包庇毒品犯罪分子的行为,窝藏、转移、隐藏毒品、毒赃的行为。该种犯罪行为虽然不是直接从事走私、贩卖等行为,但是其为该几种行为的帮助行为,具有相当大的社会危害性。第四,非法生产、买卖、运输制毒物品、走私制毒物品的行为。第五,非法种植毒品原植物的行为。第六,非法买卖、运输、携带、持有毒品原植物种子、幼苗的行为。第四至六种犯罪行为均为生产毒品过程中必不可少的行为。自加入国际禁毒组织以来,我国对毒品犯罪的规定日渐完善,这几种行为为其中重要的体现。第七,引诱、教唆、欺骗他人吸毒的行为、强迫他人吸毒的行为。第八,容留他人吸毒的行为。第九,非法提供麻醉药品、精神药品的行为。上述对九种犯罪行为的规定体现了我国"严刑治毒"的理念,在整个毒品犯罪的过程中,不论是提供原材料,还是制毒贩毒,抑或是提供吸毒场所等都被事无巨细地规定为刑法的调整对象，充分体现了罪刑法定原则和罪行均衡原则。

根据我国《刑法》第 347 条的规定，行为人只要实施了上述走私、贩卖、运输、制造的行为，不考虑数量的多少以及其毒品的纯度等因素的影响就应被追究刑事责任。同时，根据第 349 条的规定，行为人只要包庇了实施上述行为的犯罪人，就会受到刑法的惩罚。所以，上述两种犯罪简单来看为典型的行为犯。犯罪分子窝藏、转移、隐瞒毒品或者隐瞒犯罪所得就应当处以 3 年以下有期徒刑、拘役或者管制；情节严重的，处 3 年以上 10 年以下有期徒刑。同时，还规定了从重处罚情节，例如，有特殊身份的缉毒人员或者国家机关工作人员为犯罪分子提供掩护、包庇走私、贩卖、运输、制造毒品等帮助行为的。

我国刑法不仅调整制毒行为，同时对原材料的提供也规定了相应的刑罚。《刑法》第 351 条规定，非法种植罂粟、大麻等毒品原植物的，一律强制铲除。种植罂粟 500 株以上不满 3000 株或者其他毒品原植物数量较大的、经公安机关处理后又种植的、抗拒铲除的处 5 年以下有期徒刑、拘役或者管制，并处罚金。非法种植罂粟 3000 株以上或者其他原植物数量大，处 5 年以上有期徒刑，并处罚金或者没收财产。收获前自动铲除，可以免除处罚。上述规定充分适应了我国毒品原材料的种植现状，偏远地区的人民，不论法律认识错误还是事实认识错误，都有改过自新的机会，只要及时铲除非法原材料就可以不受刑法的处罚。这正体现了我国刑法的宽严相济以及惩罚与教育相结合的理念。同时，《刑法》第 352 条还规定，非法买卖、运输、携带、持有未经灭活的罂粟等毒品原植物种子或者幼苗，数量较大的，处 3 年以下有期徒刑、拘役或者管制，并处或者单处罚金。所以，不论是原材料还是其种子或幼苗，只要未经灭活，有危害社会的风险就为刑法的调整对象。除上述植物原材料外，化学原材料的买卖同样受到刑法的限制。从事非法运输、携带醋酸酐、乙醚、三氯甲烷或者其他用于制造毒品的原料或者配剂进出境的行为，或者违反国家规定，在境内非法买卖上述物品的行为的，判处3年以下有期徒刑、拘役或者管制，并处罚金；数量较大的，处3年以上10年以下有期徒刑，并处罚金。明知他人制造毒品而为其提供前款规定的物品、仍然提供帮助行为的，以共犯论。单位犯罪的，对单位处罚金，直接责任人员与主管人员依照上述规定处罚。

《刑法》第353条规定，实施引诱、教唆、欺骗他人吸食、注射毒品行为的应当依法受到刑法处罚。其中，引诱、教唆、欺骗或者强迫未成年人吸食、注射毒品的，依法从重处罚。同时，还将容留他人吸食注射毒品的行为规定为犯罪行为，这点在《刑法》第354条中有着明确的体现。依法从事生产、运输、管理、使用国家管制的麻醉药品、精神药品的人员，违反国家规定，向吸食、注射毒品的人提供国家规定管制的能够使人形成瘾癖的麻醉药品、精神药品的依法应当受到刑法处罚。向走私、贩卖毒品的犯罪分子或者以牟利为目的，向吸食、注射毒品的人提供国家规定管制的能够使人形成瘾癖的麻醉药品、精神药品的，依照《刑法》第347条的规定定罪处罚。单位犯前款罪的，实行"双罚制"。

纵观我国对毒品犯罪的立法规定，不难看出，从走私贩卖到运输制造，从非法持有到窝藏、包庇、转移、隐瞒，从非法买卖运输制毒物品再到走私这些制毒物品，从非法种植毒品原材料、幼苗，到引诱教唆欺骗他人吸毒、容留他人吸毒等这些涉及毒品的行为统统是刑法规范予以严厉规制的行为。可以看出，我国刑法对毒品犯罪的覆盖面已经很广，对毒品犯罪的各个环节都作出了相应的惩罚措施。从毒品犯罪的规定中我们可以了解立法者对于毒品犯罪严厉打击的态度和决心。

毒品犯罪的立法在中国经历了由简到繁的过程。中华人民共和国成立之初，对毒品犯罪的规定并没有现在这么详细，刑罚也没有如此严苛。这一时期，毒品犯罪的危害尚未深入人心，民众对毒品的认识可能还仅仅停留在早期的鸦片烟，而且当时的经济并不发达，人们还没有富裕的金钱供给吸食毒品。所以，毒品犯罪在中华人民共和国成立之初并不猖獗。但是随着经济的发展，人民的生活越来越富裕，贫富差距越来越大，很多人产生了某种追求刺激的心理，各种毒品犯罪不断涌现，毒品犯罪也越来越猖獗，因此我国才会不断完善相关立法以遏制毒品犯罪。

我国毒品犯罪的罪名设置的优点主要体现在以下几个方面：首先，罪名设置与国际公约接轨。自加入国际禁毒组织开始，我国即根据国际公约有关毒品犯罪的相关规定，不断完善刑法中毒品犯罪的规制条款，增加了很多针对毒品犯罪的立法。比如，非法种植毒品原材料等，将这些罪名及时地补充到法律规定中。其次，毒品犯罪的罪名立法全面、繁简适中。从制毒开始，不论是运输行为还是原材料的生产运输行为，在《刑法》中都有明确的规定。这就说明，我国的立法对于毒品犯罪的规定是相对全面的。法条中的规定，繁简适中，容易理解。最后，逻辑严谨、思维缜密。整个毒品犯罪的立法体系，逻辑清晰、由重到轻，足以体现立法者的思维缜密。

当然，刑法理论界对我国刑法中如此全面的毒品犯罪规定，在实践适用和具体把握方面也提出了一定的质疑。例如，我国毒品犯罪在罪名设置上虽然全面，但是太过于面面俱到，以至于在司法实践中侦察人员或者是法官很难有根据案件事实行使自由裁量权的余地。同时，很多罪名在社会的发展过程中已经没有存在的必要，比如，运输毒品罪。从立法角度来看，对于运输毒品罪是否有存在的必要，很多学者所持的观点是，运输行为仅仅是毒品犯罪中最为简单的一环，在多数情况下只是一种帮助行为，是一种帮助实现其他毒品犯罪的手段。比如，走私毒品罪与贩卖毒品罪，运输行为只是其中的一个环节，而且并不是占主要地位的环节。在此种情况下，将运输这种帮助行为定为运输毒品罪并没有必要，仅仅是正犯行为的帮助行为就足以评价运输毒品的行为。[1]笔者认为，这种观点值得肯定。运输毒品的行为人正如前文所说，有的人是为了"以毒养毒"，有的是农民，有的是贫穷的人。对于这些人来说，其主观恶行并没有达到需要用死刑来评价的程度。所以，对于运输毒品罪，从立法层面和司法实践的角度来说，其存在的意义已经随着社会的发展而逐渐淡化，为了保障法律与时俱进的先进性，应该及时废止无效的法律。

（二）毒品犯罪法定刑设置的立法现状

我国为了有效遏制相关毒品犯罪的不断蔓延，对毒品犯罪规定了比较详尽的法律条文。如前所述，有关毒品犯罪的刑法规定主要集中在《刑法》的第347条到第357条，共涉及12个罪名，其法定刑涵盖死刑、自由刑和财产刑。其中，自由刑包括无期徒刑、有期徒刑、拘役和管制，财产刑包括罚金和没收财产，刑罚措施丰富。下面具体分析我国法定刑的立法现状。

目前，我国针对毒品犯罪规定的法定刑相对完善是法律不断更新演进的结果。针对毒品犯罪的管控，我国于1952年制定了《惩治毒犯条例（草案）》，对实行毒品犯罪的犯罪分子可

---

[1] 孙凤鸣："论运输毒品罪死刑的废除"，中国社会科学院2016年博士学位论文，第6页。

适用 10 年有期徒刑或者无期徒刑的刑罚，对情形严重的可适用死刑。改革开放后，毒品再次泛滥。为此，1979 年《刑法》明确规定对制造、运输、贩卖毒品的犯罪分子适用的法定刑最高可达 15 年。随后，在 1982 年将该罪严重情节的法定刑提升至对行为人可以判处无期徒刑或死刑，并没收财产。1988 年全国人民代表大会常务委员会颁布的《关于惩治走私罪的补充规定》特别设置了走私毒品的法定刑，法定最高刑为死刑。后来，我国出台了一部比较系统地规制毒品犯罪的法规，即《关于禁毒的决定》，这部法规较为详细地规定了毒品犯罪的各个罪名以及各罪的法定刑，还详细规定了适用各种刑罚手段的刑罚幅度。但因《关于禁毒的决定》的规定不够成熟，我国在吸收《关于禁毒的决定》中合理的法律规范内容，对部分条文进行修改以及增加其他相关条文后公布实施了 1997 年《刑法》，并且就毒品犯罪的法定刑设置了专门的章节。1997 年《刑法》（也就是目前我国适用的刑法），对毒品犯罪的法定刑增加了新的内容，包括法定刑的量刑幅度更加细化，毒品犯罪适用附加刑的范围扩大，将原来规定的选处或者并处罚金改为必处罚金，取消选处罚金的形式，规定毒品犯罪的再犯从重处罚制度。

禁毒刑事政策对我国关于毒品犯罪法定刑的立法规定有着巨大影响。由于我国毒品犯罪形势严峻，为缓解这种情况，在禁毒政策的指导下，毒品犯罪的法定刑设置较重，尤其是在适用死刑的法律规定上，禁毒政策的影响尤为明显。例如，《刑法》第 347 条规定对存在法律规定的五种严重情形的犯罪分子，可以适用 15 年有期徒刑、无期徒刑或死刑，该项条款中判处有期徒刑和死刑的适用条件一致，没有对适用死刑规定限制条件。也就是说，该项条款属于一种弹性规定，在量刑幅度内的具体量刑可以随着国内形势、刑事政策的变化而有所区别，在国内毒品泛滥、强调禁毒政策时会增加死刑的适用，在毒品犯罪形势稍见缓和时，虽依然强调禁毒政策，但趋向于适用有期徒刑和无期徒刑，严重情形以死缓代替死刑，从而限制死刑的适用。

适用死刑是我国遏制毒品犯罪的重要手段之一，适用死刑措施在我国毒品犯罪相关法定刑的条文中规定得并不多，主要集中规定在走私、运输、贩卖、制造毒品罪五种严重情形的法定刑中。我国刑法规定，走私、贩卖、运输、制造毒品，有下列情形之一的，处 15 年有期徒刑、无期徒刑或者死刑，并处没收财产：①走私、贩卖、运输、制造鸦片 1000 克以上、海洛因或者甲基苯丙胺 50 克以上或者其他毒品数量大的；②走私、贩卖、运输、制造毒品集团的首要分子；③武装掩护走私、贩卖、运输、制造毒品的；④以暴力抗拒检查、拘留、逮捕，情节严重的；⑤参与有组织的国际贩毒活动的。但是，在司法实践中，适用死刑的毒品犯罪案件很多，重刑率高，甚至在某个时期，适用死刑的毒品犯罪案件数量占全部适用死刑案件的一半，并且该罪名经常占据死刑罪名的首位。根据我国刑法的规定，走私、贩卖、运输、制造鸦片 1000 克以上、海洛因或者甲基苯丙胺 50 克以上或者其他毒品数量大的，即可以判处死刑。这个死刑的入刑点，在世界各国中是较低的。日本虽然还保留着死刑，但是对于毒品犯罪并没有规定死刑。但是这个不意味着死刑没有存在的必要，而是在提示我们在考虑适用死刑这种法定刑时要更加慎重。1000 克鸦片、50 克甲基苯丙胺，这种定量化的定罪标准确实太过于死板。

但是，毒品犯罪案件并没有因死刑的威慑而有所减少，反而有增无减。即使在司法实践中大量适用死刑刑罚，也仍不能降低毒品犯罪案件数量，不能阻吓住犯罪分子。由此可见，严厉的法定刑设置、禁毒政策的实施并没有使毒品犯罪案件减少。

我国部分地区的毒品犯罪活动依然活跃，并没有达到通过适用死刑遏制毒品犯罪的目的。然而，从禁毒法律以及相关司法解释中我们可以看出，死刑适用案件并未减少，死刑适用的限制逐渐弱化，死刑依然是惩治毒品犯罪犯罪分子的重要刑罚手段。

自由刑和财产刑在毒品犯罪的法定刑设置中占据重要地位。无期徒刑的严厉程度仅次于死刑，涉及死刑的条文中基本都有无期徒刑。有期徒刑、管制、拘役在毒品犯罪第347条到第355条的9个条文基本都有所规定，适用范围较广，而且法定刑之间量刑幅度较大，在毒品犯罪案件中适用的次数也较多。财产刑包括罚金刑和没收财产，其中罚金刑在上述9个条文中有所规定，多为并科适用，适用范围广，但是没有规定具体的罚金数额，需要法官在司法实践中自由裁量。规定没收财产刑的条文少，同时没有规定没收财产的范围。

（三）我国毒品犯罪刑事立法的典型特征

从我国刑法对毒品犯罪各种罪名和法定刑的规定中我们可以看出，我国的毒品犯罪刑事立法具有一定的典型特征，这些典型特征具体表现为以下几个方面：

第一，世界各国在计算毒品数量时，是否考虑毒品的纯度存在两种观点：其一，以美国为代表的国家，不以纯度计；其二，以英国为代表的国家，在计算毒品数量时纯度为其考虑的因素之一。在不同立法模式下，认定毒品犯罪的数量采取不同的计算方式，反映出了不同刑事立法背景的社会的发展特征。我国针对走私、贩卖、运输或者非法持有毒品等行为规定的定罪量刑标准是以数量计，不考虑纯度。我国虽然未将毒品的纯度作为量刑时考虑的折抵因素，但是此种立法模式正是"严厉惩治毒品生产、贩运以及非法持有毒品行为"的体现。此种立法模式还适合处理新型毒品犯罪，纯度极低也是毒品，也具有相应的社会危害性，应当受到刑事处罚。所以，我国刑法之规定，以毒品数量为量刑标准是具有时代意义的，是符合社会发展需要的，也体现了我国惩治毒品犯罪的严厉程度以及坚定的决心。

第二，我国毒品犯罪定罪量刑时考虑的因素有清晰的界限。如前文所述，量刑时只考虑毒品的数量不考虑纯度。而定罪时，只论行为性质，不论毒品的数量。即只要行为人实施了走私、贩卖、运输和制造毒品的行为，都应该依据刑法追究行为人的刑事责任。目前，在司法实践中，刑事立法既要定性又要定量，借此达到减少犯罪数量、降低犯罪率的目的。虽然在国际社会中此种规定较为少见，但这种定罪量刑的标准正是我国毒品犯罪刑事立法的主要特征。

第三，我国刑法还特别规定了多种从重处罚的情形。如对利用、教唆未成年人制毒、贩毒、运毒、走私毒品的行为，以及向未成年人出售毒品，或者是强迫、引诱、教唆、欺骗未成年人吸食、注射毒品等被判处过刑事处罚的、再犯的，均规定了应当从重处罚的情形。这些均证明我国的刑法立法对于毒品犯罪所采取的刑事政策具有严厉性特征。

第四，我国刑法在毒品犯罪中设置了死刑以及没收财产刑。死刑作为我国刑法最严厉的刑罚措施，只适用于那些罪行极其严重的犯罪分子。然而，对于走私、贩卖、运输、制造毒品罪来说，无论从其行为的性质（主要是行为犯）、行为的表现，还是从行为的后果（即一般不能对人的生命造成直接的危害）来看，都与被国际社会所认可的极其严重的罪行存在着较大的差异。但我国现行刑法仍然为部分毒品犯罪设置了死刑，这与当前国际社会将毒品犯罪明文排除在最严重罪行之外的情形是截然不同的。我国针对毒品犯罪的死刑规定正是"从严"立法政策的体现，同时，设置没收财产刑的目的主要是在经济上阻断犯罪动机。该举措的目的主要是强调在判处徒刑的同时，也要在经济上对毒品犯罪分子给予否定的评价和惩罚，可以将其比喻为"经济死刑"。这也从一个方面体现了我国毒品犯罪刑法立法政策的从严性。

第五，我国刑法对毒品生产、毒品销售等环节进行了较为有效的规制。根据我国现行刑法对有关毒品犯罪的规定，我国对毒品犯罪的行为进行全过程管理控制，将诸如非法买卖、运输、携带、持有毒品原植物种子、幼苗，非法种植毒品原植物等行为纳入了刑法的规制范畴。上述这些都是毒品生产的前行为，我国刑法不仅对毒品生产的前行为进行管控，更是对毒品的直接生产和贩运等行为进行了严密的刑法规范。

（四）对我国毒品犯罪立法不足的分析

1. 罪名设置的不足

近年来，我国制定并颁布了多部相关的法律法规，并且多次根据现实情况的变化，对相关的法律规定进行了修缮，相关禁毒工作的法治建设也取得了发展与进步。规制毒品犯罪行为的法律体系已基本形成，但与全面严厉打击毒品犯罪的现实情况相比，我国现行规制毒品犯罪的法律体系仍然存在着不足。毒品犯罪是一种较为复杂的社会现象，往往涉及诸多社会因素，具有不易管控的现实特点。更重要的是，毒品犯罪的立法工作要与时俱进，具体问题具体分析，根据现实情况不断完善变化，为我国打击毒品犯罪提供强有力的法律保障。接下来，笔者将从有关毒品犯罪的几个不足方面来进行论述。

（1）非法持有毒品罪的规定不足。非法持有毒品罪是走私、贩卖、运输和制造毒品罪的犯罪补充。行为人通过保管、隐匿、占有等方式，实际控制和控制特定商品的行为，为持有行为；

运输行为，为在中国境内通过携带、邮寄、使用他人或者使用运输工具进行毒品转移的行为。其中，所谓的窝藏，一般是指将犯罪分子持有的毒品藏匿起来以便不被警方查获。持有毒品与运输毒品的行为相互之间不仅存在包含关系，还存在重叠关系，携带行为可以表现为持有行为，还可以表现为运输行为。

非法持有毒品罪的确立为我国打击毒品犯罪发挥了不可磨灭的作用。然而，在现实的司法实践过程当中也存在一些不足。首先，将法律没有规定的犯罪作为犯罪行为来处罚。例如，我国法律虽然没有将吸毒行为界定为犯罪行为，但吸毒行为有一个事实前提，即"吸毒必持有"，变相地处罚了吸毒行为，这与刑法的基本原则相矛盾。其次，如前文所述，非法持有毒品罪的适用条件是无法核实犯罪分子有其他毒品犯罪相关证据，但在实际操作过程中出现的弊端是：司法人员不能充分履行侦查职责，导致对"走私、贩卖、制造毒品罪"的处罚较重。另外，"非法持有毒品罪"的最高法定刑比"窝藏毒品、毒赃罪"要高，这样可能会导致在司法实践过程中出现罪责刑不相适应的情形。

根据上述几点理由，法律的制定者应当全面、客观地分析和评价持有毒品行为所具有的社会危害性及持有行为的特点，以此重新理解和分析"非法持有毒品罪"的构成要件，然后依据相关的分析和理解制定出与之相符的法定刑。

首先，完善对非法持有毒品罪的定义范围。持有毒品的犯罪行为之所以被规定为犯罪行为，是因为此种持有行为具有相当严重的社会危害性。这种危害性并非针对持有者自身，假如持有仅仅是供自己吸食，且数量不大，这种行为用非法持有毒品罪去评价是不符合罪责刑相适应原则的。这种持有行为在后来犯罪的进化过程中很容易转化成贩卖、运输等其他行为，具有潜在的社会危害性。《刑法》规定的持有型犯罪并不多见，但此种犯罪就是其中之一，足以见到其严重的社会危害性。这种持有也需要有一定的门槛，这种门槛就是要求对毒品的明知和实际的支配。这种明知和支配是持有毒品的犯罪行为主观上必备的条件。

其次，应减少法定刑，使之更加合理。根据上下游犯罪的刑法原则，非法持有毒品罪的法定刑应被归入窝藏毒品罪。然而，我国现行刑法规定，非法持有毒品罪的最高刑罚是无期徒刑和罚金。同时，窝藏毒品罪的最高法定刑为10年有期徒刑，无附加刑。因此，应适当修改非法持有毒品罪的法定刑，使其变得更为合理，更有利于打击毒品犯罪，提高打击毒品犯罪的有效性和综合性。

（2）并未将情节严重的吸食、注射毒品的行为规定为犯罪。吸毒行为的法益侵害性极为严重，对于该种行为，应当列入刑法的调整范围，但我国仅在《治安管理处罚法》和《禁毒法》中有相关规定。例如，《治安管理处罚法》规定：违反政府禁令吸食、注射毒品的，处15日以下拘留，200元以下罚款并处警告。《禁毒法》规定：吸食、注射毒品的，依法给予治安管理处罚。吸毒人员主动到公安机关登记或者到有资质的医疗机构接受戒毒治疗的，不予处罚。所以，我国并未将吸毒行为上升为刑法调整的高度。由于责任较轻，所以复吸率偏高。有关部门应尽快将吸毒行为列入刑法的调整范围，以降低吸毒率和复吸率。

我国毒品犯罪被规定在刑法分则第六章，刑法分则的分类是按照犯罪的同类客体的特点，这种犯罪行为主要侵害的是我国的社会秩序。那么情节轻微的自我吸食和注射行为是否应该被列入毒品犯罪之中？学界的观点是情节轻微的吸食和注射行为很难在《刑法》中被评价为犯罪的行为，这种行为在转变为贩卖等行为时，本身的性质就会发生变化，变化后的行为当然由刑法的规定去惩罚。虽然吸食、注射毒品具有很强的社会危害性已成为社会共识，但是将吸食、注射毒品的行为规定为犯罪行为，尚未达成一致意见。因此，我国在对刑法进行修订时，暂未将其确定为犯罪。

此外，滥用毒品是以非法向他人提供麻醉药品、精神药品或者容忍滥用毒品等犯罪行为为前提的。为了从根本上控制上述犯罪行为，笔者认为有必要根据具体情况将吸毒和注射毒品的行为界定为犯罪行为。从行为人主观层面的角度看，吸毒、注射是行为人明知违法而购买、消费的行为，为走私、贩卖、制造毒品等上游犯罪提供了充分条件。

综上，将"积极吸食毒品"与"注射毒品"两种行为界定为犯罪行为是形势所趋。在有效地打击毒品犯罪的同时，发挥着遏制毒品使用的作用。刑法的目的不仅有惩罚作用还包括教育作用，教育作用应为广义的教育作用，其内涵包括吸毒者在心理上对毒品产生的敬畏之心。所以，应将吸毒行为规定为犯罪行为，以起到警示与预防作用。

《美国模范刑法典》规定：行为人因医疗以外的目的摄入酒精饮料、麻醉剂或者其他药品，在公共场所危害本人或者他人健康或者财产的，构成犯罪。《土耳其刑法典》规定：非法持有、使用毒品的，处3年以上5年以下有期徒刑，并处3万里拉以下罚金。日本法律规定：非法消费毒品者，处7年以下惩役。《韩国刑法》规定：非法使用毒品的，处10年以下有期徒刑或者200万元以下罚金。新加坡禁毒法令规定，吸毒者最高可处有期徒刑10年及美元罚金。《马来西亚禁毒法》规定：注射毒品的行为是犯罪行为。此外，还有许多国家也认为吸毒是犯罪行为。

另外，我国一些学者也建议设立"吸食、注射毒品罪"。本行为构成犯罪的情节必须明确。一般来说，罪犯可以概括为：一是劳教康复后仍主动吸毒的；二是强制隔离康复后复吸的；三是吸毒、注射有其他严重情节的。而且，考虑到吸毒者在一定程度上也是受害者，可以参照《刑法》相关规定适当从轻处罚，刑满复吸者则从重处罚。

（3）运输毒品罪的立法不足。目前，我国现行法律对运输毒品行为的定义是：指在国境或边境内，通过运输手段，把毒品从一地转移到另一地的行为。运输毒品在《刑法》第347条中与走私、贩卖、制造毒品行为并列，表明社会危害性相当。[1]

运输毒品行为具有以下特征：

第一，运输必须在国境或边境内一侧，如果交叉穿越了国境或边境，就是走私毒品而不是运输毒品。

第二，我国现行法律未对运输工具进行限制性规定。犯罪行为人既可以借助交通工具实施转移毒品行为，也可以自己携带毒品进行转移。在此种情况下，只要是毒品所处的位置发生了空间上的位移就可以成立。

毒品运输行为是一种常见的犯罪行为，虽行为常见，但具体的行为模式却不明确。一般来说，其可以为毒品犯罪的一部分，所以行为人主观恶性通常较低。从身份来看，运输毒品罪的行为人一般并不是毒品的所有者，通常也不是毒品的销售者，在现实中，往往是受他人指使或被他人雇佣以此获得报酬的人。这种行为的社会危害往往低于走私、贩卖、制造毒品的社会危害性，其对使用者健康的危害往往是相对间接的，从侵犯合法

---

[1] 参见刘凌梅："运输毒品罪司法适用争议问题探讨"，载《法律适用》2015年第7期。

利益的紧迫性来看，还不如贩毒罪严重；从侵犯合法利益的产生来看，其从根本性上来讲不如走私制造。原因在于，贩卖行为给吸食者吸食毒品提供了可能性。同时，走私和制造毒品是实现毒品在我国境内流动销售的重要手段。

《联合国禁止非法贩运麻醉药品和精神药物公约》考虑到贩卖与运输之间的密切联系，将运输毒品罪与贩卖毒品罪合并规定为贩运毒品罪。刑法学的相关理论表明，如果需要立法规制毒品的运输行为，并不需要专门设立"运输毒品罪"来处罚规制该行为。运输毒品的行为与毒品犯罪全过程中的其他环节相比在毒品犯罪流程中属于较为次要的环节。行为人只是被毒品所有者所雇佣，其目的为获取高额报酬。但是，刑法将其与走私、贩卖、制造毒品罪并列，并规定了较重的法定刑，这显然是不合理的，在一定程度上导致了罪刑均衡适用的偏差。

有没有必要单独规定运输毒品罪在学术界是个有争议的问题。因为人们一般认为，司法实践过程中对被雇佣运输毒品的行为人从轻处罚的事实屡见不鲜。被雇佣的人从《刑法》总则的角度上来看，将其评价为帮助行为也是可以的，这种帮助行为是可以从轻处罚的。但也有学者认为，"运输毒品罪是否应当继续保留，应取决于实务的要求，而并非仅仅从法理的角度就决定它的存废"，进而提出"在案件中通常捕获的是毒品的运输者，查不到'上家'也无'下家'，也因证据问题无法确定运输者就是贩卖毒品本人，如果没有运输毒品罪，将如何处理"的问题。[1]可见，运输毒品罪在规范层面缺乏独立存在的意义。从"静态"的角度看，运输毒品罪的构成要件难以作出与走私、贩卖、制造等行为相区别的独立解释，但是在司法适用"动态"

---

[1] 林亚刚："运输毒品罪的若干问题研究"，载《法学评论》2011年第3期。

的过程中，运输毒品罪的存在则是相当有必要的。在无法找到足以证明走私、贩卖、制造毒品等行为的充分证据的前提之下，运输毒品罪能够起到填补法律漏洞的作用。侦查机关面临毒品犯罪层级复杂多变、犯罪手段不断更迭变化以及证据难以全面搜集的现实困境，通过适当扩大犯罪圈而制定的运输毒品罪可以"兜底"的属性适度应对不断严峻的毒品情势，保持对毒品犯罪的高压态势，同时也可以为办案机关提供较为便利的指引，确保办案机关办理毒品犯罪案件的基本动力。我国刑法对于毒品犯罪的规制力求尽可能严密犯罪圈，并通过扩充罪名和重刑惩戒的方式实现毒品政策所意图实现的目标。运输毒品罪正是在我国日趋严格的毒品政策背景下，立法预设和司法循证在规范制定过程中的映射与反馈。刑法试图通过严厉的刑罚对处于供给阶段的所有涉毒行为进行打击，从而达成阻隔毒品流通的目的。具体到运输毒品罪中，也是以扩张犯罪圈的形式来切断毒品供给的"行为链"，通过犯罪前置化规则体现出立法者希望尽可能减少法律漏洞、完善毒品犯罪打击范围的倾向。笔者认为，由于毒品犯罪的行为样态极为复杂，若仅仅规定走私、贩卖或制造毒品罪，则可能无法覆盖所有的涉毒行为，从而导致立法目的落空。在这一背景之下，将运输行为从其附着的走私、贩卖与制造等行为中剥离出来，作为一个独立的罪名以完善毒品犯罪的犯罪圈，将从严治理的毒品政策寓于立法规范之中，就具有了一定的合理性。所以，即便在行为属性上从属于走私、贩卖、制造毒品罪，立法者也还是将运输并列于选择性罪名当中，以弥补可能出现的法律漏洞，在秉持严厉打击毒品的政策主导下，对促进毒品流通的行为进行犯罪化并展开独立的评价是毒品犯罪刑事立法的普遍现象。

2. 对新精神活性物质犯罪的追诉及量刑标准规定得不明确

从法院的司法实践来看，对新精神活性物质类合成毒品犯罪的处置方式有别于传统毒品犯罪。根据《刑法》第347条之规定，对于鸦片、海洛因等传统毒品，只要实施了走私、贩卖、运输、制造的行为，无论数量多少，都属于犯罪行为，均应当追究刑事责任。而对于新精神活性物质类的犯罪，则更倾向于以数量定罪，即罪与非罪、重罪与轻罪的关键要素是合成毒品的数量。而我国刑法一直没有为合成毒品犯罪设定一个十分明确的追诉标准，于是各省便开始自设不同的追诉标准。例如，2004年11月，湖南省高级人民法院、湖南省人民检察院、湖南省公安厅联合出台了《关于办理毒品犯罪案件有关问题的指导性意见》；2005年11月，广东省高级人民法院、广东省人民检察院、广东省公安厅联合出台了《关于审理新型毒品犯罪案件定罪量刑问题的指导意见》。最高人民法院也仅仅靠发布指导意见来规范和统一全国追诉和量刑标准。2006年8月，最高人民法院刑一庭出台的《关于审理若干新型毒品案件定罪量刑的指导意见》（以下简称《指导意见》），为氯胺酮等合成毒品犯罪案件确定了一个全国性的、统一的追诉和量刑标准，但其覆盖面还远远不够，对于未涉及的合成毒品犯罪，我们在司法实践中仍无法明确定罪量刑标准。2007年12月，最高人民法院、最高人民检察院、公安部联合印发了《〈办理毒品犯罪案件适用法律若干问题的意见〉的通知》，明确了部分合成毒品犯罪的定罪量刑标准，但对于其他合成毒品犯罪案件，仍未明确规定相关的折算方法，这不利于全面、系统、客观、严厉地打击合成毒品犯罪行为。《指导意见》和其他司法文件的不断出台，只能说明法律的漏洞依然存在，而司法文件的稳定性也不高，这对刑法权威性和公正性的树立是有影响的。

3. 毒品犯罪法定刑设置的不足

（1）法定刑设置罪刑不均衡。罪刑均衡原则是指犯罪分子所犯罪行与所受刑罚相当，即刑罚设置的轻重与犯罪行为的社会危害性以及行为人的人身危险性相适应，遵循罪刑均衡原则可以使犯罪和刑罚达到平衡，也可以使刑法规定的此罪和彼罪的法定刑得到平衡。但是，仔细分析毒品犯罪的法定刑设置，笔者发现我国在毒品犯罪的法定刑设置方面有待完善。

第一，毒品犯罪的法定刑比其他严重犯罪刑罚严厉。由于我国长期遭受毒品犯罪的侵害，人们潜意识认定毒品犯罪的危害性极大，罪行十分严重，因此认为对毒品犯罪刑罚的设置十分严厉是恰当的。尤其是如今对毒品犯罪设定严厉刑罚仍无法遏制毒品犯罪的蔓延，但作为法益保护最后一道屏障的刑法，更应在遵循罪刑均衡原则的前提下，确保毒品犯罪的社会危害性与其规制的法定刑相均衡。

毒品犯罪的罪刑不均衡是与刑法中规定的其他特别严重犯罪的法定刑相比较而言的，如与危害国家安全罪的法定刑相比，我国刑法对触犯危害国家安全罪的犯罪分子予以严厉打击，设置严厉的法定刑，此罪也是刑法重点规制的犯罪，但是与毒品犯罪法定刑相比，毒品犯罪的刑罚更为严厉。刑法规定对实施组织、策划、实施分裂国家、破坏国家统一违法犯罪行为的首要分子或者罪行重大的犯罪分子，法定刑设定为10年以上有期徒刑，最高刑为无期徒刑，对于参与此犯罪的其他积极犯罪成员，法定刑设定为3年以上10年以下有期徒刑，同时还规定犯罪分子存在与外国相互勾结，对我国实施危害主权、领土完整和安全的行为的，法定刑为10年以上有期徒刑，最高刑为无期徒刑。从这些规定中我们可以看出，我国对危害国家安全的犯罪人员处罚严厉，尤其是对实施此种犯罪的首要分子最高可判处无期徒刑，没有设置死刑。

《刑法》规定，对于毒品犯罪的犯罪者，只要有走私、贩卖、运输、制造毒品的犯罪行为，不管其行为过程中经手多少毒品，都需要承担刑事责任。其中，犯罪分子如果有走私、贩卖、运输、制造鸦片的行为，且数额达到 1000 克以上，或海洛因达 50 克以上，或其他毒品存在数量大的情况，那么对其设置的刑罚将为 15 年有期徒刑、无期徒刑、死刑。毒品犯罪设有死刑，而且该规定只是以犯罪数量为标准设定法定刑，没有设定是毒品犯罪首要分子或者其他严重情节。也就是说，一个组织实施分裂国家活动的首要分子，罪行严重，其最高可被判处无期徒刑；一个运输海洛因 50 克的初犯，因其数量达到标准就可被判处死刑。两种情形比较，我们很难说是 50 克毒品初犯的社会危害性大，还是分裂国家活动的首要分子的社会危害性大。但由于各自刑罚设置不同，相比较而言，毒品犯罪的法定刑较危害国家安全罪法定刑更重。除此之外，毒品犯罪与恐怖活动犯罪相比，《刑法》规定犯罪分子有组织、领导恐怖活动组织行为的，刑罚设置为 10 年以上有期徒刑，有严重情形的处无期徒刑，无死刑规定，所以毒品犯罪的法定刑更为严厉。

第二，毒品犯罪再犯制度适用方面存在一定的问题。我国刑法不仅在总则中规定了累犯加重处罚的制度，而且在分则中又规定了毒品犯罪再犯从重处罚的制度，此项规定体现出了我国对打击毒品犯罪的坚决态度和对毒品犯罪严厉惩治的精神，但也可以看出毒品犯罪的再犯情形没有受到平等的对待。我国刑法在总则中规定累犯，在分则中规定毒品犯罪再犯，两者存在一定重合的问题。对此，我们该如何思考呢？刑法没有规定再犯的法律条文，再犯情节只是作为量刑情节中的酌定量刑情节予以适用。而累犯作为再犯情形的一种，因为具有严格的适用条件，当然也具有较大的社会危险性，被规定为法定从重量刑情节予以适用。毒品犯罪再犯制度属于累犯制度的一种具体延伸，能够弥补累犯制度未涉及的部分空白。毒品犯罪的许多实行人员在被判处刑罚之前可能都存在曾多次走私或持有毒品等行为的情形，判刑后又实施毒品犯罪的，认定为累犯。与初犯相比累犯的社会危害性更大，因此要适用毒品犯罪再犯制度从重处罚。

（2）财产刑规定不完善。非法牟取暴利、获得不法巨额资产是刺激国内毒品犯罪分子从事毒品犯罪的主要因素，也是毒品犯罪分子的犯罪动机之一，同时还构成了毒贩的经济来源和经济基础。由于毒品犯罪获得的经济利益（此处的经济利益是指非法的具有经济性的利益）是巨大的，所以毒品犯罪行为所能获取的经济利益是巨大的这一点是毋庸置疑的。从种植到最后的被人吸食，这之间的普通成本是有限的，但是加之以犯罪的成本就会变得更高，甚至本身的属性也会发生变化。这些巨大的经济利益是和高风险相联系的。

为了达到有效根治毒品犯罪的目的，我们还应当加强对毒品犯罪财产刑的相关立法，这对有效地控制毒品犯罪具有深刻作用。世界大部分国家以及联合国的相关组织都非常重视对毒品犯罪适用财产刑。比如，日本的《麻醉药及安眠药等取缔的部分修改法》规定，对于毒品犯罪的非法收益必须没收，并详细规定了没收的范围及罚款的数量。更为重要的是，采取相应强制措施的财产范围既包括有形财产也包括无形财产。

我国刑法在毒品犯罪的财产刑方面作出了重大修改。在财产刑的适用上依据毒品犯罪社会危害性的不同而适用不同的措施。对于危害严重的毒品犯罪，一般规定并处罚金或者没收财产作为附加刑。财产刑的适用由"可以"改为"同时"，便于在司法实践中平衡对犯罪人的惩罚，做到"罪责刑相适应"。毒品犯罪的财产刑相关立法涉及广泛，其缺点在于立法无法与司法实践相契合，即毒品犯罪的财产刑设立不能更好地实现其立法目的。财产刑在法的应然层面和实然层面存在较大的不符。基于此现状，只有完善财产刑的相关规定才能更好地发挥财产刑的作用，从而使犯罪后果与犯罪分子主观预期相违背，犯罪付出的代价大于其可能获得的利益，权衡之下达到预防犯罪的目的。

毒品犯罪产生的原因之一是其可以获得高额的收益，这种黑色的收益支撑着黑色的产业链条。从种植到制毒再到贩卖，每一个环节都充斥着利益的味道。毒品犯罪产生的原因是利益，猖狂的原因同样要归因于利益，所以对这种利益的控制也是我国《刑法》对毒品犯罪立法的完善方向。如何让这种金钱利益难以实现？或者说，如何让这种不符合市场规律的不良利益得以减少或者丧失？一方面，行为人在实施此种类型的犯罪时，要考虑到一旦实施犯罪其代价要比获得的利益高很多，在这种心理的驱动下，毒品犯罪一定会相应地减少；另一方面，通过加重对财产刑的惩罚执行力度，不仅可以破坏毒品犯罪人的经济基础，使其失去经济来源，达到根本上遏制其再次进行毒品犯罪的可能性的结果和目的，同时也可以对其他试图依靠贩卖毒品来获取巨额非法利益的人"杀鸡儆猴"，起到了较强的威慑作用，有效防止其犯罪行为的发生，降低毒品犯罪的犯罪率，遏制毒品犯罪的势头。

我国刑法分则第六章规定了毒品犯罪，包括 11 个法律条文，其中有 8 个条文中的法定刑规定有主刑和罚金刑，有两个条文规定有主刑和没收财产，第 349 条则没有规定适用财产刑。从设定财产刑的条文数量来看，11 个条文中有 10 个条文规定了财产刑，可以说，财产刑的刑罚设置涉及了走私、贩卖、运输、制造、持有毒品等毒品犯罪的各个环节，涵盖面广。但是从单一的条文来看，对犯罪适用刑罚的刑种和可判处的刑期作了明确详细的规定，对于财产刑则只是在主刑的后面笼统地规定并处罚金或者并处没收财产，没有规定罚金的数额，也没有规定不同犯罪程度所处罚金的数额幅度。

（3）缺乏非处罚性措施的规定。毒品犯罪作为国际犯罪，各国一直以来都对其予以严厉打击，尤其是我国在毒品犯罪的刑罚上规定得较为严厉，这主要是因为我国历史上曾受到过由毒品犯罪带来的对国家各方面的严重侵害。中华人民共和国成立后，国家一直将毒品犯罪视为特别严重的犯罪加以惩处。但是在现实毒品犯罪中也存在着一些犯罪情节轻微、社会危害性不大的情况，对于这种情况我国刑法缺乏相应的规定，如规定非处罚性措施。规定非处罚性措施不是否认毒品犯罪的严重性，也不意味着减少剥夺犯罪分子人身自由的刑罚的适用，只是对一些情节轻微的犯罪采取非处罚性措施，采用多样性的刑罚手段形成法定刑设置轻重合理的刑罚结构，降低犯罪分子再次实施毒品犯罪的可能性。许多国家刑罚设置灵活多样，设置自由刑和财产刑的同时也规定了非处罚性措施，如替代种植、犯罪分子进入社区进行服务、与他人隔离治疗等措施，我国刑罚设置较为单一，缺乏此类替代性措施的规定。对于毒品犯罪中的一些犯罪轻微的行为可以通过替代性措施处理，如非法种植大麻等用来制造毒品的原植物，《刑法》第351条规定了满足一定的种植数量所应采取的刑罚处罚，但是如果种植数量没有达到规定的要求，其情节轻微、社会危害性不大，适用自由刑刑罚过重，此时就可以适用非处罚性措施，类似国外的替代种植。缺乏非处罚性措施是我国法定刑设置上的一个缺陷，因而应完善相关措施，促进形成一个相对完整、合理的毒品犯罪刑罚结构。

### 三、毒品犯罪立法的域外考察

毒品犯罪会对人的身体和心理健康造成严重损害，扰乱社会秩序的稳定。随着毒品的蔓延，国际社会和世界各国更加重视对打击毒品犯罪的立法。国际上最早出现的有关毒品犯罪的规定是《海牙禁止鸦片公约》，此后陆续签订了一些有关毒品犯罪的国际条约和协定。迄今为止，相关禁毒的国际条约仍有效的有3个，即《麻醉品单一公约》《精神药物公约》和《联合国禁止非法贩运麻醉药品和精神药物公约》。为控制毒品的泛滥，许多国家和地区都在刑法典中规定了毒品犯罪及刑罚或者出台了专门的禁毒规范。目前对禁毒的规定存在4种立法体例：①在刑法典中规定毒品犯罪及刑罚，多数国家均采用此种体例，如《俄罗斯刑法典》规定了7种毒品犯罪行为；②出台专门的禁毒单行法，如美国、英国制定了单行法规范毒品犯罪；③不仅将毒品犯罪规定在刑法典中，而且制定专门的法规规定，如德国；④除刑法典和单行法外，在其他法律中还有所体现，如法国修订的《海关法》。基于政治制度、经济文化、历史发展的不同，各国采用了不同的立法体例，在立法上的规定和刑罚的设置也因此不同。了解各国关于毒品犯罪的立法规定，分析各国历史和现实所面临的毒品犯罪情形，提高对毒品的性质认知以及对毒品社会危害性的认识程度，比较中外刑罚设置的不同对我国毒品立法的发展具有重要的借鉴意义。下面，笔者将分别从英美法系和大陆法系的角度介绍各国毒品犯罪的立法规定。

（一）英美法系国家的立法规定

1. 英国

英国作为最早的资本主义国家，经济发展迅速，但同时由于毒品泛滥和毒品犯罪问题，英国成了欧洲毒品泛滥最严重的国家之一，并且在19世纪成了世界上最大的毒品输出国。为控制毒品泛滥，英国采用制定专门的禁毒单行法的立法体例，颁布于1858年的《有毒物质控制法》是现代英国禁毒立法的依据。目前，英国在打击毒品犯罪方面采用的单行法为1971年的《滥用毒品法》和1986年的《贩毒罪法》。

《滥用毒品法》规定：①严格禁止受控毒品的生产以及供应；②严格禁止对受控毒品的拥有；③严厉禁止毒品原植物的种植；④限制场所用途，不允许供制造、供应、配制和吸食鸦片或其他毒品使用；⑤不允许实行与鸦片有关的行为；⑥不允许教唆他人实施上述犯罪行为。一旦违反上述这些规定就会构成刑事罪。由此可知，英国将吸毒视为一种犯罪行为，但对吸毒人员加以刑罚不是对吸毒行为本身的评价。如对多次吸毒无法戒除的人员可处6个月以下的监禁或者其他社区服务等替代性刑罚措施。此规定表明，对吸毒人员加以刑罚不是因其吸毒行为，而是因其无法戒除吸毒行为，多次吸毒可能会导致吸毒人员实行其他犯罪行为，扰乱社会秩序，因此应当对其采取刑罚措施加以制裁。《贩毒罪法》规定的主要是对非法进行毒品交易行为的打击。对于这些贩毒分子仅是判刑和罚款是不够的，还应该没收其通过贩毒得来的全部非法收益。从这两部单行法中我们可以看出，单纯的毒品犯罪，法律没有对犯罪人员处以终身监禁或者死刑的规定。综合上述可知，英国禁毒主要通过"监管从严、判刑从宽"的途径，多采取非监禁的处罚措施和替代性刑罚措施，而不是适用终身监禁或者死刑等重刑规定，更多的是强调对犯罪人员的教育和改造以及对于公民基本权利的保障。

英国专门出台法规对药物进行分类，并且限制了毒品的范围。《药物滥用法》规定了药物的范围，且随着新型毒品的不断增多，对法规中的药物范围和种类不断进行修改。修改后将药物分为 3 个等级：海洛因、快克、可卡因、迷幻药与魔菇等属于 A 级毒品，最危险、处罚最重，对持有者可能适用最高 7 年刑期或无上限罚款，交易 A 级毒品的犯罪分子最高可被判处终身监禁；安非他命、巴比妥盐、可待因、K 他命与大麻属于 B 级毒品，持有者最高可被判处 7 年刑期或无上限罚款，制造和生产 B 级毒品的犯罪分子最高可被判处 14 年刑期，但有一些不会入狱；C 级毒品包括 GHB、烦宁、镇静剂及夸特，持有 C 类药品的犯罪人员最高可被判处 2 年刑期或无上限罚款，但大部分只是罚小额罚款和警告，对于供货者最高可判 14 年刑期。

2. 美国

美国作为世界上最大的毒品消费国，毒品泛滥问题严重。美国前总统尼克松就曾制定"向毒品宣战"的政策，对持有毒品的人员采取 2 年至 10 年的最低强制量刑，最低为 2 年有期徒刑，随着持有毒品数量的增加，刑罚不断提高到至少 10 年有期徒刑。后来，美国成立了白宫毒品政策管制办公室，与贩毒吸毒行为抗争。各种措施的设置都是为了有效地预防或者制止毒品犯罪的产生。

《美国联邦法典》对毒品犯罪予以规定。其中，《反犯罪组织侵蚀合法组织法》（也称"反黑法"）将毒品犯罪规定为一种有组织犯罪，毒品包括大麻、海洛因以及可卡因等种类，而且早期这些毒品是由境外进入本土，所以美国将非法贩运毒品行为认定为国际犯罪，同时视为有组织的犯罪活动，打击毒品的供给一直都是美国禁毒立法和刑罚设置的主线。反黑法从四个方面对毒品犯罪进行刑罚设置，包括：①规定没收刑，一种经济制裁的手段，当被告为贪利型犯罪组织时，宣告有罪后就没收其全部犯罪所得；②规定最高为 20 年的监禁刑，有严重情形的可处终身监禁；③受害人可以要求得到对其损失的 3 倍赔偿；④条文中有经济保安措施的存在，目的是防止同类犯罪活动再次出现。[1]除此之外，《美国联邦法典》的其他条文对毒品犯罪也有规定。犯罪分子实施非法交易、走私大麻及其制品达到1000千克以上或者可卡因达到5000克、海洛因达到1000克的行为，若犯罪分子为初犯，判处10年以上有期徒刑，对于再犯者，将判处20年以上有期徒刑或者无期徒刑。从反黑法和相关法规我们可以看出，美国对毒品犯罪分子不适用死刑，但在司法判例中存在适用死刑的情况。研究发现，对毒品犯罪者适用死刑不是因为单纯的毒品犯罪行为，而是由毒品犯罪行为所诱发的一系列其他犯罪行为，从而数罪并罚适用死刑。

美国不仅对毒品犯罪以及毒品犯罪所引起的一系列其他犯罪活动进行惩治，而且对与毒品犯罪相关联的企业进行惩治，如《犯罪企业法》《银行保密法》《受控物品法》等法规对企业的行为进行了限制。除了法律规定的刑罚措施以外，美国许多州还通过对犯罪者采取经济资助的方式来遏制毒品犯罪。

美国很早就有毒品的出现，而对毒品的管控一直靠各州地方立法而不是联邦立法。但由于各州的立法规定有所不同，加之地方间协调不一致，地方对毒品的管控效果甚微，由此促使联邦政府制定了第一部禁毒法律——《哈里森毒品法》。随后，联邦政府又出台了一系列有关毒品控制的法案。美国联邦政府和各州都对禁毒法律拥有执行权，许多州和地方都会涉及毒品的原植物培育、种植、生产、运输、贩卖以及滥用的问题，因此各州根据自己的情况设立了独立的毒品分类体系，但都是以《受控制化学品法案》为基本立法。该法案首次对毒品的种类进行了分类，并且施行至今仍有效。

---

[1] 储槐植：《美国刑法》（第3版），北京大学出版社2005年版，第128页。

结合美国的立法历程我们可以发现，美国对毒品犯罪的管控重点不在于对犯罪分子适用死刑或者其他重刑，而是通过降低犯罪分子的入罪标准并辅之以财产刑的惩治方式来遏制毒品犯罪活动。各州与联邦政府，各司法机构之间相互协调合作，完善相关司法制度以谋求彻底消灭毒品犯罪行为。

3. 马来西亚

马来西亚采用制定禁毒单行法的方式对毒品犯罪加以管控。制定的单行法有《惩治毒品犯罪法》《危险药品法令》等。马来西亚与英国、美国对毒品犯罪的刑罚设置不同，马来西亚在单行法中规定了可以适用死刑，如在规定走私毒品行为条文中，有走私海洛因、吗啡、大麻达到200克，鸦片达到1000克以上行为的，依法可以被判处死刑。此规定表明，马来西亚对毒品犯罪的刑罚处罚十分严厉，同时也可以看出马来西亚对于毒品犯罪的刑罚设置是以犯罪数量为衡量标准，而对犯罪情节没有什么要求，只要符合规定的犯罪数量就可以采取相应的刑罚措施。

4. 新加坡

新加坡在毒品犯罪的刑罚设置上也十分严厉，与马来西亚一样，其在法律条文中规定的刑罚措施包括死刑。如针对走私和制造毒品的规定为：走私、制造海洛因、吗啡或可卡因数量达到30克，大麻酚数量达到200克，大麻数量达到500克，鸦片数量达到1500克以上的，可适用死刑。因此，新加坡也是以毒品犯罪数量为主要标准，设定与毒品有关的犯罪的处罚，不考虑犯罪情节不同的事实可能导致犯罪的情况不同，在法律条文中没有相关规定。

5. 缅甸

缅甸在毒品犯罪的刑罚设置上具有严厉性，如犯罪者实施拥有或运输海洛因、吗啡达到3克以上，或鸦片达100克、古柯叶达100克以上的行为，并且目的是出售的，依法可以适用无期徒刑或死刑。缅甸规定了对毒品犯罪案件可以适用无期徒刑和死刑的刑罚手段，同时海洛因、大麻的犯罪数量只要达到3克就可以判处无期徒刑或死刑，这也显示出了该国适用重刑措施的门槛很低。缅甸的禁毒法律着重针对犯罪者的动机，对犯罪者借毒品牟取非法利益的行为进行严厉打击。

（二）大陆法系国家的立法规定

1. 德国

德国的毒品概念与我国规定的不同，德国将毒品称为麻醉药品，并且根据麻醉药品是否具有医疗性而分成三个等级管理：不可以进行交易的麻醉药品、可以进行交易但不可以开处方的麻醉药品、既可以交易也可以开处方的麻醉药品。

毒品犯罪作为国际犯罪，受到各国的普遍重视，德国也不例外。德国在刑法典中规定了毒品犯罪，但在刑法分则中却没有毒品犯罪的规定，不过其在制定的单行法和加入的国际条约中都承认了毒品犯罪。德国通过《麻醉药品交易法》来管制麻醉药品，着重于对麻醉药品的管控。该法包括五个部分：①详细列出容易导致国民上瘾或者滥用，损害人们身体健康的麻醉药品；②对麻醉药品的非法交易和制造进行规定和限制；③规定了医师开处方的情况；④规定毒品犯罪行为的法定刑；⑤规定了对麻醉药品上瘾的犯罪人员可以采取的替代措施。从德国对麻醉药品所规定的法定刑可知，毒品犯罪行为最严重的法定刑为5年以上有期徒刑，对于成瘾的犯罪者还可以采取替代措施使其脱离毒瘾。德国对毒品犯罪的制裁没有采用严刑峻法的方式，而是将毒品的私下流通转为政府对其公开管理，因此德国相较于欧洲的其他国家，存在吸毒问题的人员占总人口的比重较小。

德国联邦政府一直将禁毒作为其立法的原则性目标，随着毒品种类的增多，危害性程度加大，联邦政府不得不陆续出台规制毒品犯罪的修正案，以及不断制定新的禁毒政策。不过，现今德国已找到了相对合理的刑事政策来规制毒品犯罪。该刑事政策是以预防、治疗、协助其重生、镇压及减少供给四个方面为基础对麻醉药品和不同的人群进行管理和控制。具体包括：在预防方面，禁止尚未成瘾的国民使用具有上瘾性质且会损害国民身体健康的物品，其主要是针对青少年人，是对青少年人接触成瘾物品的严格管理；为毒品上瘾的患者提供治疗，对不同程度的患者给予不同的治疗，对严重依赖毒品的患者采取方法协助其戒毒；在减少供给层面，为合法的成瘾物品的取得设定限制，尤其是对未成年人，对于违法的成瘾物质进行严格管理，一经发现将给予严厉的刑事制裁。

综合德国的禁毒法规与禁毒政策可知，德国对于禁毒采取全面化的管理模式，不仅对毒品犯罪行为规定了惩治措施，还对麻醉药品进行细致的分类，着重针对青少年人的成瘾物质的管控，以及制定以预防、治疗等措施为基础的政策，各个方面共同协力遏制毒品犯罪行为。

2. 日本

作为毒品过境国，日本严厉打击毒品犯罪行为，尤其注重对毒品输入环节的管控，希望通过法律规制、刑罚惩治将毒品犯罪拒于国门之外。日本采用刑法典和专门的禁毒法相结合的立法体例。《日本刑法》第二编第十四章规定了"鸦片烟罪"，其第 136 条将输入、制造或贩卖鸦片烟，或以贩卖为目的持有鸦片烟规定为犯罪，可判处 6 个月以上 7 年以下惩役；[1] 第 137

---

[1]《日本刑法典》第 12 条规定："惩役分为无期和有期二种。有期惩役为一个月以上十五年以下。惩役是拘禁在监狱内服一定劳役。"

条规定输入、制造或贩卖鸦片烟的器具，或以贩卖为目的持有这些器具的犯罪，法定刑为3个月以上5年以下惩役；第138条海关职员输入鸦片烟等罪，法定刑设置为1年以上10年以下惩役；第139条规定吸食鸦片烟罪，可处3年以下惩役；第140条规定持有鸦片烟或吸食鸦片的器具的犯罪，可处1年以下惩役。该章对制造、流通、贩卖、持有毒品的犯罪分子设置了刑罚，以此遏制毒品犯罪的非法交易活动。

日本制定的刑法典中，毒品的种类是根据当时出现的毒品而划分的，但随着新型毒品的出现，流入日本的毒品和吸食毒品的人数增多，毒品的种类范围不断扩大，刑法典到现在经过了多次的修改，但刑法典规定毒品犯罪的法律条文已经不能完全遏制毒品犯罪，所以日本又制定了其他专门的刑事法规，以惩治各种毒品犯罪。麻醉药品因具有麻醉或者镇痛的功能而被医学界广泛使用，由于麻醉药品具有成瘾性，经常使用会致人上瘾，损害身心健康，因此日本对麻醉药品的使用进行了限制，此后麻醉药品的违法行为不断减少。但是，随着各国间交流交往频繁和科学技术、交通工具的发展，非法走私、非法交易行为的组织化，日本制定了一系列管理麻醉药品的单行法，如《鸦片烟法》《麻醉品控制法》《觉醒剂控制法》《大麻控制法》。这些法律规定麻醉药品只适用于医疗和研究，只有符合法律规定，得到资格许可才可以制造、流通、使用麻醉药品。制造、流通、使用麻醉药品不符合法律规定的行为将受到严厉的刑罚处罚，严重的可能会被判处无期徒刑。

根据日本刑法典和其他专门禁毒法，日本对输入毒品行为在毒品犯罪的刑罚设置上较轻缓，不偏重于重刑设置。

3. 法国

法国采用刑法典的方式规定毒品犯罪。《法国刑法》在第二章"伤害人之身体或精神罪"第四节的 11 个条文中规定了毒品走私罪。关于毒品走私的规定如下：第 222-34 条规定，任何以非法生产、进口、出口或转让毒品等为目的而领导或组织犯罪集团的人，均可被判处无期徒刑和 750 万欧元罚金。第 222-35 条规定，实行非法生产或制造毒品行为，根据犯罪情节不同规定两层法定刑，分别处 20 年徒刑并科 750 万欧元罚金，处 30 年徒刑并科 750 万欧元罚金；有非法进口或出口毒品行为的，根据犯罪情节不同规定两层法定刑，分别是处 10 年徒刑并科 750 万欧元罚金，处 30 年徒刑以及 750 万欧元的罚金。第 222-36 条规定，非法运输、拥有、供应、转让、取得或使用毒品可判处 10 年徒刑和 750 万欧元罚金；第 222-36 条规定，有非法运输、持有、提供、转让、取得或使用毒品的行为的，可处 10 年徒刑并科 750 万欧元罚金；使用欺诈手段进行毒品走私或协助毒品走私的，依据不同犯罪情节设置了五层法定刑，分别是处无期徒刑，并处 750 万欧元罚金，处 30 年徒刑并科 750 万欧元罚金，处 20 年徒刑并科 750 万欧元罚金以及处 10 年徒刑并科 750 万欧元罚金。[1]法国刑法对毒品犯罪行为的刑罚设置更为详尽，将犯罪行为划分为不同的层次，对不同的犯罪行为采取相应的刑罚措施。法国在法规中更加强调制造毒品和走私毒品，与贩卖、运输、持有毒品相比，前者的刑罚更重。法国强调对毒品泛滥的遏制，因此在毒品的刑事处罚上不注重适用重刑，而是以自由刑和罚金刑为主，罚金刑设置得较为严厉。另外，法国刑法还规定，只要罪犯符合特殊条件，就可以将刑期减半，即特别立功条件。

---

[1]《法国新刑法典》，罗结珍译，中国法制出版社 2003 年版，第 68 页。

4. 意大利

意大利与德国类似，其刑法分则没有对毒品犯罪作出规定，但在专门的禁毒单行法和意大利参加的国际条约中有所体现。《意大利刑法》总则规定了毒品犯罪，其法定刑设置为30年以下有期徒刑，严重情形最高处无期徒刑，不适用死刑。1975年第685号法律规定：非法贩运交易少量供第三方使用的"软"毒品，法定刑为1年至4年有期徒刑，并处罚金10万至500万里拉；供第三人使用而非法交易"烈性"毒品的，法定刑为2年至6年有期徒刑，并处罚金10万至800万里拉。由此看来，意大利的刑罚设置不适用死刑，而是以自由刑和罚金刑为主要的刑罚措施。

5. 泰国

泰国是一个严刑峻法，刑罚设置十分严厉的国家。泰国法律规定，制造、走私和贩运海洛因数量超过100克的，可以判处死刑。此条规定表明，泰国在对毒品犯罪问题上明确规定可以适用死刑，具有严厉性，死刑前没有规定适用其他的自由刑或者罚金刑，刑罚的方式相对单一。另外，我们还可以得知，泰国法律是以犯罪数量作为标准设置法定刑的，对制造、走私、贩卖海洛因的行为所涉及的犯罪情节没有要求。也就是说，只要实施了这些违法行为，犯罪数量也符合法律的规定，犯罪分子就可被判处死刑。

(三) 中外毒品犯罪立法的比较分析

1. 中外毒品犯罪的犯罪构成差异

通过中外毒品犯罪的不同立法，我们可以看出，中外毒品犯罪在犯罪构成方面存在一定的差异。当然，我们知道，中西方在犯罪论体系方面是有不同的分析体系的。笔者在此将以我国刑法犯罪构成理论为基础，对中外毒品犯罪的犯罪构成进行比较分析。

在犯罪客体方面，无论是我国还是外国，毒品犯罪侵犯的客体都是社会管理秩序，也就是毒品管理秩序。毒品犯罪分子违反法律规定持有毒品的行为直接侵犯了国家规定的毒品管理制度；犯罪分子为了逃避或反抗司法机关的调查和追究，有转移毒品或者转移其他犯罪分子等行为的，直接侵犯的客体是司法机关正常追究违法行为的活动；强迫他人吸毒行为直接破坏了社会风尚，侵害了毒品管理制度，同时还损害了公民身体健康，侵害了公民权利；犯罪分子非法走私毒品的活动不仅直接侵害了毒品管理制度，还侵犯了对外贸易管理制度。除了上述这些，其他具体的毒品犯罪行为所直接侵犯的客体也不尽相同，但这些行为都侵犯了毒品管理制度，违反了涉及毒品管理相关法规的司法程序，也就是侵害了社会管理秩序。

在犯罪客观方面，外国毒品犯罪的客观方面是行为人实施违反本国毒品犯罪管理法规以及国际禁毒条约的行为，即从种植、生产到销售吸食毒品的一系列行为。我国将毒品犯罪的客观行为分为四种阶段行为：①种植生产类行为，包括种植有毒植物，生产制造毒品等；②销售流通类行为，包括非法走私或运输毒品等；③消费持有类行为，包括非法持有或者强迫他人吸毒行为等；④扰乱司法机关追究犯罪类行为，如转移毒品或犯罪分子等。

在犯罪主体方面，自然人如果达到刑事责任年龄，能够承担刑事责任就可以成为毒品犯罪的主体，这是外国禁毒法律的规定。有些国家还规定了对具有特殊身份的自然人的惩处。我国刑法除规定自然人为毒品犯罪的主体外，还规定了单位。对自然人规定，达到刑事责任年龄的自然人实施毒品犯罪行为，应当受到刑事处罚，不到刑事责任年龄但处于14周岁到16周岁的自然人实施贩毒活动的也要受到惩治。对单位规定了双罚制，对于实施非法制造毒品等行为的单位不仅要追究单位责任，还要追究单位负责人的刑事责任。另外，我国规定的毒品犯罪主体还包括非法提供精神药品的特殊主体。

在犯罪主观方面，国外认定毒品犯罪的主观方面是故意，过失不属于毒品犯罪的主观方面，不能成立毒品犯罪，我国也是如此。毒品犯罪分子对自己所实施的毒品犯罪行为的违法性需有明确的认识；如果犯罪分子不知道自己实施的是毒品犯罪行为，或不知道毒品是其行为对象，那么犯罪分子就不成立毒品犯罪；如果行为人不知道自己所种植的种子是毒品的原植物，那么其不能成立非法种植毒品原植物罪。

2. 中外毒品犯罪的纯度规定差异

国外许多国家在进行了一系列司法实践后，制定出了一项纯度确认制度，其中包括将毒品依纯度分级管理制度和毒品纯度与数量综合考虑的制度等。国际上的毒品分类分级管理制度存在三种方法：其一是"一分法"，将毒品只分为一个种类，然后根据鉴定出的纯度大小细分为不同的等级；其二是"二分法"，将毒品分成两个种类，如澳大利亚将毒品分为精神药品和麻醉药品，然后依据纯度不同将毒品分成若干个等级；其三是"三分法"，将毒品分成三个种类，然后依据纯度分为若干等级。除此之外，外国在审理毒品犯罪案件时还会综合考虑犯罪数量和毒品纯度两个因素。我国在纯度方面的规定与许多国家不同，我国《刑法》第357条明确规定毒品犯罪案件中犯罪分子的毒品数量按数量计算，不按纯度折算。该条规定表明我国是以犯罪数量为标准对毒品犯罪人员定罪量刑，不考虑纯度因素，也没有根据纯度的鉴定结果对毒品进行分类。

3. 中外毒品犯罪的刑罚设置差异

根据大陆法系国家和英美法系国家针对毒品犯罪的立法和

刑罚设置，笔者在此将对中外毒品犯罪立法和刑罚设置作以下分析比较：

第一，各国对毒品犯罪规定的刑罚轻重不同源于历史和现实中遭受毒品侵害的程度不同。毒品犯罪作为一种国际犯罪受到了各国普遍重视，但在重刑的适用上存在明显的差异。英国、美国等对毒品犯罪不设置死刑的国家，强调通过采取自由刑、财产刑和替代性处罚措施惩治犯罪，法律规定的核心在于借处罚来实现对犯罪分子的教育改造。其原因在于这些国家在历史上没有遭受过毒品的严重侵害，现实中毒品泛滥造成的损害较东南亚国家轻，因此不注重对重刑的适用。缅甸、泰国等东南亚国家对毒品犯罪设置了死刑，刑罚设置十分严厉，其原因在于历史上毒品犯罪给东南亚国家造成了巨大损害，现实中毒品的泛滥也给东南亚国家带来了巨大的威胁，因此希望通过采用严厉的刑罚遏制毒品蔓延。我国对毒品犯罪设置了死刑，重视重刑的适用也有历史和现实原因。历史上，鸦片使我国领土和主权遭受严重破坏，现实中，毒品犯罪给国家和人民带来了巨大威胁，因此长期以来我国对毒品犯罪一直实施严厉处罚。

第二，各国对毒品犯罪规定的刑罚轻重不同源于对毒品犯罪性质的理解存在差异。欧美国家认为毒品犯罪的危害后果具有间接性，重点在于预防而不是对毒品犯罪的惩治，因此在刑法中更加注重对制造、走私毒品的刑罚处罚，制造、走私毒品的法定刑比贩卖、持有毒品的法定刑重，对后者侧重于适用财产刑和替代性的惩治措施，以实现刑罚规定的轻缓化。我国和东南亚国家认为，毒品犯罪的危害后果具有直接性，重点在于严厉打击毒品犯罪，对毒品犯罪施以惩治，因此刑法基本不对制造、走私、贩卖、持有毒品的刑罚作区分。多数国家均以犯罪数量为主要标准，只要达到一定犯罪数量就对犯罪分子适用刑罚，且重视重刑的适用，刑罚设置较为严厉。

第三，各国对毒品犯罪采取的刑罚措施的种类存在差异。不同国家对毒品犯罪规定的刑罚措施和手段存在差异，是因为对毒品犯罪行为的性质和带来的危害认识不同。欧美国家对制造、走私、贩卖、持有毒品的行为的刑罚进行区分，强调对毒品输入行为采取较重的刑罚措施，对毒品犯罪的其他行为规定了不同的刑罚手段，如免除刑罚、特别立功制度、非处罚性措施和财产刑等，在适用刑罚措施惩治犯罪的同时兼顾对财产刑和替代性措施的适用，以实现对犯罪分子的教育和改造。欧美国家的禁毒模式多为全方位的管理，各个司法机关相互协助，采取多样化的刑罚手段，共同致力于遏制毒品犯罪。与这些国家相比，东南亚国家和我国针对毒品犯罪设置的刑罚手段相对单一，对毒品犯罪中危害性程度不同的各个行为适用的刑罚手段规定得不够细致，多为自由刑和死刑，并科罚金刑，对于财产刑的规定不够完善，同时缺乏非处罚性措施的规定，重点在于对犯罪的惩治而忽略了对犯罪行为的预防，不利于国家对毒品犯罪的全面化管理，不利于国家运用综合治理手段管控毒品犯罪。

第四，各国对毒品犯罪设定法定刑的总体结构不同。由于各国在历史上和现实中遭受到的毒品侵害不同，对毒品犯罪性质和危害性存在认识差异，毒品犯罪法定刑所强调的重点不同，因此在刑罚手段上也呈现出不同，有些国家刑罚手段较为单一，有些国家刑罚手段具有多样性，继而在法定刑设置的总体结构中表现出不同。以欧美国家为主的多数国家的法定刑设置的总体结构是以适用自由刑中的短期徒刑为主，较少适用长期刑和死刑，同时注重采取财产刑以及隔离治疗、社区服务等非处罚性措施，共同惩治犯罪行为，教育和改造犯罪分子。这些国家设置的刑罚手段较为灵活，总体结构相对完善。而如东南亚等少数国家，毒品犯罪法定刑规定的总体结构较为僵化，以适用重刑为主，偏向以犯罪数量作为适用长期刑和死刑的主要标准，适用死刑的门槛较低，不注重对制造、运输、贩卖、走私毒品行为的社会危害性进行区分，而是适用相同的刑罚，可能出现量刑不适当的情况。刑罚手段单一，不重视财产刑和替代性措施的规定和适用，刑罚设置有待完善。

第五，针对毒品犯罪设置死刑的国家数量少于不设死刑的国家，设置死刑的国家适用死刑的门槛较低。毒品犯罪不设死刑的国家不注重适用死刑或者重刑，甚至在法律中不规定死刑，只有在特别严重的罪名或者毒品犯罪行为与其他犯罪行为数罪并罚时，才适用长期刑和死刑。从总体的刑罚设立来看，趋向于刑罚轻缓化的模式。由于在历史上和现实中一直遭受毒品的侵害，当今又是主要的毒品制造国和消费国，因此中国和东南亚国家严厉打击毒品犯罪，明确规定可以判处死刑，且判处死刑的标准较低。如马来西亚规定走私海洛因、吗啡、大麻200克，鸦片1000克以上的，可处死刑，以犯罪数量作为定罪量刑标准，不考虑犯罪情节的不同。我国也有类似的规定，刑法规定走私、贩卖、运输、制造毒品达到一定的数量标准便可判死刑，说明我国也是以犯罪数量为标准，而不是数量与情节综合考虑，判处死刑的门槛低。

## 四、毒品犯罪的立法模式思考

### （一）毒品犯罪的法益

在我国，毒品犯罪也是有其独特的历史发展进程的。盛唐时期，含有鸦片成分的"福寿膏"被当作贡品在朝堂上使用。当时，鸦片的危害性并没有被人们认识到，因为科技的不发达，这种鸦片的制作和使用范围并没有很广。可以看出，这种含有鸦片成分的"福寿膏"的受害群体范围并不大。甚至由于这种物质的稀少，以及制作工艺和提纯的难度较高，导致成瘾性并不高，危害性并不大。

在五代和宋元时期，人们开始将罂粟这一具有药用价值的植物作为药物使用，治疗某种疾病。万历十七年（1589年），鸦片首次被作为药材列入关税范围。随着封建社会的发展，鸦片对人类的危害性逐渐被人们所认识，从开始限制鸦片进口，到后来的禁止销售鸦片，中华民族在禁毒上的历史发展，是用血泪完成了今天的进化史。从贡品到药用再到被禁止，随着社会的发展和科技的进步逐步发现毒品的危害，从而一步一步对毒品作出了正确的认识。同时，不排除随着科技的进步和制毒技术的完善，导致提纯越来越容易，毒品的成瘾性越来越严重，社会危害性也越来越严重。某个社会问题的凸显，一定是经过一定的社会沿革，在社会生活中不断暴露和显现出来的。就像禁毒的历史一样，毒品的危害性和人民幸福生活之间的矛盾逐渐凸显。当然问题只有凸显出来才能更好地去得到解决，所以《刑法》对毒品犯罪的规定是一个由轻到重、由简单到完备的过程。立法者和国家不是全能的，虽然立法要具有预见性，但是在社会发展的过程中，会出现各种各样的矛盾和问题需要解决。在解决问题的同时使法律越来越完善，罪责刑越来越相适应。

不光我国毒品犯罪的进化史是一个漫长且复杂的过程，其他国家也经历了一个漫长且艰苦的过程。拿英国为例，英国在维多利亚时期，服用鸦片或者可卡因放松就像是喝松子酒一样自然。但是，现在的英国对于毒品的态度不再像维多利亚时代那样放松。随着人们逐渐认识到毒品的危害，对毒品犯罪的惩罚力度也逐渐加重。以中国为例，从开始的限制进口，到禁止种植，再到现在立法的完善和深化，都是《刑法》惩罚的对象。可见，任何犯罪都是有其自己的发展历史的，毒品犯罪也不例外。1979年《刑法》只规定了制造、贩卖、运输毒品罪。进入20世纪80年代后，毒品犯罪日益猖獗，由此毒品犯罪的罪名和法定刑逐渐完善，毒品犯罪中可能发生的犯罪行为几乎都被列入了《刑法》的调整范围。在社会的发展过程中，毒品犯罪的影响力越来越大。立法者正是看见了这一影响，甚至预料到了在接下来的社会发展中，毒品犯罪依旧是正在茁壮成长中的中国一个不可逃避的障碍，才有了"严法治毒"。

在日本，法益的分类采用的是三分法，即把法益分为个人法益、社会法益和国家法益。一般把毒品犯罪侵害的法益界定为不特定的多数人的健康。德国认为，使用毒品的行为在刑法上应该被评价为一种自伤行为，而贩卖、运输等行为或是将毒品转让给他人的这些行为本质上是这种自伤行为的帮助行为。各国由于历史文化的不同以及对毒品危害性认识程度的不同，对这一类行为所持的态度也不同。

关于毒品犯罪的学术争论，主要有以下两种观点：人的身体健康说与毒品管制秩序说。

支持人的身体健康说的学者认为，毒品犯罪会给人的健康造成不可逆转的危害。对毒品造成的危害，在网络上进行简单的搜索我们就会发现这样的案例比比皆是。举个简单的例子，吸毒对人体精神造成的伤害有：在精神迷乱中很容易发生难以控制的惨剧。在吸毒过程中，注射器不经过消毒并且重复使用极易感染艾滋病。吸毒者在吸毒之后会令自己陷入难以控制的状态，长此以往更会导致慢性精神障碍、肺炎以及身体功能上的衰竭。由此可见，毒品对人的身体的伤害十分严重。因而有很多学者站在人体健康的角度支持人的身体健康说。但是，反对这一观点的人会说，这些身体上的伤害都是由吸毒行为造成的，并不是由毒品犯罪行为造成的。毒品犯罪直接侵害的法益并不是身体健康，而是社会秩序。[1]对于这一点笔者是赞同的。就像前文所说，这些身体上的伤害仅仅是吸毒行为造成的，这些吸毒的人明知自己吸毒而选择吸毒，在对自己的行为有选择权的时候选择了吸毒，就要对自己的行为负责。我国刑法谴责的是毒品犯罪的行为，这种行为直接侵害的客体并非吸毒人的身体，除非这些实施毒品犯罪的人故意强迫、诱骗他人吸毒，使他人在主观上丧失了自由选择的权利，这个时候说人的身体是其客体的一部分是可以的。我国刑法对毒品犯罪的各个行为作出了单独的规定。由此可见，立法者也是想到了这一点，才会单独地把这几个行为具体列明，阐述为一种惩罚的对象。所以，单纯地说毒品犯罪侵害人的身体健康，这一学说并不足取。

另外，来看毒品管制秩序说。这一学说的主要观点在于，毒品犯罪侵害的是国家对毒品的控制行为和管理秩序。[2]这种观点是有一定的理论基础和实践基础的。我国是一个以公有制为主体的国家，实行社会主义制度。对于我国来说，公权力是人民赋予的，人民抵制毒品，所以将权力交给国家，从而更好地保护自己的权益。站在人民的角度上来想，毒品犯罪这一行为在社会危害性上来说是巨大的，戒毒这一行为对一个人的身心考验是严峻的。个人和社会组织自发的力量可能不足以和这些毒枭们对抗，所以国家才会用强制力介入其中，保护公民的合法权益。这种强制力不仅仅体现在《刑法》中，还体现在武力、暴力和其他的侦察手段上。为了维护这个秩序，国家会用

---

[1] 高巍：《贩卖毒品罪研究》，中国人民公安大学出版社2007年版，第62页。
[2] 林准：《中国刑法教程》，人民法院出版社1994年版，第519页。

国家强制力保护人民群众。毒品犯罪行为破坏了国家机器所维护的社会的动态平衡，这种行为是要受到谴责的。因此，《刑法》第六章规定了毒品犯罪行为，对于破坏秩序的行为运用刑罚去惩戒。

毒品，这种最具有成瘾性的药物不仅可以让人的身心受到损害，还会让社会利益和社会秩序受到损害。正如前文所述，笔者认为，毒品犯罪侵害的是某种社会秩序这一观点是具有科学性和合理性的。正如前文所述，毒品犯罪侵害的社会利益是社会秩序这一观点之所以是可取的，是因为在司法实践和社会生活中，毒品犯罪几乎没有小案子。毒品本身会对吸毒的人员造成各种危害，对于这种危害所带来的潜在危险是不可预测的。正如前文所说，就像是一颗定时炸弹，随时都有引爆的可能。对于周围的人来说，这种隐形炸弹随时都有侵害其人身的可能，对于这种人身的威胁完全可以概括评价到第六章中。所以，我国《刑法》对毒品犯罪的规定是具有合理性的。

毒品犯罪侵害的主要客体是社会秩序。这一侵害法益的表述是具有科学性和合理性的。称其具有科学性是因为其在客观上概括出了毒品犯罪最本质的危害，其所具有的社会危害性是最抽象的体现。学者们所说的其具有身体上和精神上的伤害，也是吸毒行为导致的后果，把所有的危害和后果的本质抽象出来，其实就是社会秩序。社会秩序是一个很抽象、范围很大的词，它所包含的意思和范围足以评价毒品犯罪这一犯罪行为所带来的不利后果。而且，其客观上是切合实际的，本质上是符合毒品犯罪的内涵的。从合理性来说，是符合社会发展的需要的，其设置和安排符合对毒品犯罪的惩罚要求。

我国毒品犯罪一直被规定在我国《刑法》第六章妨害社会管理秩序罪中，侵犯的同类客体是社会的管理秩序。客观方面表现为妨害国家机关的管理活动，破坏社会秩序情节严重的行为。情节轻微按照《治安管理处罚法》规定处理，对国家和社会造成的损失严重的，才适用本章规定的犯罪。从《刑法》的法律规定中我们可以看出，本章所保护的法益主要是社会秩序。也就是说，立法者认为，毒品犯罪行为主要侵害的是某种社会秩序。这种观点是基于我国的历史传统提出的。正如前文所说，鸦片给国人带来的伤害远不止人们所想象的那样简单，更甚是妻离子散、家破人亡、社会动荡、民不聊生。从这个方面来考虑，立法者认为毒品犯罪主要侵害的是社会秩序这种法益是具有合理性的。

毒品犯罪既然有存在的必要，并且受到刑法的调整，就说明其社会危害性已经达到了必须用刑罚予以制止的地步。也即，必须对犯罪人处以一定的刑罚才能保护被害人、国家和社会的利益，使其在某种方面达到一种虚拟的平衡。在被犯罪侵害的同时用刑罚的方式予以救济和平衡，这是一种具有谦抑性的手段。毒品犯罪给人们带来的伤害是不可逆的，人们一旦开始碰触毒品，其所面临的便将是无底的深渊和黑洞，会腐蚀人们的身心以及社会的安定。即使有戒毒所这种场所存在，人们所受到的生理和心理上的伤害也是不可以逆转的。所以，张明楷教授认为："毒品是危害公共健康的物品，制造毒品罪的法益就是公众健康。"[1]

（二）毒品犯罪的罪名设置

1. 毒品犯罪的罪名历史演进

我国毒品犯罪罪名的历史演进进程基本上是与改革开放的历史进程相一致的，主要包括以下几个方面：一是1979年《刑

---

〔1〕 张明楷：《刑法学》（第3版），法律出版社2007年版，第215页。

法》的有关规定；二是全国人民代表大会常务委员会《关于禁毒的决定》的有关规定；三是1997年修订的《刑法》的有关规定；四是《禁毒法》的有关规定；五是《刑法修正案（九）》的有关内容。

1979年《刑法》仅规定了制造、贩卖、运输毒品罪，并未对其他的毒品犯罪作出过多的规定。在此之后，伴随着毒品犯罪的形势愈演愈烈，1982年，全国人民代表大会常务委员会在《关于严惩严重破坏经济的罪犯的决定》中首次将死刑适用于毒品的贩卖行为，并在1987年《海关法》中首次规定了单位犯罪。为适社会发展的需求，1990年《关于禁毒的决定》对相关尚未达到犯罪程度的违法行为的认定及惩罚作出了明确的、系统的规定。同时，将"走私、贩卖、运输、制造毒品"行为的法定最高刑提升至死刑。以数量作为量刑标准，确立了三档刑罚层次，且设置了加重处罚情形，包括：利用未成年人走私、贩卖、运输、制造毒品和国家工作人员实施毒品犯罪等情况。

1997年，全国人民代表大会对《刑法》进行了修订，增加了毒品犯罪的有关条文，其主要是吸收、采纳借鉴了《关于禁毒的决定》的相关内容。不仅对《关于禁毒的决定》出台后的有关司法实践经验进行了总结与归纳，还对涉及的相关规定进行了调整和完善；规定凡是实施了走私、贩卖、运输、制造毒品的行为，无论其数量多少，都应当追究刑事责任。据此我们不难看出，这项规定不仅贯彻了我国对打击毒品犯罪的一贯态度和主张，同时也是严厉打击走私、贩卖、运输、制造毒品的犯罪行为的一种法律表现。1997年《刑法》从法律规范层面对我国毒品犯罪的行为进行了更加系统化、完备化的规定，充实了相关的内容；在严密了我国刑法体系的同时，有利于政府相关部门以及全社会更加全面地打击毒品犯罪，这些都从侧面印证了上述意义。另外，1997年《刑法》第356条还规定了毒品犯罪再犯从重处罚的制度，该项制度不仅体现了刑法对再犯处罚力度的加强，还体现了我国政府对于打击毒品犯罪的一贯态度和决心。

2000年以来，我国禁毒工作进入了新的阶段，同时伴随着毒品犯罪的新形势，制定一部适应新形势的、具有创新性的禁毒法律迫在眉睫。2007年，全国人民代表大会常务委员会通过了《禁毒法》。该法典具有下述意义：基本消除了原有的禁毒法律法规的不协调和不足之处，同时还构建了较为完善的体系。这不仅为我国打击毒品犯罪提供了更为健全的法律支持，同时在保障公民健康、维持社会秩序和谐稳定等方面也有着深远影响。

在刑法有关规定的基础上，《禁毒法》的有关规定体现了对涉毒违法犯罪行为刑事处罚的承认和肯定。我国法律并未在刑法外对毒品犯罪作出新的指控。另一方面，《禁毒法》使刑事处罚与治安管理处罚的关系有了更加明确的规定。换句话说，毒品违法行为即使不构成犯罪，但由于行为人具有主观恶性，同时其行为也具有一定的社会危害性，也应当对该行为人进行治安管理处罚，而不是放纵该行为人继续实施毒品违法行为。

2015年通过的《刑法修正案（九）》第41条对《刑法》第350条第1款、第2款进行了修改，将原来规定的"非法运输、携带制毒原料或配剂进出境或在境内非法买卖上述物品"的行为修改为"非法生产、买卖、运输制毒原料、配剂或携带上述物品进出境"。并且，修改了本罪的入罪标准以及加重情形的标准，从原来的以数量认定及要求"数量大"作为加重刑罚的依据，修改为以"情节较重"为入罪标准，并以"情节严重"或"情节特别严重"为标准，设定了两个档次的加重刑罚。

其第 2 款制造毒品罪共犯的有关规定也从"提供前款规定的物品"修改为"生产、买卖、运输前款规定的物品"。上述的修改具有较为深刻的影响，明确了我国政府打击毒品犯罪的行为是从制造毒品的原材料或相关配剂的生产制造行为开始的。《刑法修正案（九）》进一步促进了我国有关毒品犯罪的刑事立法的完善，有利于进一步提升对毒品犯罪分子的打击力度。与此同时，也是对我国一贯的严厉打击毒品犯罪的方针政策的贯彻落实。

2. 我国毒品犯罪的现有罪名

根据我国现行《刑法》的规定，从有关毒品犯罪罪名设立的情况来看，具体可以将毒品犯罪分为以下几类：经营性质的毒品犯罪，如走私、贩卖、运输、制造毒品罪等；消费性质的毒品犯罪，如引诱、教唆、欺骗他人吸毒罪；持有性质的毒品犯罪，如非法持有毒品罪；对禁毒活动进行破坏的毒品犯罪，如包庇毒品犯罪分子罪，窝藏、转移、隐瞒毒品毒赃罪等。

首先，现有毒品犯罪的罪名设置体现了我国注重从源头（即根本上）治理毒品犯罪。最初，我国刑法仅规定了"制造、贩卖、运输毒品罪"这一犯罪行为。这体现了我国对毒品犯罪中游行为的重视，但在某种意义上效果一般。我国现行《刑法》不仅重视毒品犯罪中游，同时对毒品犯罪的源头也进行了有效规制。譬如，非法种植毒品原植物罪，非法买卖、运输、携带、持有毒品原植物种子、幼苗罪等罪名。这些都是刑法从源头治理毒品犯罪的具体体现。不仅如此，除了刑事处罚外，我国在治安管理处罚方面也对毒品犯罪进行了规制。我国《治安管理处罚法》规定了对"向他人提供毒品以及自身吸食毒品"的行为进行惩罚，这对于弥补刑罚处罚的不足，从源头对毒品犯罪进行综合治理起到了有效作用。

其次，我国的毒品治理还重视《刑法》之外其他法律法规的作用。我国刑法规定了如"走私、贩卖、运输、制造毒品罪"等若干罪名，主要针对严重危害社会秩序、具有严重社会危害性的毒品犯罪。刑法所规制的行为往往是具有严重社会危害性的行为。对于那些尚未达到社会危害程度、危害程度较轻的违法行为，我国已通过《治安管理处罚法》等法律予以规范。

(三) 毒品犯罪的法定刑

1. 我国毒品犯罪的法定刑设置

与毒品有关的犯罪的刑罚主要被规定在《刑法》第六章第七节"走私、贩卖、运输、制造毒品罪"中，共设置了11个罪名。这些罪名的法定刑设置如下：①对于走私、贩卖、运输和制造毒品的犯罪，法定刑期分为4个级别，从最低刑期到最高刑期：适用3年以下有期徒刑、拘役或管制及罚金；判处3年至7年有期徒刑，并处罚金；判处7年以上有期徒刑，并处以罚金；判处15年有期徒刑、无期徒刑或死刑，没收财产。②非法持有毒品罪的法定刑罚分为三个层次：判处3年以下有期徒刑、拘役或者管制及罚金；判处3年至7年有期徒刑，并处罚金；判处7年以上有期徒刑或者无期徒刑。③包庇毒品犯罪分子犯罪的法定刑期分为两级：判处3年以下有期徒刑、拘役或管制刑期，以及3年至10年有期徒刑。④对于窝藏、转移或隐瞒毒品或非法毒赃的罪行，刑罚分为两级：判处3年以下有期徒刑、拘役或管制，以及3年至10年的有期徒刑。⑤对非法生产、买卖、运输制毒物品或者走私制毒毒品的，可以判处三个层次的刑罚：判处3年以下有期徒刑；判处3年以上7年以下有期徒刑和罚金；判处7年以上有期徒刑和罚金或没收财产。⑥对非法种植毒品原植物的罪行包括两项规定：一种是判处5年以下有期徒刑、拘役或管制，并处罚金；一种是判处5年以上有期徒刑,并处罚金或没收财产。⑦非法买卖、运输、携带或者持有毒品原植物种子、幼苗的,判处3年以下有期徒刑、拘役或管制,并处罚金或者单处罚金。⑧对引诱、教唆、欺骗他人吸毒的,判处3年以下有期徒刑、拘役或管制以及罚金,情节严重的判处3年至7年有期徒刑及罚金。⑨对强迫他人吸毒的犯罪者的法定刑期为3年至10年的有期徒刑,同时还要判处罚金。⑩犯罪者实施容留他人吸毒的犯罪的,其刑期规定为3年以下有期徒刑、拘役或管制,同时判处罚金。⑪触犯非法提供麻醉药品、精神药品罪的刑罚设置为:判处3年以下有期徒刑、拘役,并判处罚金;犯罪情节严重的,判处3年至7年有期徒刑,同时判处罚金。

2. 毒品犯罪法定刑的严厉性特点

首先,刑罚种类包含主刑(包括死刑、无期徒刑、有期徒刑、管制、拘役)、附加刑(包括没收财产与罚金)等。

其次,走私、贩卖、运输、制造毒品罪的数量没有限制。也就是说,无论走私、贩卖、运输、制造多少毒品,我国《刑法》都将追究犯罪行为人的刑事责任;如果走私、贩卖、运输、制造毒品的行为存在多次,但未经侦查机关追查处理的,将计算多次实施毒品犯罪的毒品数量。在涉及对毒品犯罪的量刑时,用在非法持有毒品与走私、贩卖、运输、制造毒品的行为时由侦查机关查证且属实的毒品数量进行计算,不采取以纯度进行折算的方式。相关刑罚的适用从侧面体现了我国对毒品犯罪所采取的一贯予以严厉打击的坚决态度。

另外,为了体现我国毒品犯罪罪名设置体系下的刑罚具有严厉性的鲜明特点,我国《刑法》还规定了毒品犯罪的再犯制度。我国《刑法》就累犯从重处罚作出了规定,值得注意的是,"一般累犯"要求行为人所犯的后罪是应当被判处有期徒刑以上刑罚的罪名。与之不同的是，毒品犯罪的再犯没有这种要求，即使是被判处拘役或者管制的犯罪分子也应当从重处罚。

3. 毒品犯罪法定刑设置的完善

由上所述，我国毒品犯罪法定刑设置方面存在罪刑不均衡、财产性规定不足以及缺乏非惩罚性措施等缺陷。为此，笔者提出了如下完善建议。

（1）完善毒品相关罪名的死刑规定。死刑是一种剥夺人生命的最严厉的刑罚手段，是一种极端刑。死刑作为毒品犯罪法定刑之一，可以有效地威慑犯罪分子，遏制毒品犯罪的发生。但是，是不是毒品犯罪中所有的罪名都应该适用死刑？

首先，是否可以考虑废除运输毒品罪的死刑规定。《刑法》第347条规定的走私、贩卖、运输、制造毒品罪是一个选择性罪名，行为人实施上述四种行为只认定为这一罪，可能判处死刑，而单纯的运输毒品行为也认定为这个罪，被判处死刑的概率较高。笔者主张运输毒品罪的死刑刑罚应当废除，理由有以下几点：①与行为人实行走私、贩卖、制造毒品行为对社会造成的危害程度相比，单纯的运输毒品行为对社会的危害程度较轻，而且毒品犯罪的源头行为是走私、贩卖、制造毒品行为，运输毒品行为只是处在毒品犯罪一系列环节的中间位置，将运输毒品行为的危害性与走私、贩卖、制造毒品行为的危害性放置在同一位置，适用相同的刑罚违背了罪责刑相适应原则。罪责刑相适应原则要求犯罪分子所犯罪行要与其应受的刑罚处罚相适应。②犯罪分子实施的运输毒品行为在整个毒品犯罪中属于从属行为，也可以说是实行走私、贩卖、制造毒品的帮助行为，因此将四种行为放在同一位置处罚是有失公平的。③运输毒品的行为人多为经济困难或处于贫困地区的妇女、农民、无业人员等，还有一些是毒枭雇用的"马仔"，他们运输毒品是为了从中获得经济利益而不是贩卖，在犯罪链条中的地位不高且主观恶性较小，适用死刑的应为雇用他们的毒枭。④世界各国的禁毒立法中规定运输毒品罪的刑罚轻于另外三种犯罪的刑罚。⑤我国应采用宽严相济的刑事政策，由于运输毒品行为危害性小，因此刑罚要轻于另外三种行为。综上所述，运输毒品行为的社会危害性要小于另外三种，社会危害性没有达到适用死刑的标准，适用死刑违背了罪责刑相适应原则。而且，对于触犯运输毒品罪的犯罪者适用死刑，并未收获使犯罪案件减少的效果。因此，运输毒品罪的死刑刑罚应当废除，但是需要注意一点，废除的是为被毒枭雇用而运输毒品的个人犯罪设置的死刑，对于专门从事运输毒品的组织，仍与另外三种行为一同处罚。司法机关在司法实践中逐渐重视限制运输毒品罪的死刑适用，如将判处死刑立即执行改为判处死刑缓期二年执行或不判处死刑。在对运输毒品罪适用刑罚前，要着重探查运输者的主观动机、所处地位以及毒品来源，未查明时不能直接按运输毒品罪适用死刑。

其次，应当将以毒品数量为适用死刑标准改为毒品数量和犯罪情节综合考虑。《刑法》第357条第2款规定："毒品的数量以查证属实的走私、贩卖、运输、制造、非法持有毒品的数量计算，不以纯度折算。"然而，现实中大多数的情况是走私、贩卖、运输、制造的毒品纯度不算高，但是数量多到能够处死刑，最后适用死刑，这就等于把毒品的数量作为执行死刑的标准。现如今，司法机关在司法实践中逐渐认识到了以毒品数量为标准适用死刑的不足和负面效果。笔者建议最高人民法院在整理总结各地司法机关对毒品犯罪案件的成熟处理做法后，以修正案或者司法解释的方式作出新的规定，以便解决新的问题。

对犯罪分子适用死刑，不仅要以毒品数量为前提，还要考虑犯罪情节和行为的社会危害性。对于危害性的考察，一些学者从不同方面提出建议。有学者认为需要考虑毒品的性质，不同性质的毒品对社会和人体健康造成的损害不同，即不同性质的毒品，其社会危害性程度也不同。有学者认为，需要考虑在毒品流转过程中各行为的作用，在从毒品种植到贩卖的流转过程中，对这一过程起较大推动作用的行为的社会危害性较高。有学者认为需要考虑毒品犯罪行为对我国毒品管理秩序的危害程度的大小，还有学者认为需要考虑毒品数量与含量的乘积。这些学者都以新的视角为限制毒品犯罪死刑适用提出了建议。笔者认为，合议庭在评议是否判处死刑时如果能够考虑以上建议，便可以有效地保证公平，适用死刑的案件也会减少。

毒品中有毒成分的含量叫毒品的纯度，纯度越高，危害性就越大；反之，纯度越低，危害性越小。但是现在，随着新药物的传播、毒品的数量增加，一些毒品被稀释，导致纯度降低，一些毒品的毒性成分不同，有些是复杂的，如果不对纯度进行鉴定评估，就可能出现认定结论的偏差。一些毒品制作简单、纯度较低、市场销量好，因而走私、贩卖的数量巨大，只是以毒品数量为标准适用死刑的话，这种案件的死刑数量会增多。因此，我们不仅要考虑毒品数量，还要考虑毒品的纯度。新型毒品相关犯罪涉及的关键问题：一是具体数量标准如何确定；二是毒品纯度如何界定；三是混杂的新型毒品如何确定其数量。在司法实务中，各地都根据所在地区的实际情况，制定了新型毒品犯罪定罪量刑的具体数量标准，对"其他毒品数量大"情形予以解释；对于新型毒品，也应当考虑到纯度差异而有针对性地量刑，以符合罪责刑相适应的原则。对于混杂型的新型毒品，可以处罚最重的新型毒品类型作为基础来量刑，其他类型的新型毒品则作为量刑情节考虑，最后综合量刑，[1]即可以确立"以毒品成分含量为主、兼顾其他"的毒品定罪情节认定。[2]在毒品类型与纯度认定上尽量予以统一，以便于刑法的具体适用。

综上所述，笔者认为，应当将毒品数量和犯罪情节综合到一起考虑是否对犯罪分子适用死刑。在《刑法》第347条规定的五种严重情形中，除第一种外，其余四种都考虑到了犯罪情节，第一种情形仅以犯罪数量为标准。毒品数量应当为适用死刑的前提条件，犯罪分子被判处死刑说明其走私、贩卖等行为的毒品数量达到了规定中适用死刑的标准。但是，这并不意味着仅仅因为毒品的数量符合死刑的标准就应该判处死刑。

最后，为了更好地发挥罪责刑相适应原则，我们也要重视适用毒品犯罪中规定的从轻情节。例如，聋哑人或者盲人实施毒品犯罪；毒品犯罪活动的预备犯或是未遂犯；犯罪人员有自首行为；犯罪分子有立功或重大立功表现的。另外，在毒品犯罪者存在酌定从轻量刑情节，没有从重处罚的犯罪情节，而且犯罪数量仅是刚刚才达到死刑的适用标准时，也不对其判处死刑立即执行。对于已满14周岁未满18周岁的人实施毒品犯罪行为，毒品数量达到死刑适用的数量标准，但是考虑到其易受他人唆使或者容易受到社会不良风气的影响，尤其是初犯或者偶犯，应尽量慎用死刑，重视对其的教育改造。当然，在毒品犯罪中也要明确主犯和从犯。明确毒品犯罪案件中的从犯以及毒品犯罪集团中受雇佣的从犯，考虑到其具有从轻情节，对其进行处罚时即使数量上达到死刑的标准，也要尽量减少适用死刑。

---

〔1〕 参见杨方泉："新型毒品犯罪的定罪与量刑"，载《广东社会科学》2012年第2期。

〔2〕 参见李莉："关于新型毒品犯罪立法完善的几点思考"，载《前沿》2010年第5期。

(2) 完善财产刑规定。根据本书论述的有关目前我国毒品犯罪财产刑规定中的部分缺陷,笔者提出以下几点建议:首先,有必要在立法上对没收财产的追缴作出更加明确、系统的规定。在当今时代,毒品犯罪分子从贩毒中牟取暴利,往往都会想尽一切办法对其进行合法化操作,可以将其比喻成"洗白",也就是我们经常提及的"洗钱行为"。如果我们不采取有效措施制止洗钱,就会助长犯罪分子的傲慢,同时可能还会导致犯罪后果更加严重,这是我们所不想看到的。

实践中,毒品犯罪产生的高额收益通常会通过各式各样的"洗白"行为得以合法化。这种合法化是毒品犯罪最重要的一环。用简单而通俗的话来说,这种收益不经过某种手段使其合法化是很难被投入到市场流通的。一旦不能进入市场流通,那么这些高额的利益也就丧失了存在的意义。这种意义的丧失会使得那些单纯追求经济利益的犯罪分子放弃此种行为。实施此种犯罪行为既会被判处一定的刑罚,同时又得不到其想要的利益,这种"赔本"的买卖谁会去干呢?切断其"洗白"的过程便等于切断其经济源头,从而从源头上遏制犯罪。

在现实生活中,毒品犯罪分子通常会将其贩毒所得的资金用于个人生活及家庭开支,剩下的毒资往往会通过转移财产、混淆个人财产与家庭财产关系的方式逃避法律的追究。

结合上述相关问题,笔者建议增加适当的相关规定,规定如果毒品犯罪分子的家庭亲属有巨额财产,且不能说明财产来源合法,可对本案适用没收财产的追缴措施。值得注意的是,毒品犯罪分子被依法判处刑罚并执行完毕后,也应当采取上述措施。

其次,通过立法来扩大毒品犯罪财产刑的适用范围。我国刑法只对走私、贩卖、运输、制毒等性质严重的毒品犯罪规定了没收财产的刑罚。因此，笔者建议通过立法手段加以规定，对行为人因毒品犯罪受到过刑事处罚之后因毒品犯罪应被判处10年以上有期徒刑的，应当同时判处附加没收财产，如此毒品犯罪分子就丧失了毒品犯罪的经济基础，从而达到有效遏制毒品犯罪的目的，打击毒品犯罪的嚣张气焰。接下来，侦查机关应当将毒品犯罪行为人的财产状况等情况纳入侦查范围，以便更好、更有效地了解毒品犯罪行为人的情况。

我国刑法对于毒品犯罪法定刑设置一直侧重于徒刑和死刑，对没收财产和罚金刑不仅适用少且规定不够完善。由于毒品犯罪是一种贪利型犯罪，对经济利益的追求是直接诱因，注重重刑的适用虽然限制了罪犯的个人自由，但并不能完全消除鼓励犯罪的经济来源。犯罪分子一旦恢复人身自由，便可能重操旧业，使得毒品犯罪屡禁不止。另外，重视重刑的适用也会阻碍财产刑在情节轻微的毒品犯罪案件中发挥作用。笔者认为，应重视财产刑的适用，扩大适用范围，充分发挥积极作用，加大对犯罪分子经济能力的打击。重视财产刑的适用可以从以下几个方面入手：

第一，没收财产刑的范围。学界对没收财产刑存在两种观点：一种认为应废止没收财产刑；一种认为应当保留没收财产刑。笔者认同第二种观点，没收财产刑在打击犯罪（尤其是在打击贪利型犯罪）方面有着罚金刑替代不了的作用。没收财产属于毒品犯罪法定刑中最重的附加刑，但也只是被规定在《刑法》第347条5种严重情形中和第351条非法种植毒品原植物数量大的条文中，条文数量少，而且没有详细划分没收财产的范围，没有显示出与罚金刑的区别。

《联合国禁止非法贩运麻醉药品和精神药物公约》界定了没收财产刑的范围，我国《刑法》可以参照该公约设置类似"没收不法收益"的规定。从没收不法收益的规定可以看出，该公约对其范围作了详细规定，对犯罪分子的财产没收得也很彻底，严重削弱了犯罪分子的经济能力，有利于打消再犯罪的想法，这些都是适用罚金刑所不能做到的。

第二，明确罚金刑的刑度和适用方式。对于罚金刑在刑罚体系中的地位，学界有不同观点。有观点认为，罚金刑应作为主刑适用，扩大范围，提高适用频率；有观点认为，罚金刑仍应作为附加刑适用，但是要对罚金刑的相关内容作出细致规定。笔者同意后一种观点，罚金刑作为附加刑，既可以与主刑一同适用，也可以单独适用，具有灵活性，更容易发挥罚金刑的作用。

我国毒品犯罪法定刑中罚金刑的设置还不完善：一是没有明确划分罚金刑适用的层次，规定笼统，罚金具体数额不明确，操作性差。虽然各地因情况不同可能难以规定统一的数额，但可以规定数额幅度，各地依经济情况在幅度内作出裁量，提高可操作性。二是规定毒品犯罪罚金刑的大部分条文都是并科适用罚金，没有突出罚金在处罚轻微、危害小的犯罪中的作用，也没有体现出罚金对短期刑罚的替代作用。因此，笔者认为，对于一些情节轻微、危害小的犯罪或者判处的主刑较轻的犯罪，可以单处罚金惩治，从而使得经济手段成为制裁毒品犯罪的重要手段。

我国对毒品犯罪的法定刑偏重于适用重刑，以重刑的威慑力预防和控制毒品犯罪的发生，但是毒品犯罪属于贪利型犯罪，犯罪分子实施毒品犯罪活动的目的不是伤害他人的身体健康，也不是破坏社会安定，而是获得巨大的经济利益。受巨大经济利益的驱使，即使面对重刑的威胁，犯罪分子也会继续从事犯罪活动。因此，仅靠重刑的威慑力无法遏制毒品犯罪的泛滥，还应重视对经济利益的剥夺，需要财产刑和主刑一起发挥作用控制毒品犯罪，但这也正是我国法定刑针对财产刑的有待完善之处。

（3）完善非处罚性措施的规定。非处罚性措施是对不判处刑罚或者免除处罚的行为人采用社区矫正、保安处分等刑罚以外的措施予以改造，使其正常回归社会。准确理解宽严相济刑事政策，限制毒品犯罪中死刑的适用，完善非处罚性措施的规定是很有必要的。笔者认为，设置替代性措施有以下几点原因：①美国等国家正在探索毒品犯罪中适用的替代性方法；②再严重的犯罪也存在着情节轻微的情形，毒品犯罪也不例外，对毒品犯罪中情节轻微、社会危害性小、人身危险性不大的初犯或偶犯等，可以适用非处罚性措施进行改造；③替代性措施强调的是社会监督，使犯罪分子能够得到最大限度的教育和改造，让他们最终可以回归和适应社会，防止其再次犯罪。完善非处罚性措施可以从以下几个方面入手：

第一，加强保安处分的设置。刑罚不是制裁犯罪的唯一手段，也不一定是最有效的手段，保安处分措施也可惩治毒品犯罪。保安处分是以预防刑理念为基础的一种预防犯罪的手段。其是指对实施违法犯罪行为的无责任能力人、限制责任能力人以及社会危害性和人身危险性极大的有责任能力人采取刑罚之外的医疗救助观察等措施，预防其再犯罪，治疗行为人的不良心理，维护社会安定。在很多毒品犯罪案件中，犯罪分子刑罚执行完毕后，受暴利的引诱容易再次犯罪，单纯地适用刑罚惩治犯罪分子不能完全抑制行为人再次实施犯罪行为。因此，可以设置保安处分措施对行为人进行教育改造。保安处分措施不仅可以增强犯罪分子对毒品犯罪危害的认识和法律法规的规范意识，而且可以提高行为人的劳动意识，使行为人掌握谋生的方法，更好地适应社会。

第二，推动社区矫正措施的实施。我国毒品犯罪的犯罪分子基本上都是在监狱里执行刑罚。这就意味着，将行为人从正常社会中带走，关押在一个不正常的社会里，刑罚执行完后，希望行为人回到正常社会能够正常地生活，这是很困难的。我国《禁毒法》第33条规定，对吸毒人员可以采取社区戒毒的方式，为实现毒品犯罪者顺利适应社会生活，除吸毒人员外，对其他毒品犯罪行为者也可根据实际情况采取社区矫正的方式。2009年下发的《关于在全国试行社区矫正工作的意见》表示，我国正在全面实行社区矫正这一非监禁处罚措施，《刑法修正案（八）》中的"社区矫正"被以法律的形式确定下来，《刑法修正案（九）》在异种刑数罪并罚的规定中规定管制刑可以和自由刑并科处罚，这些举动促进了社区矫正方式的进一步发展。

为了使犯罪分子适应正常社会生活，社区矫正是将犯罪分子放在其居住地社区予以监督、教育和帮助，与在监狱看守相比，具有非监禁性、社会参与程度较高、更加人道，有利于实现惩治的目的，即行为人再社会化和防止再犯罪。因此，社区矫正这一手段可以替代短期自由刑，取得自由刑代替不了的效果。但是，对毒品犯罪者实行社区矫正的标准是要对行为人的人身危险性进行综合评估，不能损害社区其他人的利益。社区矫正主要是为在社区服刑的犯罪人员提供有关法律、生活、心理和就业等方面的帮助和监督，以便他们顺利地在正常社会中生活。最重要的是断绝犯罪分子的毒品网络，整合社会资源，根据具体的情况制定适合的矫正项目，加强监督，对犯罪人员进行技能培训，培养他们的劳动意识和规范意识，使他们能够主动、顺利地融入正常社会。

## 第四章
# 毒品犯罪的司法认定

对走私、贩卖、运输、非法持有毒品等毒品犯罪的司法认定一直是实践中的难题,尤其是贩卖、运输、持有毒品等犯罪之主观明知的认定问题,控制下交付、诱惑侦查、特情引诱情形中既未遂标准的把控问题,毒品的数量、种类、纯度、犯罪人在共犯中的地位与作用,对累犯、再犯情节等量刑情节的认定,相关毒品犯罪的死刑适用问题等仍然值得进一步推敲。

## 一、主观明知的认定问题

在我国刑法分则所规定的犯罪中,主观明知的认定问题一般只存在于故意犯罪中,[1]且对相应故意犯罪中主观"明知"如何妥当认定,一直困扰着司法实践。在全部为故意犯罪的毒品犯罪中,对主观明知的认定不仅涉及前述"共性"难题,还涉及特有的"个性"难题。如在明知的认知内容上,对毒品的种类、数量的认知;在明知的认知程度上,如何依据比较薄弱的证据推定行为人"应当知道"是毒品而贩卖、运输、持有等。也正基于此,2007年最高人民法院、最高人民检察院、公安部(以下简称

---

[1] 一般认为,唯一在主观明知认定上存在过失的犯罪是《刑法》第138条规定的教育设施重大安全事故罪。参见陈兴良:《规范刑法学》(上册),中国人民大学出版社2017年版,第542页。

"两高一部")制定的《办理毒品犯罪案件适用法律若干问题的意见》(以下简称《毒品犯罪意见》)列举了八种"应当知道"是毒品而走私、贩卖、运输、非法持有的情形;[1]2008年《全国部分法院审理毒品犯罪案件工作座谈会纪要》(以下简称《大连会议纪要》)在《毒品犯罪意见》的基础上进一步细化,继而增加到10种情形。[2]并且,这一规定在2015年《全国法院毒品犯罪审判工作座谈会纪要》(以下简称《武汉会议纪要》)中得以延续。

诚然,上述司法解释在一定程度上解决了实践中如何妥当认定毒品犯罪之主观明知的问题,但并未就此终结学术上的争论。一方面,不区分主观明知的认知内容与认知程度而简要地以"列举+兜底"的模式应对实践中的难题,本身就有"偷懒"的嫌疑。另一方面,简要地以"列举+兜底"的模式将毒品犯罪主观明知认知程度中适用刑事推论与刑事推定的情形来个"大锅煮",明显有不当扩张犯罪的嫌疑,使"严打"毒品犯罪的刑

---

〔1〕《毒品犯罪意见》第二部分规定:"走私、贩卖、运输、非法持有毒品主观故意中的'明知',是指行为人知道或者应当知道所实施的行为是走私、贩卖、运输、非法持有毒品行为。具有下列情形之一,并且犯罪嫌疑人、被告人不能做出合理解释的,可以认定其'应当知道',但有证据证明确属被蒙骗的除外:(一)执法人员在口岸、机场、车站、港口和其他检查站检查时,要求行为人申报为他人携带的物品和其他疑似毒品物,并告知其法律责任,而行为人未如实申报,在其所携带的物品内查获毒品的;(二)以伪报、藏匿、伪装等蒙蔽手段逃避海关、边防等检查,在其携带、运输、邮寄的物品中查获毒品的;(三)执法人员检查时,有逃跑、丢弃携带物品或逃避、抗拒检查等行为,在其携带或丢弃的物品中查获毒品的;(四)体内藏匿毒品的;(五)为获取不同寻常的高额或不等值的报酬而携带、运输毒品的;(六)采用高度隐蔽的方式携带、运输毒品的;(七)采用高度隐蔽的方式交接毒品,明显违背合法物品惯常交接方式的;(八)其他有证据足以证明行为人应当知道的。"

〔2〕《武汉会议纪要》第十部分在《毒品犯罪意见》的基础上主要增加了"贴身隐秘处藏匿毒品的""行驶路线故意绕开检查站点,在其携带、运输的物品中查获毒品的""以虚假身份或者地址办理托运手续,在其托运的物品中查获毒品的"等情形。

事政策与罪刑法定原则、无罪推定原则之间形成了过度紧张的关系。有鉴于此，对毒品犯罪中主观明知的司法认定，笔者试图从认知内容与认知程度两个维度分别展开讨论。

（一）毒品犯罪中主观明知的认知内容

基于《刑法》第 14 条的语义逻辑与价值蕴涵，我国刑法中的犯罪故意由认识因素与意志因素构成。在故意犯罪中，就主观明知认知内容的范围，虽然通说认为，犯罪主体、犯罪客体等要件通常不应作为明知的内容，[1]但该观点一直遭受强烈的挑战，尤其是在行为对象或犯罪对象问题上。相对保守的观点认为："在法定需要犯罪对象的刑法分则犯罪中，犯罪对象是明知的必要同时也是重要内容。"[2]相对激烈的观点认为，犯罪客体与犯罪对象是本质与现象的关系，所有的犯罪都有犯罪对象，既然《刑法》第 14 条的表述是"明知自己的行为会发生危害社会的结果"，那就意味着行为人在认识到行为导致的结果以及所侵犯的客体时，自然以认识到犯罪对象为逻辑前提。[3]

虽然学界对行为对象与犯罪对象是否属于同一含义也有所争论，[4]但应当肯定的是，在故意犯罪中，除存在客观处罚条件的例外情形外，在一般情形下，只要行为对象或犯罪对象作为必要的构成要件要素，其便属于行为人主观明知的认知内容，否则无法解释具体事实认识错误、抽象事实认识错误等问题。

---

[1] 参见高铭暄、马克昌主编：《刑法学》（第 8 版），北京大学出版社、高等教育出版社 2017 年版，第 108 页；《刑法学》编写组编：《马克思主义理论研究和建设工程重点教材：刑法学》（上册·总论），高等教育出版社 2019 年版，第 165 页。

[2] 参见闻志强："论刑法中的'明知'"，华东政法大学 2017 年博士学位论文，第 161 页。

[3] 参见李洁："论犯罪对象与行为对象"，载《吉林大学社会科学学报》1998 年第 3 期。

[4] 参见薛瑞麟："关于犯罪对象的几个问题"，载《中国法学》2007 年第 5 期。

另外，还有必要肯定的是，主观明知的认知内容不仅应当包括行为对象或犯罪对象，还应当包括行为主体，尤其是刑事责任年龄、刑事责任能力与行为主体身份等。有学者认为，刑事责任能力不应当是故意犯罪中行为人主观层面所应认识的内容。[1]对此，笔者有异议。简要举例：甲自入学时登记的信息是2001年5月11日出生，而于2015年5月2日实施贩卖毒品行为，但公安机关经过查证发现甲本是2001年5月1日出生，只是办理户籍时误登记为2001年5月11日。此时，甲对自己已经满14周岁、具备刑事责任能力并未明知且有正当理由，若仍然追究其刑事责任显属不当。

基于上述分析，在走私、贩卖、运输、非法持有毒品等毒品犯罪中，行为人主观上必须认识到自己走私、贩卖、运输或非法持有的是刑法意义上的"毒品"。[2]如果行为人做出真挚的努力后仍然没有认识到自己走私、贩卖、运输或非法持有的是刑法意义上的"毒品"，则不应以相应犯罪论处。此时，有必要考虑行为人主观上存在不可避免的违法性认识错误，继而阻却责任。[3]

---

[1] 参见张健一："犯罪故意基本问题研究"，西南政法大学2013年博士学位论文，第31页。

[2] 参见张汝铮："毒品犯罪'主观明知'的实质性研究"，载《广西社会科学》2019年第2期。

[3] 如果坚持四要件犯罪论体系，不可避免的违法性错误要么没有容身之所，要么仅仅阻却故意。参见贾宇："论违法性认识应成为犯罪故意的必备要件"，载《法律科学·西北政法学院学报》1997年第3期；田宏杰：《违法性认识研究》，中国政法大学出版社1998年版，第94页。但如果坚持阶层式犯罪论体系，在规范责任论的理论根基下，大陆法系刑法理论的通说认为，违法性认识的可能性是与故意、过失相并列的责任要素，因而不可避免的违法性认识错误属于责任阻却事由。参见[德]乌尔斯·金德霍伊泽尔：《刑法总论教科书》（第6版），蔡桂生译，北京大学出版社2015年版，第269页；[日]前田雅英：《刑法总论讲义》（第6版），曾文科译，北京大学出版社2017年版，第263页；[日]山口厚：《刑法总论》（第3版），付立庆译，中国人民大学出版社2018年版，第265页。

举例：行为人张三基于多方查证，认为自己贩卖的是未被列管的新精神活性物质或药品而不是毒品，则不应认定其构成贩卖毒品罪。就此情形，《武汉会议纪要》特别规定，虽然违反有关药品管理的国家规定，但出于医疗目的非法贩卖上述麻醉药品或者精神药品情节严重的，以非法经营罪定罪论处。也就是说，把毒品当作药品基于医疗目的来经营的，属于故意违反《药品管理法》，同时故意侵害该种药品的市场专营制度，因而只构成非法经营罪而不构成贩卖毒品罪。

然而，司法实践中广泛存在毒品代购、介绍毒品买卖的行为，在讨论如何定罪时，多数人习惯于从共犯的角度出发研究，而很少有人从主观明知的认识要素角度出发来讨论。尤其是在其中存在一些所谓跑腿费、辛苦费等情形时，司法机关往往简单地认为这就是"以牟利为目的"。但实际上，行为人在单纯代购毒品、介绍毒品买卖并收取少量辛苦费、跑腿费时，若并未认识到自己的行为属于"贩卖"毒品，而仅仅是毒品代购、介绍行为，将这种行为径直认定为贩卖毒品罪的共犯，既违反生活常识，也违反明知内容这一主观要素。

另外，若在代购毒品过程中行为人"蹭吸"了少量毒品，判断是否属于贩卖毒品，也需要认真考察行为人是否主观明知自己通过代购行为变相"加价"。以"陈某贩卖毒品案"为例：吸毒人员陈某珍于2014年2月19日晚来到被告人陈某所住的宾馆房间，交给其300元委托其帮忙购买1克冰毒。陈某表示答应，接过钱出门购买冰毒。购买到冰毒回到自己的房间后，陈某起了歪心思，心想如果从中吸食少部分再交给陈某珍也不会被发现。于是，陈某便从陈某珍托购的1克冰毒中取出少部分进行吸食。吸食完毕之后，陈某将剩下的冰毒交给陈某珍。陈某珍收到冰毒后，并没有说什么，并且还邀请陈某到他所住的房间共同吸食买来的冰毒。最终，两人在陈某珍的房间将冰毒吸食完毕。2014年2月21日晚，陈某再次帮人代购毒品，遂联系幸某购买了1克冰毒。离开交易地点后，陈某拿出该包冰毒吸食了少部分。第二天凌晨，民警将其抓获并从其身上查获了剩余的0.32克冰毒。一审法院认为，陈某以牟利为目的，贩毒冰毒1.32克，其行为构成贩卖毒品罪，判处有期徒刑11个月，并处罚金5000元人民币。〔1〕二审法院认为，陈某受人委托，仅为他人无偿代购约1克冰毒吸食，主观上无牟利的故意，客观上对代购毒品无加价行为，且现有证据不能证明其被公安机关抓获时查获的0.32克冰毒是用于贩卖，故其行为依法不构成贩卖毒品罪。〔2〕就该案，认定陈某构成贩卖毒品罪的逻辑无非是：陈某为陈某珍代购毒品后，在转交前从1克中擅自取出部分吸食属于一种牟利行为。在交易价格没变的情况下，减少了交付数量，导致实际价格上涨，属于变相加价。符合《大连会议纪要》"代购者从中牟利，变相加价贩卖毒品的，对代购者以贩卖毒品罪定罪"之规定，应认定陈某构成贩卖毒品罪。然而，一方面，"将牟利事实或目的作为代购行为构成贩卖毒品的成立条件，导致处罚范围不明确"；〔3〕另一方面，最为关键的是，行为人并未认知到自己属于变相"加价"将毒品"贩卖"给他人。因而，无论委托人是否知晓行为人"蹭吸"毒品，都不应以贩卖毒品罪定罪处罚。当然，如果委托人确实不知情，而行为人确实基于不法原因获得了好处，且数量较大，可以考虑是否构

---

〔1〕 参见江西省九江市中级人民法院［2014］九中刑一初字第25号刑事判决书。

〔2〕 参见江西省高级人民法院［2015］赣刑一终字第31号刑事判决书。

〔3〕 张明楷："代购毒品行为的刑法学分析"，载《华东政法大学学报》2020年第1期。

成侵占罪、非法持有毒品罪等犯罪。

不过值得进一步追问的是：①是否需要行为人主观认知到毒品的纯度，或者说毒品含量明显过低时是否还属于值得以相应毒品犯罪进行评价的毒品？②是否需要行为人主观认知到毒品的具体种类，或者说行为人对毒品的种类存在认识错误时该如何处理？③是否需要行为人主观认知到毒品的数量，或者说如果行为人对毒品的具体数量存在认识错误该如何处理？

1. 是否需要认知到毒品的纯度

众所周知，毒品一般都有杂质，纯度不高的毒品一般并不被认为是掺假毒品。但是，如果将一些貌似毒品但实质上并非毒品的杂质与毒品真假掺杂，则认为属于掺假的毒品。只要行为人明知是毒品，是否掺假便并不影响贩卖毒品罪的认定。

不过问题在于，有时候如果掺假太多导致纯度极低，是否还应当认定为毒品？就此，实务界的一般看法是，因《刑法》第357条第2款明确了毒品不以纯度折算，故毒品的纯度或含量极低仍然要认定为毒品，只是在达到或超过判处死刑的数量要求时要极其慎重。然而，此种看法明显值得斟酌。

毋庸讳言，该款规定范围明显过宽，存在立法漏洞。第355条、第357条第1款等已经明确了认定毒品的关键是能够使人形成瘾癖，如果纯度明显极低，不仅无法使人形成瘾癖，更无法保持刑法中"毒品"含义的内在一致性，继而使得该款与前述条款形成难以调和的矛盾冲突。就此，即便行为人认识到自己走私、贩卖、运输或非法持有的是"毒品"，也不值得以相应毒品犯罪论处。举例：行为人将0.1克冰毒与50千克面粉混合后以"毒品"之名贩卖的，直接以诈骗罪评价即可而完全没有必要评价为贩卖毒品罪。

另外，关于罂粟壳、经过取汁的罂粟壳废渣等毒品含量极低的物质，即便行为人认识到也不应当作为走私、贩卖、运输、持有毒品等犯罪来处理。就经过取汁的罂粟壳废渣，2010年《最高人民法院研究室关于贩卖、运输经过取汁的罂粟壳废渣是否构成贩卖、运输毒品罪的答复》已明确不以毒品来认定。不过，就罂粟壳，实践中仍然存在将之作为毒品来认定的情形。如公安部1993年7月24日《关于坚决制止、查处在食品中掺用罂粟壳违法犯罪行为的通知》认定，行为人在制作火锅底料时加入一定的罂粟壳并进行熬制后生产、销售，构成欺骗他人吸毒罪。

显然，该规定存在几个挥之不去的疑问：①这种情况同时构成生产、销售有毒有害食品罪与欺骗他人吸毒罪，根据想象竞合原理，应以生产、销售有毒有害食品罪论处；②罂粟壳虽然也属于管制药品，但罂粟壳的危害性显著低于一般毒品。例如，非法持有10克海洛因就会入罪，而非法持有50千克罂粟壳才入罪，在食品中加入少量罂粟进行熬制，其对人体的危害性更低，此时其还能不能被认定为毒品？笔者对此持怀疑态度。鉴于现行刑法不考虑毒品的纯度所出现的立法漏洞，有必要作出有利于被告人的漏洞填补，即要么坚持毒品必须进行纯度折算，要么认定为生产、销售有毒有害食品罪。

以"周某甲生产销售有毒、有害食品有毒有害食品案"为例。经审理查明：2015年11月底，被告人周某甲从其伯父周某发处得到了一些罂粟梗、罂粟壳，并在其经营的早餐店内使用，将罂粟壳放入汤锅内调味。2015年12月1日，公安机关对周某甲早餐店内的汤锅进行吗啡检测，试剂板检测呈阳性。后经湖南省食品质量监督检验研究院鉴定，上述汤锅内的汤汁含有吗啡成分。就前述事实，一审法院认定周某甲构成生产、销售有毒有害食品罪，免于刑事处罚。[1]笔者认为，该案的裁判是比较妥当的。

2. 是否需要认知到毒品的具体种类

走私、贩卖、运输或非法持有毒品时，是否需要行为人主观认知到毒品的具体种类的另一方面是，如果行为人对毒品种类存在认识错误应该怎么处理。

通说认为，对毒品种类产生认识错误只是同一构成要件内要素的认识错误，不影响走私、贩卖、运输、非法持有毒品等毒品犯罪的成立，充其量只是对量刑情节有不正确的认识。[2]核心理由在于，该情形属于对象错误，无论根据具体符合说还是根据法定符合说，都成立犯罪既遂。

在笔者看来，通说观点尚需斟酌：不同种类的毒品不仅影响量刑，还影响定罪。尽管《刑法》第347条明文规定走私、贩卖、运输、制造毒品，无论数量多少都要追究刑事责任，但该条文并没有肯定，对毒品种类产生错误认识的，也会追究刑事责任。《治安管理处罚法》第71条规定，非法买卖少量罂粟壳的，处10日以上15日以下拘留，可见毒品的数量如果极其微小，仍然可能不以贩卖毒品罪论处。例如，行为人误将大麻种子当成罂粟种子予以出卖，是否也完全不影响定罪呢？笔者对此存在疑问。更进一步说，当没有证据证明行为人贩卖毒品时，其一般根据存疑有利于被告的原则，而认定为非法持有毒品罪。主流刑法理论同样认为对毒品种类的错误认识不影响非法持有毒品罪的成立，然而非法持有毒品罪入罪时，不同种类毒品的入罪数量标准存在巨大差异，譬如盐酸二氢埃托啡的入罪标准

---

[1] 参见东安县人民法院［2016］湘1122刑初229号刑事判决书。
[2] 参见张明楷：《刑法学》（第5版），法律出版社2016年版，第1142页。

是2毫克,而度冷丁的入罪标准是50克。此时对毒品种类的认识错误会完全影响定罪,因此,此传统观点的合理性存在重大疑问。刑法理论将认识错误分为具体的事实错误与抽象的事实错误,并将具体的事实错误理解为没有超出同一犯罪构成的范围错误将抽象的事实错误理解为跨越不同犯罪构成范围的错误。即使按照上述理论,误将大麻种子当成罂粟种子予以贩卖,也可能存在罪与非罪的问题。因此,绝对地认为对毒品种类的认识错误不影响贩卖毒品罪成立的观点,并不妥当。

那么,如果并非是罪与非罪之间的毒品种类认识错误,也完全不影响相应毒品罪的既遂吗?按照认识错误的理论确实难以否认。但这将会导致罪刑严重不均衡:不同种类的毒品的社会危害性存在巨大差异,有些甚至可能是本质差异。例如,非法持有咖啡因的入罪标准是50千克而非法持有海洛因的入罪标准是10克,入罪标准之所以相差如此悬殊,就是因为不同种类的毒品的社会危害性明显不同。因此,如果行为人误将4千克属于半成品的甲基苯丙胺液体当成4千克大麻油予以走私、贩卖或运输,若完全不影响犯罪既遂的成立,在刑罚后果上将会出现巨大差异——前者死刑立即执行,后者也就10年左右的有期徒刑。有必要指出,这与传统刑法理论讲解认识错误时举故意杀人为例完全不同:误将甲当成乙予以射杀,甲乙都是人,两者的法益完全相同;但误将甲毒品(如海洛因)当成乙毒品(如安眠酮)予以贩卖,两者虽然都是毒品,但其侵犯法益的程度却存在巨大差异,这甚至与抽象认识错误中举的误将人当成狗熊予以射杀的例子的差异相当。

那么,能否依据认识错误理论就毒品种类认识错误提出另一种解释结论呢?笔者认为存在解释的合理空间。毒品种类的认识错误,是对象错误的一种。传统刑法理论都是举"甲误将乙当作丙予以射杀"的案例来讨论对象错误。法定符合说认为，由于乙、丙均是人，就杀人者这一法定构成要件而言，在同属于"人"这种抽象性层面上，可以认为行为人的认识事实与实际的现实事实之间法定性地（构成要件性地）相互符合，因而并不阻却故意；具体符合说也同样认为问题在于是否法定性地符合，但该说认为，就甲的认识而言，乙、丙均属于"那个人"（抽象意义上的人），并且由于行为人杀害的是"那个人"，因而在"那个人"这一具体性层面上，可以认为甲的认识事实与现实事实之间并无一致。〔1〕由上可知，法定符合说与具体符合说之所以都在构成要件范围内承认不阻却故意，是因为人与人之间的价值完全相同，〔2〕但是不同种类的毒品的社会危害性完全不同，尽管都属于毒品，但《武汉会议纪要》首次引入《非法药物折算表》，实际上表明司法机关已经充分认识到了不同等级的毒品的社会危害性的差异。因此，此时无论是法定符合说还是具体符合说，都难以为毒品认识错误不阻却既遂提供充分的理论根据。这一点，即使主张法定符合说的张明楷教授也在某些观点上予以贯彻。例如，张明楷教授认为，适用抢劫"军用物资、抢险、救灾、救济物资"这一加重情节的前提应当是行为人明知是"军用物资、抢险、救灾、救济物资"。误以为是普通财物，但客观上抢劫了特定物资的，不能适用本项加重情节。〔3〕本来，如果按照法定符合说，特定物资与普通财物都属于"财物"，自然而然的结论就是抢劫罪既遂，并适用抢劫特定

---

〔1〕 参见［日］西田典之：《日本刑法总论》（第2版），王昭武、刘明祥译，法律出版社2013年版，第191~192页。

〔2〕 参见［日］前田雅英：《刑法总论讲义》（第6版），曾文科译，北京大学出版社2017年版，第166页。

〔3〕 参见张明楷：《刑法学》（第5版），法律出版社2016年版，第994页。

物资的加重情节。考究张明楷教授的论证逻辑，就是特定物资与普通财物不具有"价值同一性"。根据《刑法》第347条的规定，鸦片、海洛因、冰毒与其他软性毒品（如美沙酮、安眠酮、氯胺酮等）的量刑标准、入罪标准相差悬殊。因此，即便是毒品，但软性毒品与硬性毒品也不存在"价值同一性"，正如"军用物资、抢险、救灾、救济物资"与普通财物不存在"价值同一性"。

主流刑法理论的毒品种类认识错误不影响既遂的观点存在如下几点有待商榷的地方：①可能加重犯罪人的刑事责任。例如，甲误将冰毒1000克（甲基苯丙胺）当作"摇头丸"（氯胺酮）出售，甲主观上是贩卖"摇头丸"，但客观上出售的是冰毒，如果按照现行刑法理论，甲应当被认定为贩卖冰毒1000克，虽然其主观上只是贩卖"摇头丸"。按照《武汉会议纪要》引入的《非法药物折算表》计算，1克氯胺酮只相当于0.1克标准单位的海洛因，这就出现了主观轻而客观重的情况，按照主客观相一致的原则，甲应当被认定为贩卖"摇头丸"才符合罪刑均衡原则。②可能减轻犯罪人的刑事责任。例如，甲误将"摇头丸"1000克当作冰毒出售，按照现行刑法理论，甲只应当认定为贩卖"摇头丸"1000克。但甲主观上是想贩卖冰毒1000克，这就出现了主观重而客观轻的情况，按照主客观相一致的原则，甲应当被认定为贩卖冰毒1000克未遂与贩卖"摇头丸"1000克既遂择一重罪认定。

行文至此，在走私、贩卖、运输或非法持有毒品案件中，是否需要行为人主观认知到毒品的具体种类或行为人对毒品的具体种类存在认识错误，要求厘清认识错误处理原则中法定符合说与具体符合说的理论基础，如果按照"价值同一性"的原则来处理，或许更具妥当性。

3. 是否需要认知到毒品的具体数量

行为人走私、贩卖、运输或非法持有毒品时，是否需要认识到毒品的具体数量，其关键点在于对毒品数量的认识错误。例如，甲向乙订购40克海洛因，但乙因错误将其另外一个装有60克海洛因的皮包交给甲，甲未打开查验即将该批毒品按照40克海洛因的数量卖给丙。再如，丙向丁订购60克海洛因，但丁因错误将其另外一个装有40克海洛因的皮包交给丙，丙未打开查验即将该批毒品按照60克海洛因的数量卖给他人。就此，按照现行刑法理论和司法实践的通说，行为人对此皆存在概括的故意，因而无论根据具体符合说还是法定符合说，毒品具体数量的认识错误都不会影响定罪也基本不会影响量刑。因为《刑法》第347条已经明示，走私、贩卖、运输、制造毒品，无论数量多少都应当追究刑事责任。虽然如此，但通说观点仍然有待进一步斟酌。申言之，对量刑要素的认识错误真的不会影响量刑吗？对数量的认识错误真的不会影响定罪吗？

就上述第一个问题：基于犯罪行为的特殊性，毒品犯罪中行为人存在概括故意并不一定很常见，尤其是在贩卖毒品的问题上。在一般情况下，毒贩在交易时，因为涉及交易价格的确定，一般都会对贩卖毒品的种类、性质、数量有明确的认识。就此，如果确实对数量存在错误，应当根据主客观相一致的原则来处理，即对毒品数量认识存在明显错误时，应当在主客观相一致的范围内确定法定档次。因而，在上述两个案例中，对甲、丙贩卖毒品的行为，都应当选择7年以上有期徒刑的法定刑档次，而非15年有期徒刑、无期徒刑或死刑这档法定刑。

就上述第二个问题，虽然存在的空间极小但并不排除，因而也有必要视情形否定概括的故意或概括的认知的观念，根据主客观相一致的原则来处理。举例：张三基于错误的计算，将1千克的罂粟壳当作10千克卖给李四。对于张三的行为，有必要依据《治安管理处罚法》来处理，而没有必要以贩卖毒品犯罪来处理。

（二）毒品犯罪中主观明知的认知程度

在走私、贩卖、运输、非法持有毒品等毒品犯罪中，不少犯罪嫌疑人或被告人都以"不知道是毒品"为由进行辩解。在证据确实、充分，能够高标准证明行为人确实知道的场合，一般不会出现认定上的困难。麻烦的是，在证据并不能高标准证明行为人"明知"的场合，如何认定行为人主观"明知"是毒品而走私、贩卖、运输、非法持有，一直是司法实践的困惑。就此，2007年《毒品犯罪意见》将主观明知分为"知道"与"应当知道"两个层级，[1]2008年《大连会议纪要》依旧坚持该种模式。

当然，将故意犯罪中主观明知的认知程度表述为"知道"与"应当知道"这样一对术语，自1992年两高《关于办理盗窃案件具体应用法律若干问题的解释》（以下简称《盗窃案件解释》）起，[2]在相关司法解释中一直存在，且直到2009年最高人民法院《关于审理洗钱等刑事案件具体应用法律若干问题的解释》（以下简称《洗钱案件解释》）才开始有意规避"应当

---

〔1〕《毒品犯罪意见》第二部分规定："走私、贩卖、运输、非法持有毒品主观故意中的'明知'，是指行为人知道或者应当知道所实施的行为是走私、贩卖、运输、非法持有毒品行为。"

〔2〕1992年《盗窃案件解释》第8条第1项规定："认定窝赃、销赃罪的'明知'，不能仅凭被告人的口供，应当根据案件的客观事实予以分析。只要证明被告人知道或者应当知道是犯罪所得的赃物而予以窝藏或者代为销售的，就可以认定。"

知道"的表述。[1]《毒品犯罪意见》的规定也只是遵从先例或秉持通说。不过，此种规定首先面临的问题便是，"应当知道"真的属于"明知"的认知程度吗？然后，在主观明知认知程度由"确实知道"（或称为"确知"）逐渐走向模糊时，在何种范围内还能够进一步认定行为人对毒品是"明知"的？应当适用何种法则来判断或操作？

1．"应当知道"是否属于"明知"的认知程度

在故意犯罪中，从1992年《盗窃案件解释》到2009年《洗钱案件解释》，对于行为人主观明知与否，我国司法解释都采取了"知道-应当知道-不知道"的固定分类模式。[2]例如，《最高人民法院关于审理破坏森林资源刑事案件具体应用法律若干问题的解释》第10条规定，"非法收购明知是盗伐、滥伐的林木"中的"明知"是指"知道"或者"应当知道"。

"应当知道"看起来不言自明，但是否属于主观明知的层级范围，确有必要深究。《刑法》第14条关于犯罪故意的概念，使用的是"明知自己的行为会发生危害社会的结果"；《刑法》第15条关于犯罪过失的概念，使用的是"应当预见自己的行为可能发生危害社会的结果"。"预见"，是指预先知道事物可能的变化过程及大致结果。因此，"明知"与"预见"没有本质差

---

[1] 紧随2009年《洗钱案件解释》，相关司法解释对故意犯罪中行为人主观"应当知道"的表述进一步采取回避态度的，还如2010年两高一部《关于办理网络赌博犯罪案件适用法律若干问题的意见》第2条第3款之规定，2010年两高《关于办理利用互联网、移动通讯终端、声讯台制作、复制、出版、贩卖、传播淫秽电子信息刑事案件具体应用法律若干问题的解释（二）》第8条之规定，2016年两高一部《关于办理电信网络诈骗等刑事案件适用法律若干问题的意见》第四部分，以及2019年两高《关于办理非法利用信息网络、帮助信息网络犯罪活动等刑事案件司法解释》，等等。

[2] 参见陈兴良："'应当知道'的刑法界说"，载《法学》2005年第7期。

异,都是指知道。刑法分则条文使用的类似于"应当知道"的表述仅有《刑法》第219条第2款,即"明知或者应知前款所列行为,获取、使用或者披露他人的商业秘密的,以侵犯商业秘密论"。刑法条文中使用的"知道"或者"应当知道",不一定是针对故意犯罪,仅仅是认识内容。在"应当知道"的情况下,其本人也可能确实不知道,因而可能是疏忽大意的过失。司法解释则不同,司法解释普遍确立的"应当知道"都是针对故意犯罪而言,特指对某种特殊犯罪对象的明知。学者普遍将其界定为刑事推定,[1]但也有学者表示反对,认为这不应被纳入刑事推定的范畴。[2]

应当认为,评判"应当知道"是否属于主观明知的层级范围,需要兼顾语义逻辑与价值内容的融贯协调,两者缺一不可。

立足于语义学考察:"应当知道"的语义逻辑就是本来"不知道"但是"应当"知道,即"不知道"。因而,学界相当有力的一种观点认为,用之表述"明知"的第二个层级显然词不达意,明显挑战了罪刑法定的刚性底线。[3]

立足于价值内容考察:关于"应当知道"的内在价值,大体上有五种观点。第一种观点认为,"应当知道"指向的是过失

---

〔1〕 参见皮勇、黄琰:"论刑法中的'应当知道'——兼论刑法边界的扩张",载《法学评论》2012年第1期。

〔2〕 参见劳东燕:"认真对待刑事推定",载《法学研究》2007年第2期。该学者认为,单纯从客观行为推知主观意图的过程或在个案中基于证据的具体推理不应被视为推定。

〔3〕 代表性的学者如陈兴良、周光权、于志刚、王新等。参见陈兴良:"'应当知道'的刑法学说",载《法学》2005年第7期;周光权:"明知与刑事推定",载《现代法学》2009年第2期;于志刚:"犯罪故意中的认识理论新探",载《法学研究》2008年第4期;王新:"我国刑法中'明知'的含义和认定——基于刑事立法和司法解释的分析",载《法制与社会发展》2013年第1期。

犯罪，并以《刑法》第219条第2款为例进行证明；[1]第二种观点认为，《刑法》第219条第2款与司法解释中普遍出现的"应当知道"指的是"推定明知"；[2]第三种观点认为，"应当知道"包括推定明知与实知；[3]第四种观点认为，"明知"包括"自认的明知"与"推定的明知"，这与"可能知道"完全不同；[4]第五种观点为，"明知"可以分为"证明的明知"与"推定的明知"，前者是指根据一定的案件证据可以证明行为人知道，后者是指没有能够证明行为人明知的证据，但根据经验事实的归纳可以推定行为人对认识客体的明知。[5]通过前述五种观点可知，"应当知道"可以包括"推定知道"，在证据无法形成完整证据链或证明标准尚未达到刑事案件证明标准时，可以进行刑事推定。因而，"应当知道"之表述所承载的价值内容层面，其在相当的程度上确实在"明知"的认知程度范围内。

综合语义学的考察以及"应当知道"表述本身所承载的价值内容的考察可知，两者并不能达成语义逻辑与内在价值的融贯协调。由此，如果一定要保留"应当知道"所承载的价值内容，继而承认其在"明知"的认知程度范围内，则必须摒弃传统表述方式，而尝试以其他用语进行替代。当然，现在学界一

---

[1] 参见高铭暄主编：《新型经济犯罪研究》，中国方正出版社2000年版，第841~842页。
[2] 参见陈兴良："'应当知道'的刑法界说"，载《法学》2005年第7期。
[3] 参见周光权："明知与刑事推定"，载《现代法学》2009年第2期。
[4] 参见于志刚："'应当知道'与'可能知道'的差异与并存"，载《人民检察》2007年第21期。
[5] 参见张云鹏："刑事推定研究"，载陈兴良主编：《刑事法评论》（第20卷），中国政法大学出版社2007年版，第510~538页。

般以"可能知道"来承载"应当知道"之传统价值内容。[1]

2. 能否以"可能知道"进一步认定行为人对毒品"明知"

以"可能知道"代替主观明知中的"应当知道"这一层级在相当程度上可以说是"名正言顺"。当然，由此也肯定了在故意犯罪中对主观明知认知程度的认定不可避免地会涉及刑事推定的问题。众所周知，走私、贩卖、运输、非法持有毒品等毒品犯罪本身是"无被害人"的犯罪，如果以"可能知道"进一步认定行为人对毒品"明知"自然会冲击实体法上的罪刑法定原则与程序法上的无罪推定原则。于是，能否以"可能知道"进一步认定行为人对毒品"明知"便成了必须要回答的问题。就此，在实务界，持肯定意见已成为主流，但在学术界却素有争议。

对于上述问题，笔者持肯定意见，但并不必然表明笔者主张通过刑事推定的方式认定行为人对毒品的主观明知，即笔者仅仅赞成通过刑事推论的方式认定行为"可能知道"毒品而走私、贩卖、运输或非法持有等。

在司法实践中，通常只以刑事推定来推断"明知"认知程度中的"可能知道"，不仅忽略适用推论的情形，还忽略推定的规范性程序要求。如诸多司法解释均简单地通过综合模式[2]或"概括+列举"模式[3]来适用推定。这两种模式不仅将部分"确知"以及通过间接证据推论的情形予以囊括，更没有实质性

---

[1] 参见于志刚："犯罪故意中的认识理论新探"，载《法学研究》2008年第4期；王新："我国刑法中'明知'的含义和认定——基于刑事立法和司法解释的分析"，载《法制与社会发展》2013年第1期。

[2] 如2009年两高一部《关于办理制毒物品犯罪案件适用法律若干问题的意见》第2条之规定。

[3] 如2002年两高与海关总署《关于办理走私刑事案件适用法律若干问题的意见》第5条之规定。

地要求被告人对推定的可反驳性。[1]此种"偷懒"的模式的逻辑后果自然是不当地扩张了犯罪范围。

应当认为，对明知层级中"可能知道"的认定虽然不可避免地涉及刑事推定的运用，但在该层级中也还包括部分刑事推论的情形，只不过相对于"确知"的证明标准而言有所降低。因而，不能以"可能知道"的认定方式（包括以刑事推定为由）将其彻底排除出主观明知的认知层级。因为刑事推论适用于存在间接证据且诉讼证明事实上并未中断的情形，因而并未实质性地降低证明标准以及转移证明责任。如《毒品犯罪意见》规定，"执法人员在口岸、机场、车站、港口和其他检查站检查时，要求行为人申报为他人携带的物品和其他疑似毒品物，并告知其法律责任，而行为人未如实申报，在其所携带的物品内查获毒品的"，虽然证明标准有所降低，但已经能够认定行为人主观上"应当知道"是毒品而走私、运输，证据链条已经形成，可以不用进一步证明行为人被蒙骗。

另外，基于刑事推定本身的风险以及毒品犯罪的特殊性，在认定行为人"可能知道"毒品而走私、贩卖、运输、非法持有时，确有必要排除刑事推定。

就刑事推定而言，其适用于证据中断但又需要落实行为可罚性的情形，仅就所查明的基础事实，主要根据法律规定或具有规范效力的经验法则进行推断，[2]在事实上降低了证明标准并将证明责任转移给被告人，因而原则上要求被告人对推定的可反驳性。但无论是在毒品犯罪中还是在其他故意犯罪中，通

---

〔1〕 直至2009年最高人民法院《洗钱案件解释》，以往的相关司法解释并不特别强调被告人对推定的可反驳性。

〔2〕 参见劳东燕："认真对待刑事推定"，载《法学研究》2007年第2期。

过被告人举证反驳公诉方的推定本身是一个相当困难的事情。

基于实践的考察，如果被告人没有辩护律师提供辩护，试图通过举证成功反驳公诉方的指控，其概率是可想而知的。或者即便被告人聘请了辩护律师，但刑事辩护已进入规范化辩护时代，《刑法》第306条的辩护人毁灭、伪造证据罪，妨害作证罪早已迫使辩护律师对主动搜集证据敬而远之。再加之毒品犯罪整体上本身处于"严打"态势，被告人通过举证成功反驳公诉方，其结果仍然是可想而知的。当然，支持刑事推定的论者可能会说，毒品犯罪往往具有高度隐蔽性，实践中的查处难度本身极大，在诉讼证明上有必要通过刑事推定的方式予以缓解。不过，在笔者看来，此种观点可能有"为了打击而打击"的嫌疑。

就毒品犯罪的特殊性而言：作为一种"无被害人"的犯罪，在司法认定上本身应该更加严格、应该防止司法上犯罪圈的不当扩张，而不是以"毒品犯罪情势严峻"等为由，一味地以"严打"之名扩张范围。因为，从毒品犯罪的生成机理来看：毒品如卖淫一样，有市场需求就必然存在，[1]再加之毒品地位的非法性，国家越"严打"，毒品利润越会暴涨，越会有人愿意铤而走险，最终毒品犯罪数量可能会越来越多，于是造成了毒品犯罪"越打越多"的司法怪象。[2]在此基础上，通过刑事推定的方式扩张主观明知的认知层级，难免会变相增加毒品犯罪。

基于此，为防止对"明知"认知程度中"可能知道"的推

---

〔1〕 参见贾银生："论运输毒品罪死刑的适用——兼评《武汉会议纪要》中的相关规定"，载《西部法学评论》2016年第3期。

〔2〕 不可否认，虽然"严打"毒品犯罪挤出了不少犯罪黑数，但"严打"导致毒品犯罪数量大量增长却也是不争的事实。

断侵蚀罪刑法定与无罪推定，须严格区分推论与推定的适用情形。[1]否则，将本适用于推论的情形适用于推定，继而不当地转移证明责任，便是借助司法者之手将不利后果强行施加于被告人。有鉴于此，在毒品犯罪中行为人主观"明知"的认知程度上，有必要分两步走。第一步，廓清适用推论与推定的情形。对此，须以间接证据实质上是否中断为标准进行划分。只要有间接证据且事实上能够形成闭合的证据链条，则根据逻辑与经验适用推论，不得降低证明标准与转移证明责任。第二步，必须严格排除适用刑事推定的情形。例如，《毒品犯罪意见》以及《大连会议纪要》所列举的"为获取不同寻常的高额或不等值的报酬而携带、运输毒品的……"[2]就是典型的刑事推定。就前述情形，即便被告人无法证明系被蒙骗所致，也不能就此推定其"应当知道"或"可能知道"，因为被告人完全可能出现自己认识错误的情形。譬如：张三在一周前帮李四运输"水货"从A地到B地，接货时李四给张三一个笑眯眯的眼神并说"水货，好好运输，报酬比较高哟"，张三搬箱子时便知道自己所运输的是走私的相关货物，为了高报酬便帮忙运输。一周后，李四又找到张三运货，并比较严肃地说，"这次是冰货，好好运输，仍然是运输到B地，报酬仍然比较高"。张三自作聪明，以为这次帮忙运输的还是走私的货物，在接货时主动给李四一个笑眯眯的眼神，并说"懂得，放心"，然后还没有等李四进一步说话便开车出发。结果在途中被抓，一查是冰毒5千克。在该案中，即便张三无法证明系被蒙骗，也不能推定其主观上"可

---

[1] 参见陈兴良："'应当知道'的刑法界说"，载《法学》2005年第7期。
[2] 还包括"采用高度隐蔽的方式携带、运输毒品的；采用高度隐蔽的方式交接毒品，明显违背合法物品惯常交接方式的；行程路线故意绕开检查站点，在其携带、运输的物品中查获毒品的"。

能知道"是毒品而运输。

## 二、犯罪既未遂的认定问题

在走私、贩卖、运输毒品等毒品犯罪中，既未遂的认定问题主要涉及控制下交付、诱惑侦查（包括特情引诱）中[1]既未遂标准的把控问题。就此，虽然实务界一般认为，前述两种情形都不影响贩卖毒品罪等相关毒品犯罪的既遂形态，但这明显有"为了打击而打击"，将本属于不可罚的未遂、可罚的未遂径直作为既遂来对待的嫌疑。有鉴于此，有必要逐一进行讨论。

（一）控制下交付与相关毒品犯罪的既未遂形态

2012 年《刑事诉讼法》第 151 条第 2 款（现行《刑事诉讼法》第 153 条第 2 款）对毒品犯罪的侦查首次明文规定了控制下交付这一技术措施。一般认为，控制下交付是指在毒品犯罪中，侦查机关为了查明发货人、运货人、收货人及其他参与犯罪活动的人员，而不惊动前述人员、暗中对货物实施监控，等收获时将前述人员抓获的技术侦查措施。[2]

在刑事实体法上，控制下交付主要涉及贩卖毒品方面的既未遂形态。虽然实务界一般认为控制下交付不影响毒品犯罪既

---

[1] 虽然少数观点认为控制下交付与诱惑侦查是同一事实的不同称谓，或控制下交付本身从属于诱惑侦查，只是诱惑侦查下的一种类型。参见杭正亚："诱惑侦查行为的性质及法律责任初探"，载《杭州商学院学报》2002 年第 1 期；王国民主编：《诱惑侦查研究》，中国人民公安大学出版社 2003 年版，第 56 页。但是，主流观点认为："诱惑侦查和控制下交付在行为方式、定义、适用对象、合法性及其判断标准、适用空间范围等方面存在明显的差异，二者应该属于完全不同的两种侦查行为。"参见邓立军："控制下交付与诱惑侦查的边界及其勘定"，载《法学评论》2016 年第 6 期。笔者支持主流观点，具体理由参见邓立军的《控制下交付与诱惑侦查的边界及其勘定》一文。

[2] 参见邓立军："控制下交付与诱惑侦查的边界及其勘定"，载《法学评论》2016 年第 6 期。

遂的认定，但学术界对此一直存在争议，即存在未遂说、既遂说以及区分说之间的争论。

1. 未遂说

该观点认为，控制下交付的实质是警方的完全控制，其随时可以决定终止犯罪，行为人根本不可能真正完成犯罪行为，只能认定为犯罪未遂。[1]该观点存在的疑问在于，如果警方行动导致该次犯罪尚未完成，认定为犯罪未遂尚无太大争议，但如果整个毒品交易过程全部完成，毒品已经转移占有，形式上犯罪已经既遂，为什么还要认定为犯罪未遂呢？对此，未遂论者给出的理由是：不应该根据形式上完成了犯罪就认定为犯罪既遂，国家有制止犯罪的义务，但控制下交付却是国家为了所谓的"一网打尽"而刻意没有及时制止犯罪。因此，形式上既遂的后果不应当由行为人来买单。[2]上述观点虽有其合理性，但仍然没能立足于刑法解释的基本原理来解释为什么形式上毒品已经转移占有而仍然要认定为犯罪未遂。

2. 既遂说

学术界较少有人主张既遂说，主要是实务界的观点。该说认为，控制下交付一律应当认定为犯罪既遂。既然以销售为目的购买毒品就已经可以认定为犯罪既遂，那么事后无论是有害控制还是无害控制，显然都应当符合逻辑地认定为犯罪既遂，司法实践普遍采纳这种观点。

既遂说的前提是认为犯罪既遂的标准是开始交易，如果将转移占有作为既遂标准，既遂说显然不合理。更为重要的是，

---

[1] 参见黄维智："控制下交付法律问题研究"，载《社会科学研究》2007年第2期。

[2] 参见高巍：《贩卖毒品罪研究》，中国人民公安大学出版社2007年版，第184页。

既遂说与立法和司法解释不符。即便司法实践立足于"严打"的立场,但却也承认了适用未遂的余地。[1]可见,如果将无害控制下交付也认定为犯罪既遂,显然违反了上述司法解释——行为人贩卖的并非真毒品。

3. 区分说

该观点认为,控制下交付应当以对社会有无危害的可能来区别性对待。[2]有害控制下交付,侦查机关在发现非法贩运的违禁品后,在保证货物原封不动地的情况下继续运送和监控,对社会有一定危害,有必要认定为犯罪既遂;[3]无害控制下交付,侦查机关在发现违禁品等物品后,将违禁品全部或部分取出,替换成其他与违禁品形状、颜色、大小、数量相似的无害品后再监控,并无危害社会的可能,有必要认定为犯罪未遂。[4]

上述观点虽有其合理性,但仍然存在疑问:首先,抽象的错误阻却故意而非阻却既遂,将无害控制下交付认定为不能犯

---

〔1〕 1991年最高人民检察院《关于贩卖假毒品案件如何定性问题的批复》规定:"不知是假毒品而以毒品进行贩卖的,应当以贩卖毒品罪追究被告人的刑事责任,对其所贩卖的是假毒品的事实,可以作为从轻或者减轻情节,在处理时予以考虑。"1994年最高人民法院《关于适用〈全国人民代表大会常务委员会关于禁毒的决定〉的若干问题的解释》第17条规定:"不知道是假毒品而当做毒品走私、贩卖、运输、窝藏的,应当以走私、贩卖、运输、窝藏毒品犯罪(未遂)定罪处罚。"部分学者支持司法解释的前述观点。参见帅红兰:"'无害控制下交付'中的犯罪形态认定——以毒品犯罪为视角",载《江西警察学院学报》2014年第2期。

〔2〕 参见邓立军:"控制下交付类型学研究",载《中国人民公安大学学报(社会科学版)》2019年第4期。

〔3〕 参见陈京春:"控制下交付案件中犯罪既遂与未遂的认定——以贩卖毒品罪为研究对象",载《法学论坛》2012年第3期。但作者认为,如果警方出于需要用低含量的毒品替代高纯度的毒品予以控制下交付,则应认定买方毒犯成立犯罪既遂,但基于低含量的毒品属性,对犯罪分子进行量刑时应从宽处理。

〔4〕 参见蔡其颖:"无害的控制下交付的可罚性问题探析",载《中山大学研究生学刊(社会科学版)》2014年第4期。

并用认识错误理论予以解释不符合认识错误的处理原则。其次，上述区分说的逻辑实质上是将毒品犯罪的既未遂认定寄托于侦查机关的替换行为。依照这样的逻辑，不仅行为人的行为性质被强行捆绑在侦查机关身上，还将使侦查机关陷入两难境地——替换，于社会有利但明显放纵了行为人；不替换，既不利于行为人也不利于社会。

4. 本书的立场

就控制下交付的既未遂问题，笔者亦主张区分说，不过与上述区分说有明确区别。在笔者看来，无害控制下交付不可能成立犯罪既遂，一般应认定为犯罪未遂或犯罪预备；有害控制下交付原则上应当认定为犯罪未遂，但在例外情况下可以认定为犯罪既遂。

（1）无害控制下交付。关于无害控制下交付，大部分观点认为构成犯罪未遂，少部分观点认为是不能犯未遂。[1]不过，笔者认为，应当分情形认定为犯罪未遂或者犯罪预备。

首先，控制下交付已经为国际公约和国内刑事诉讼法明文确认，是一种合法的侦查措施。如果将控制下交付（尤其是无害控制下交付）确认为不可罚，则控制下交付这一侦查措施将失去意义。既然不可罚，何必再如此复杂地实施控制下交付？因此，将无害控制下交付认定为不可罚，始终难以自圆其说。

其次，以不可罚的不能犯理论来解释无害控制下交付的不可罚是典型的解释论错误。应当认为，就不能犯，无论观念上认为是否可罚，其在根本上都不存在对社会的危险性。当侦查机关发现毒品交易可能发生时，实际上毒品的贩卖行为已经开

---

[1] 参见蔡其颖："无害的控制下交付的可罚性问题探析"，载《中山大学研究生学刊（社会科学版）》2014年第4期。

始或者处于准备阶段。例如，当毒品持有者开始寻找买家或者以出售为目的开始寻找卖家时，属于贩卖毒品罪的预备阶段；当毒品持有者与买家开始就毒品交易进行某些具体联络时，贩卖行为已经着手，此时属于实行阶段。如果侦查机关在毒品贩卖的预备阶段即开始对过程进行监控，并采取无害的替代物品，将这种行为认定为犯罪预备较为妥当；如果侦查机关在毒品贩卖的实行阶段即开始监控，并采取无害的替代物品，将这种行为认定为犯罪未遂较为妥当。如果侦查机关进行犯意引诱，并在此过程中实施无害控制下交付，此时已经不属于控制下交付的问题，而是属于诱惑侦查的法律适用问题。简言之，在侦查机关对毒品进行替换之前，走私、贩卖等相应毒品犯罪行为存在抽象的危险性，而替换之后，相应的抽象危险性自然不复存在。法律惩处的并非是无害控制下交付之后的行为，而是惩罚的无害控制下交付之前的行为。当毒品贩卖行为处于无害控制下交付之后，毒品贩卖的所有危险性即已经消除；但这种消除并不能溯及既往，不能导致毒品贩卖行为抽象危险性的自始消除。因此，将无害控制下交付作为不可罚的不能犯并不妥当。同时，将无害控制下交付行为一律认定为犯罪未遂的观点也过于粗糙，未能细致考察无害控制的时间节点。

（2）有害控制下交付。应当认为，将有害控制下交付一律认定为犯罪既遂的观点存在重大缺陷。在有害控制下交付下，侦查机关只是严密监视毒品交易过程、毒品交易人员但并不采取毒品替换措施。控制下交付的"控制"并不仅存在控制的有无之分，还存在控制的程度之分。认为有害控制下交付应当成立犯罪既遂，无非是认为毒品仍然在行为人事实上的控制下进行，仍具有致使毒品进入社会流通和扩散的抽象危险，侦查机关的监控并没有阻却毒品交易的主客观要件。[1]在此逻辑下，如果毒品交易完成，认定相应毒品犯罪既遂并非不妥。但既遂说存在两个挥之不去的疑问：一是侦查机关发现毒品犯罪，为何只是监控而并不进行阻止？既然已经查获犯罪，侦查机关就应当立即抓捕犯罪嫌疑人。如果说控制下交付仅仅是为了搜集并固定犯罪证据，但在已经确信构成犯罪的情况下，仍然"放长线钓大鱼"，可能并无正当性可言。其次，犯罪过程既然系在侦查机关严密监视和控制之下进行，那么毒品就没有流入社会的危险，就不会对公众健康构成威胁，犯罪过程表面上似乎仍然由犯罪行为人主导，但由于处于侦查机关的监视和控制之下，犯罪行为人事实上已经无法主导犯罪过程。既然如此，认定为犯罪既遂的正当性根据何在？

有鉴于此，应当进一步探讨有害控制下交付中侦查机关是否完全控制，然后再讨论既未遂问题。

不完全控制是指控制下交付的控制程度不充分。此时，侦查机关只是初步发现涉嫌毒品贩卖，对涉案行为人并未完全掌握，唯有交易完成才能完全固定证据，或者对于虽然事先进行布控并对行为人进行秘密监控，但在行为人交易阶段警方部分失去或完全失去控制。[2]就此，认定为犯罪未遂并不妥当。例如，影视剧中常常会有这样的情节：侦查机关收到线报，情报显示某时某地将会有毒品交易，侦查机关据此埋伏在交易地点周围。在这种情况下，侦查机关并不能确定毒品交易是否会发生，也不能确定毒品交易者的身份，只能等到毒品交易完成后

---

[1] 参见石魏："毒品案件侦查中控制下交付和诱惑侦查之解析"，载《河南司法警官职业学院学报》2013年第2期。

[2] 参见温登平："论贩卖毒品犯罪的既遂与未遂"，载《山东警察学院学报》2018年第3期。

才能完全固定证据，侦查机关收网时如果毒品交易已经完成，则应当认定为贩卖毒品罪既遂。

完全控制是指控制下交付的控制程度强，对毒品交易者的身份信息基本确定、对毒品交易的证据基本固定，只需等待交易即可"收网"。此时，相应毒品犯罪的整个过程客观上已经被侦查机关完全控制，行为人主观上交易毒品的目的事实上并没有完成的条件，因而认定为犯罪未遂是妥当的。有的学者可能会担心，认定为犯罪未遂将降低对毒品犯罪的打击力度，但实际上，我国刑法对犯罪未遂采取的是"得减主义"而非"必减主义"，如果犯罪情节特别严重，量刑上也并非必定要从轻或者减轻；即使采取从轻或者减轻的量刑意见，由于我国刑法对贩卖毒品罪规定的法定刑很高，犯罪分子事实上也将受到严厉惩处，对此不必过度担忧。

（二）诱惑侦查与相关毒品犯罪的既未遂问题

所谓诱惑侦查，又被称为"警察圈套"，一般认为是指侦查机关以侦破案件为目的，以实施某种行为有利可图为诱饵，暗示或诱使行为人实施犯罪行为，待行为人实施犯罪行为、落入侦查机关所设置的圈套后，继而抓获被暗示者或被诱惑者的行为。在具体类型上，诱惑侦查主要分为"犯意引诱型"与"提供机会型"。《南宁会议纪要》与《大连会议纪要》所规定的"特情引诱"——"犯意引诱"与"数量引诱"——在本质上就属于诱惑侦查，学术界和实务界的通说观点也是如此。[1]

---

[1] 参见黄维智、王永贵："试论我国毒品案件中诱惑侦查的适用与监督——兼析最高人民法院'法〔2008〕324号'文件第六部分"，载《四川大学学报（哲学社会科学版）》2011年第2期；薛培、郑家明："贩卖毒品案件中的诱惑侦查：默认现实抑或法律规制——以四川省成都市W区、X区及J县为研究样本"，载《中国刑事法杂志》2012年第3期；杨锐："特情引诱毒品犯罪案件的证据审查"，载《人民司法》2013年第14期。

探讨诱惑侦查与相关毒品犯罪的既未遂问题,首先必须探讨诱惑侦查的正当性问题,如果其在根本上不具有正当性,那么据此所侦查的相关毒品犯罪不可能存在既遂形态。然后,在正当的诱惑侦查这一前提下,据此所侦查的相关毒品犯罪是否都属于犯罪既遂、未遂抑或需要视情形区别对待,便有必要深入展开。

1. 诱惑侦查的正当性

诱惑侦查自诞生以来便饱受争议,主要存在正当性与非正当性之争。

主张诱惑侦查具有正当性的论者一般认为:一方面,社会中存在不少犯罪行为而没有人报警,如果警察不采取诱惑侦查,必然存在大量无辜受害者,从刑法的目的和国家保护被害人权益的任务来看,诱惑侦查是必需的;另一方面,社会中存在不少"无被害人的犯罪",为了有效打击这些犯罪、维护社会秩序,诱惑侦查也是必需的。

主张诱惑侦查不具有正当性的论者一般认为,诱惑侦查虽然以打击犯罪为目的,但在本质上属于给不知情的第三者"下套",且很容易侵犯国民的隐私和基本权利,有违刑法的基本权利保障机能。并且,诱惑侦查实质上属于一种特殊的共犯形态,即属于典型的未遂教唆。而从共犯的处罚根据来看,基于修正惹起说的立场,共犯与正犯之间存在"一荣共荣""一损均损"的违法连带关系。[1]因被教唆者系在警察所设置的"圈套"下、便于警察侦破案件而实施的犯罪,本身不具有法益侵害性。再者,既然作为教唆者的警察都不可罚,那么被教唆者也应当

---

[1] 杨金彪:《共犯的处罚根据》,中国人民公安大学出版社2008年版,第211~222页。

不可罚。由此，按照否定说的观点，诱惑侦查与其说是打击犯罪，不如说是制造犯罪。

基于世界主要国家和国际上打击毒品犯罪、走私犯罪等严重犯罪的迫切需要，诱惑侦查的合法性成分开始逐渐得到世界各国立法和司法的认可。[1]在我国，2012年《刑事诉讼法》以前，虽然立法并没有明确提及诱惑侦查的概念和适用情形，但在司法实践中已然大量适用，尤其是在侦查毒品犯罪过程中。2012年《刑事诉讼法》以后，诱惑侦查在我国立法上的部分合法化已然展开。对此，学界通说也基本持肯定态度。[2]考虑到个别案件侦查难度的特别需要，社会正义与个体正义的兼顾，[3]规制毒品犯罪的政治效果、法律效果与社会效果的有机统一等，笔者认为，对诱惑侦查的部分合法性也必须承认。

然而，虽然国际国内都承认诱惑侦查的合法性成分，但其合法性的成分有哪些，或者说诱惑侦查合法性与非法性的界限在哪里，学术界与实务界仍然争论不休。具体而言，有主观说、客观说与折中说之争。主观说认为，判断诱惑侦查是否合法关键有二：一是判断被告人是否受政府代理人诱使；二是判断被告人是否预先就产生了被指控犯罪的意图。[4]客观说认为，判断诱惑侦查是否合法关键是看政府代理人的行为本身是否引起

---

[1] 参见黄海波："毒品犯罪诱惑侦查风险的程序控制"，载《政治与法律》2019年第10期。

[2] 虽然学术界对诱惑侦查的部分合法性持肯定态度，但基本都对诱惑侦查保持高度警惕的态度。因为不少侦查部门为了办案方便和政绩考核等而大量使用诱惑侦查，虽然程序合法，但明显是为了一己之私而制造犯罪人或加害犯罪人。

[3] 参见黄海波："毒品犯罪诱惑侦查风险的程序控制"，载《政治与法律》2019年第10期。

[4] [美]保罗·H.罗宾逊：《刑法的结构和功能》，何秉松等译，中国民主法制出版社2005年版，第89页。

没有犯罪倾向的人产生犯罪故意,而非考虑被告人事先有无犯罪故意。[1]折中说认为,判断诱惑侦查是否合法,除了要判断被告人预先是否产生犯意外,也要判断政府代理人的引诱情况。[2]

从严格限制诱惑侦查的角度来说,客观说似乎更有道理,即不管被告是否有犯意,只要是由警察的行为引起,就属于非法的诱惑侦查,就应当作为非法证据排除或作为"出罪"的抗辩事由。但运用到实践中,客观说的结论往往与其理论背道而驰,因为警察的行为很容易被正当化,而被告预先的主观犯意仍然是判断诱惑侦查是否合法的基础。折中说虽然也重视警察的客观事实,但在本质上与主观说无异。在此说来,如果一定要承认诱惑侦查部分合法,主观说基本上是妥当的。

主观说发展到今天,世界主流学说认为,诱惑侦查主要分为"犯意引诱"和"提供机会"两种类型。前者属于不正当的引诱、制造犯罪而被认为是非法的诱惑侦查,而后者则属于为了打击犯罪,在侦查机关严格的程序条件下施行,具有一定的合法性。[3]这也得到《联合国打击跨国有组织犯罪公约》和《联合国反腐败公约》等文献的支持。如前文所述,根据现行《刑事诉讼法》第153条的规定,我国刑事侦查意义上的合法的诱惑侦查,也属于主观说的范畴。

从诱惑侦查正当性的角度而言,不但包括毒品犯罪的特情

---

[1] 转引自高巍:《贩卖毒品罪研究》,中国人民公安大学出版社2007年版,第152页。

[2] 高巍:《贩卖毒品罪研究》,中国人民公安大学出版社2007年版,第155页。

[3] 参见高巍:《贩卖毒品罪研究》,中国人民公安大学出版社2007年版,第156~159页;李运才:《毒品犯罪的死刑限制与废止》,中国人民公安大学出版社2013年版,第209页。

引诱，还包括在侦查走私类犯罪、假币类犯罪、贿赂性犯罪等过程中的适用。当然，虽然诱惑侦查也被称为英美法系中的"警察圈套""警察陷阱"，但合法的诱惑侦查与陷害教唆有着本质的区别。前者存在刑事政策、刑事诉讼以及社会观念上正当性的可能性，后者一般是指意图使他人成为犯人受到刑事处罚而教唆他人实施一定犯罪行为的教唆行为，并无法律上的正当性。[1]

至于诱惑侦查中关于毒品犯罪之特情引诱的正当性问题，从刑事立法来看，我国刑事立法无论是在实体上还是在程序上都没有明文规定特情引诱的概念和适用情形。从司法实践来看，规定特情引诱的是《南宁会议纪要》与《大连会议纪要》。在此说来，其可谓颇具中国特色。根据前述的两个会议纪要，所谓的特情引诱，仅指为严厉打击和顺利破获毒品犯罪，在侦查毒品犯罪过程中所采用的"犯意引诱"和"数量引诱"手段。其适用范围只是在侦查毒品犯罪过程中（即毒品犯罪中）的专门性诱惑侦查。但需要说明的是，特情引诱中的犯意引诱其实在本质上是非法的诱惑侦查，[2]根据现行《刑事诉讼法》第153条第1款的规定，犯意引诱所获得的证据理应作为非法证据予以排除，不得据此对相关毒品犯罪人定罪量刑，尤其是既进行犯意引诱又安排上家、下家进行交易的"双重引诱"。然而，《南宁会议纪要》却使针对毒品犯罪的犯意引诱在司法上被"合法化"，并且通过《大连会议纪要》《武汉会议纪要》进一步予

---

〔1〕 参见杨金彪：《共犯的处罚根据》，中国人民公安大学出版社2008年版，第183页。

〔2〕 尤其是其中的"犯意引诱"。学术界基本上一致认为，犯意引诱在本质上就是非法的诱惑侦查。参见田宏杰：《诱惑侦查的正当性及其适用限制》，载《政法论坛》2014年第3期；翟金鹏：《诱惑侦查教唆相关问题研究》，载《中国人民公安大学学报（社会科学版）》2015年第1期。

以强化。[1]

2. 正当的诱惑侦查与毒品犯罪的既未遂问题

正当的诱惑侦查与毒品犯罪的既未遂问题不仅涉及诱惑侦查之于犯罪既未遂的问题，还涉及诸如贩卖毒品罪等本身既遂标准的问题。

根据《南宁会议纪要》与《大连会议纪要》的规定，"正当"的诱惑侦查不仅包括"提供机会"型与"数量引诱"型，甚至明确包括"犯意引诱"型。就这三种类型，在司法实务中，一般均没有争议地被认定为犯罪既遂。[2]这显然值得反思。

就"犯意引诱"型诱惑侦查：前文已述，在理论层面根本不具有正当性，只是基于"严打"毒品犯罪的刑事政策，才从司法层面予以正当化。就此，如果一定要维持《南宁会议纪要》与《大连会议纪要》的规定，必须从实体与程序两个维度作出进一步的严格限制。在实体维度：第一，不可认定为犯罪既遂。第二，数量较小的作无罪处理。第三，不可适用15年有期徒刑、无期徒刑、死刑这档法定刑。第四，在减刑、假释方面为犯罪人开通绿色通道。在程序维度：其一，明确规范适用犯意引诱的程序。其二，滥用犯意引诱的，首先对被告人应当作无罪处理，然后对侦查机关等办案人员应当依法追究相应的法律责任。

---

[1] 自《南宁会议纪要》规定特情引诱以来，《大连会议纪要》进一步明晰了特情引诱的含义和量刑适用情况，尤其是针对毒品犯罪可能被判处死刑的情形。《武汉会议纪要》虽然没有再进一步规定特情引诱，但其在总则中说，没有新规定的要继续参照《大连会议纪要》的规定。

[2] 参见余良炎、黄林雯："冲突与契合：'特情引诱'贩卖毒品的犯罪形态与规制——以A市法院近5年审理贩卖毒品案件为研究样本"，载贺荣主编：《尊重司法规律与刑事法律适用研究（下）——全国法院第27届学术讨论会获奖论文集》，人民法院出版社2016年版。

就"提供机会"型诱惑侦查：如果实施方式、适用程序等皆合法，应当肯定其正当性，不过即便如此原则上也应当认定为犯罪未遂。在毒品犯罪中，"提供机会"型诱惑侦查的常见情形是："一般毒品犯罪的犯罪嫌疑人，特别是曾有过毒品犯罪前科现又积极寻求买家的犯罪嫌疑人，已具备实施毒品犯罪的意图，侦查机关借此机会安排特情介入，诱惑犯罪嫌疑人实施犯罪行为，然后抓获。"[1]在该种诱惑侦查情形中，鉴于毒品运输、交易等皆是在侦查机关的控制之下，不可能危及社会公众的生命健康，不可能具有严重的社会危害性，有必要认定为犯罪未遂。即便是在数量上达到乃至远远超过适用死刑的标准，也必须坚决摒弃死刑的适用。当然，如果在"提供机会"型诱惑侦查过程中，因为犯罪人自身的反侦查技术等原因导致侦查机关对毒品的运输、贩卖等"失控"，继而导致相应毒品犯罪既遂，便有必要以犯罪既遂来处理，但在量刑上可以酌情从轻处罚。

就"数量引诱"型诱惑侦查：虽然《大连会议纪要》规定，"对因'数量引诱'实施毒品犯罪的被告人，应当依法从轻处罚，即使毒品数量超过实际掌握的死刑数量标准，一般也不判处死刑立即执行"。但笔者认为，此规定明显不合理。如前所述，犯意引诱在本质上是"制造犯罪人"。对于数量引诱，虽然可以算作合法的诱惑侦查，但在本质上无异于加害犯罪人。以贩卖毒品为例，本来犯罪人只是贩卖少量毒品，可以判处较轻刑罚，而通过数量引诱却达到重刑或死刑的刑罚限度。另外，此种情形虽然强调"一般也不判处死刑立即执行"，但却存在如

---

[1] 温登平："论贩卖毒品犯罪的既遂与未遂"，载《山东警察学院学报》2018年第5期。

下问题：第一，并没有彻底堵截死刑立即执行的适用余地；第二，并没有排除普通死缓、死缓限制减刑、无期徒刑的适用余地，继而让犯罪人仍然面临过重的"徒刑"；第三，并没有否认侦查机关控制毒品运输、贩卖这一过程的实质，与犯罪未遂的立法目的背道而驰；第四，没有明确超过犯罪人本来走私、贩卖或运输的毒品数量的部分应当如何处理。

基于《大连会议纪要》在数量引诱方面的上述疑问，笔者认为，"数量引诱"型诱惑侦查与"提供机会"型诱惑侦查一样，如果实施方式、适用程序等皆合法，应当肯定其正当性，不过对于超过犯罪人走私、贩卖、运输毒品等本来的数量，原则上应当予以扣除。并且，鉴于该种类型的诱惑侦查实质上仍然是处于侦查机关的控制下所进行的毒品犯罪，因而除非控制中途基于犯罪人的反侦查等原因而导致"失控"，否则原则上有必要将相应毒品犯罪认定为犯罪未遂。[1]

另外，即便是在"数量引诱"型诱惑侦查中，基于犯罪人的反侦查等原因而导致侦查机关中途有所"失控"，是否一定认定为犯罪既遂，还有必要检讨相应毒品犯罪应有的既遂标准。

以贩卖毒品罪为例，对于在何种情形下贩卖毒品的行为才能被认定为既遂，学术界与实务界至今仍没有达成一致意见。

"收购""出卖"任一行为完成说认为，贩卖毒品通常包括低价买入与高价卖出两个阶段，但无论是买入还是卖出，只要其中一个阶段的行为实施完毕，就构成犯罪既遂。[2]这种观点的实质是认为以出卖为目的购买毒品也是贩卖毒品罪的独立型态，以出卖为目的购买毒品完成，即认为是贩卖毒品罪既遂；

---

〔1〕 参见温登平："论贩卖毒品犯罪的既遂与未遂"，载《山东警察学院学报》2018年第5期。

〔2〕 参见陈兴良：《罪名指南》，中国政法大学出版社2000年版，第1278页。

如果不是购买来的毒品，而是通过其他手段获取的毒品，则以卖出毒品为既遂。但这种观点存在模糊性，什么是买入？什么是卖出？是毒品交易协议达成为既遂还是毒品实际交付为既遂？对于这些问题，该观点并未阐述清楚。

买卖协议达成说认为，贩卖毒品罪既遂的标准是卖出，而卖出的标准是达成买卖协议，至于毒品是否交付在所不问。[1] 这种观点认为，贩卖行为的核心是卖出，以出卖为目的购买毒品尚不能被认为是贩卖毒品既遂。但该观点对卖出的理解是达成买卖协议，而不需要现实的履行该协议，将贩卖毒品的预备行为过度实行化。

开始出卖毒品说认为，贩卖毒品罪既遂标准是开始实施毒品出卖行为。[2] 这种观点认为，贩卖毒品罪是行为犯而非结果犯，只要行为人开始出卖毒品，就已经成立既遂。这不仅符合打击毒品犯罪的现实需要，也符合人民法院的司法实践。[3] 但其却存在两个难以克服的问题：其一，何谓开始出卖，显然存在内在的模糊性，难以指导司法实践。其二，如果将开始实施毒品交付行为（如备货、准备发货等）认定为既遂，则是将贩卖毒品罪视为举动犯。然而，即便是赞成举动犯概念的学者，也不赞成贩卖毒品罪一着手就已经既遂。[4]

极端既遂标准说认为，对于实践中出现的极为典型的未遂案件，应按照犯罪未遂处理，例如毒品若是祖传下来的，尚未

---

〔1〕参见赵秉志：《疑难刑事问题司法对策（二）》，吉林人民出版社1999年版，第298页。

〔2〕参见张穹：《刑法各罪司法精要》，中国检察出版社2002年版，第751页。

〔3〕参见金泽刚：《犯罪既遂的理论与实践》，人民法院出版社2001年版，第347页。

〔4〕参见曾粤兴、贾凌："走私、贩卖、运输、制造毒品罪形态研究"，载《中国人民公安大学学报》2002年第2期。

出手即被查获,可认定为犯罪未遂,而毒品交易双方已经明确约定了交易地点的,即使尚未见面,在路途中被抓获,对卖方也应认定为犯罪既遂,因为其是为贩卖而购买或走私、制造的毒品。[1]然而,按照此种观点,其既遂标准比贩卖协议达成说更为提前,显然不妥当。

毒品交付说认为,贩卖毒品既遂的标准是毒品交付,仅仅达成买卖协议,尚不能认定为交付。[2]同时,该观点还认为,贩卖毒品的核心是卖出,以出卖为目的购买毒品不能被认定为贩卖毒品罪的既遂。该观点虽然在一定程度上推迟了毒品犯罪的既遂时间,但整体上是妥当的。一方面,确定贩卖毒品罪的既遂标准,必须符合犯罪既遂的一般理论,必须根据抽象危险犯这一本质特征。贩卖毒品罪的法益是公众健康,其可罚性在于毒品转让行为接近毒品使用者,从而对毒品使用者的身心健康具有现实的危险性。贩卖毒品罪的既遂,形式上必须齐备构成要件,实质上必须迫近买受人的支配范围,并对毒品使用者或者潜在使用者造成现实危险。另一方面,基于体系解释,以毒品实际交付作为既遂标准得到了刑法条文的认可。从《刑法》第355条可以看出,构成贩卖毒品罪的客观要件是"提供"。无论是基于"提供"的语义逻辑还是基于相应条文中的内在目的,其显然指的是交付,否则将会造成立法语义以及规范目的上的冲突。

基于上述分析,笔者支持毒品交付说,认为在"数量引诱"型诱惑侦查中,基于对犯罪人的反侦查等原因而导致侦查机关

---

[1] 参见张军:"在全国部分法院审理毒品犯罪案件工作座谈会上的讲话",载中华人民共和国最高人民法院刑事审判第一、二、三、四、五庭主办:《刑事审判参考》(2009年第2集),法律出版社2009年版,第212页。

[2] 参见张明楷:《刑法学》(第5版),法律出版社2016年版,第1147页。

中途有所"失控",是否应认定为犯罪既遂,关键要看毒品是否实际交付。

### 三、量刑情节的认定问题

在规范化量刑的背景下,量刑在本质上并非"刑之量化",而是"刑之裁量"。[1]作为刑罚的裁量活动,量刑情节如何妥当认定是至关重要的一个环节,对于整体上立足于"严打"刑事政策的毒品犯罪,如何准确认定量刑情节是毒品犯罪妥当量刑的关键。纵观影响走私、贩卖、运输等毒品犯罪的量刑情节,影响犯罪人责任刑情节,体现社会危害性大小的主要有毒品的数量、种类、纯度,犯罪的形态,犯罪人在共犯中的地位与作用,诱惑侦查或特情引诱,等等;影响犯罪人预防刑的情节、体现犯罪人之人身危险性大小的主要有累犯、再犯情节,自首、坦白、立功情节,等等。基于理论是实践的考察,关于毒品犯罪量刑情节的认定难题,主要集中在毒品的数量、种类与纯度,累犯、再犯的认定这两个问题上。

(一)毒品的数量、种类与纯度的认定问题

1. 毒品数量

对于走私、贩卖、运输等毒品犯罪而言,毒品的数量既是定罪情节,也是量刑情节。从定罪的角度而言,不管数量多少,只要有即可入罪。不过需要有所限制的是,作为定罪情节的数量,必须符合走私、贩卖、运输的数量。但对作为影响量刑情节的毒品数量不能一概而论,需要严格区分。具体而言,可以分为增加责任刑情节的数量和升格法定刑的数量。升格法定刑的数量对量刑的影响相对简单,达到升格法定刑档次即可。而

---

[1] 石经海:"'量刑规范化'解读",载《现代法学》2009年第3期。

增加责任刑情节的数量，对于相同毒品数量的增长是否应当统一基准刑的调节度却是一个值得思考的问题。

从《人民法院量刑指导意见》来看，其依据《刑法》第347条规定了不同毒品数量在不同法定刑档次内的起点刑，但并没有规定同一法定刑幅度内毒品数量相应增长基准刑的调节度。2021年"两高"《关于常见犯罪的量刑指导意见（试行）》仍然未明确这些。由此导致实践中出现了相同毒品数量增长基准刑调节幅度不同的情况。

基于前述问题，实践中部分法官认为，每个地方毒品犯罪的严重程度不一样，量刑时当然应有所区分。回到理论上，学术界对此问题似乎也是"先知先觉"：主流观点认为，各地的禁毒情形不一样，相同毒品数量对应基准刑的调节度需要结合各地的实际情况而定，尤其是对毒品犯罪死刑案件，这符合打击毒品犯罪的实际需要，更有利于有效地惩治毒品犯罪。[1]

不可否认，单纯从毒品犯罪的地域性发展特点来看，实务界和学术界的主流观点是值得推崇的，但值得商榷之处也相当明显：第一，为了"严打"毒品犯罪而因地制宜地规定毒品数量的基准刑调节幅度并非合理。犯罪的发生往往是在特定环境因素下基于意志自由选择的结果，[2]当甲地"严打"毒品犯罪时，犯罪人可能会流窜到乙地；当甲地的禁毒形势有所好转时，乙地的禁毒形势却又变得严峻起来。如此循环下去，似乎各地的禁毒形势都很严峻——以前的毒品犯罪重灾区是云南、广西、新疆，现在的毒品犯罪重灾区又有北京、上海、广东等。因此，

---

[1] 参见高贵君：《毒品犯罪审判理论与实务》，人民法院出版社2009年版，第727页。

[2] 参见［日］平野龙一：《刑法的基础》，黎宏译，中国政法大学出版社2016年版，第30页。

简单地"因地制宜"调节量刑基准,非但起不到"严打"的实质作用,反而从侧面增加了毒品的流动性,催生了更多的毒品犯罪。第二,刑法的适用需要讲究明确性。[1]某省的禁毒形势是否严峻的结论往往是通过大数据得出的,而仅仅通过相关大数据来说明某地的禁毒形势是否严峻,显然并不准确。[2]换句话说,即使某省的大数据表明了禁毒形势的严峻程度,但并非该省每个市的禁毒形势都是如此。如果仅仅通过相关大数据得出禁毒形势,进而"因地制宜"地制定基准刑的调节幅度,明显损害了国民的行动自由和对行为的预测。第三,所谓"因地制宜"调节基准刑幅度,不但没有体现罪刑均衡,反而会导致罪刑失衡。如就增加相同数量的海洛因而言,禁毒形势严峻的云南省的基准刑调节力度明显小于禁毒形势相对缓和的湖北省。这便造成了一个悖论:禁毒形势严峻的地区,相同毒品数量的增长,刑罚力度增长较小,而禁毒形势相对缓和的地区,相同毒品数量的增长,刑罚力度增长较大。

基于上述三点主要理由,笔者认为,在同一法定刑档次内,根据毒品数量的增长统一基准刑的调节幅度是相对合理的。一方面,笔者并非一概反对"严打",而是提倡要"科学严打"。相同数量的毒品基准刑调节幅度不同,除了会让犯罪分子觉得处罚不公以外,还会间接指示他们向刑罚力度相对薄弱的地区"进军",让他们"有空可钻""有利可图"。另一方面,相同数量的毒品而基准刑调节幅度不同,在继续"严打"的刑事政策

---

[1] 参见陈兴良:"中国刑法中的明确性问题",载梁根林、[德]埃里克·希尔根多夫主编:《中德刑法学者的对话——罪刑法定与刑法解释》,北京大学出版社2013年版,第14页。

[2] 参见贾银生:"运输毒品罪死刑的适用——兼评《武汉会议纪要》中的相关规定",载《西部法学评论》2016年第3期。

下，不但不会缓解毒品犯罪重灾区的禁毒形势，反而容易使其他地区也成为毒品犯罪重灾区，进而使各地的毒品犯罪愈来愈多。

2. 毒品种类

就走私、贩卖、运输毒品等毒品犯罪而言，毒品种类都是与毒品数量结合影响量刑的。并且，毒品的种类与毒品数量结合，不但会影响法定刑档次的选择，也会影响同档次内的责任刑情节、影响基准刑的调节。[1]

从《刑法》第347条来看，对毒品种类的表述主要有"鸦片""海洛因""甲基苯丙胺"和"其他毒品"。当然，对于"其他毒品"的种类和数量主要由司法解释予以规定。如果行为人贩卖的是鸦片、海洛因或甲基苯丙胺，对法定刑的选择和对基准刑的调节直接按照立法条文和各地《常见犯罪量刑指导意见实施细则》处理即可。但如果行为人贩卖的是"其他毒品"尤其是新类型毒品，对法定刑的选择和对基准刑的调节如何处理、司法解释的规定是否合理等问题值得思考。

2016年4月11日起施行的《毒品案件解释》第1条、第2条详细地规定了30种毒品的定罪量刑标准，对"其他毒品"及其数量对量刑的影响作出了相对科学的解释。但部分种类毒品数量所对应的法定刑档次是否妥当是值得探讨的。同时，该解释只规定了30种毒品的法定刑选择标准，没有规定基准刑的调节标准，对于指导司法实践来说，存在欠缺。

---

[1] 前者如贩卖的数量都是500克，但甲贩卖的是鸦片、乙贩卖的是甲基苯丙胺，排除其他情节，对甲基本是在法定刑7年以上有期徒刑内量刑，而对乙则就是15年有期徒刑、无期徒刑或死刑。后者如贩卖的数量都是300克，但A贩卖的是芬太尼、B贩卖的是甲卡西酮，排除其他情节，最终对B的刑罚力度很明显要重于A。

从部分种类毒品数量所对应的法定刑档次来说：2016年《毒品案件解释》在2007年《毒品犯罪意见》的基础上将氯胺酮的量刑标准下调一倍，使贩卖氯胺酮的入罪标准和死刑标准大大降低。对此，在答记者问中，方文军审判长主要持有三点理由：一是氯胺酮在我国滥用严重，仅次于甲基苯丙胺和海洛因；二是滥用氯胺酮造成的现实危害性不断加大，经常导致大量自伤自残、暴力犯罪和毒驾；三是我国制造、贩卖氯胺酮犯罪近年呈迅速增长的势态。[1]

毋庸讳疑，氯胺酮在我国滥用严重，近年来，我国制造、贩运氯胺酮犯罪迅速增长已是一个不争的事实。但滥用氯胺酮是否一定造成大量自伤自残和毒驾现象却并没有得到详细考证。尤其是对毒驾而言，并没有数据予以佐证，否则毒驾就应当入刑。[2]这是其一。其二，从最新的医学实证研究角度来看，滥用氯胺酮主要是成瘾而并非致幻；滥用氯胺酮不会引发大量的盗窃、毒品犯罪行为，也不会引发大量的暴力性犯罪。[3]方文军审判长认为2016年《毒品案件解释》将氯胺酮的量刑标准下

---

〔1〕 参见最高人民法院："关于举办《最高人民法院关于审理毒品犯罪案件适用法律若干问题的解释》新闻发布会"，载中国法院网：http://www.chinacourt.org/article/subjectdetail/id/MzAwNEhLMoABAA==.shtml，2019年11月17日访问。

〔2〕 在《刑法修正案（八）》与《刑法修正案（九）》草案征求意见时，社会各界都呼吁毒驾入刑，而最终毒驾也并未入刑。这充分说明，在我国，毒驾并非常态，并非值得科处刑罚。在此说来，认为滥用氯胺酮后易导致毒驾多发是没有充分依据的。

〔3〕 贵州医科大学公共卫生学院、北京大学中国药物依赖性研究所、北京大学公共卫生学院三家机构的7位医学专家对广东、浙江、湖北、安徽四省强制隔离戒毒所、自愿戒毒医院进行戒毒治疗的138名氯胺酮成瘾者成瘾过程和滥用危害展开调查，滥用氯胺酮的主要后果是毒品成瘾，患者心里总想着"K粉"；因滥用氯胺酮而从事违法偷窃等行为的只有10.9%；因滥用氯胺酮而从事暴力性违法行为或犯罪的只有29%。参见王子云等："138名氯胺酮成瘾者成瘾过程和滥用危害调查"，载《中国药物依赖性杂志》2016年第1期。

调一倍的重要原因是滥用氯胺酮会引发大量两抢一盗犯罪和大量暴力性违法犯罪，难免属于主观臆断。其三，从毒品的换算标准来看，500克氯胺酮基本等于25克海洛因。而25克海洛因所对应的法定刑档次是7年以上有期徒刑，500克氯胺酮所对应的法定刑却是15年有期徒刑、无期徒刑或死刑。这明显造成了罪刑失衡，违反了罪刑均衡原则。基于此，笔者认为，从科学打击贩卖、制造氯胺酮犯罪的角度来说，以氯胺酮换算为海洛因的标准确定法定刑档次，维持2007年《毒品案件意见》所确定的数量更具有相对合理性。

从"其他毒品"类型和数量所对应的基准刑调节幅度来说，2016年《毒品案件解释》对此并没有作出明确规定。然而，其在2007年《毒品案件意见》的基础之上新增了包括芬太尼、甲卡西酮、曲马多、γ-羟丁酸、尼美西泮等12类新类型毒品的标准，而各地的《常见犯罪量刑指导意见实施细则》却又没有制定此12种新类型毒品数量所对应的量刑基准。这样势必会造成实践中对该12种新类型毒品的基准刑调节混乱。同时，一旦采取"严打"毒品刑事政策，贩卖该12类新类型毒品的犯罪分子必然容易受到过于严苛的处罚。

为克服前述弊端，妥当的做法应当是首先将该12类新类型毒品的数量与海洛因进行换算，根据换算成海洛因的数量标准统一调节基准刑。另外，在这12类新类型毒品中，除芬太尼、甲卡西酮外，成瘾性都相对较轻缓，且入罪标准数量较大，在数量刚好达到入罪标准时，可以根据《刑法》第37条定罪免处，如果有自首、立功等法定或酌定从轻、减轻处罚情节，可以根据《刑法》第13条"但书"予以出罪。最后，对于该12类新类型毒品数量所对应的法定刑档次在3年以上7年以下有期徒刑，7年以上有期徒刑和15年有期徒刑、无期徒刑、死刑的，可以适当从宽处理，尤其是在数量达到可能判处死刑的情形时，要尽量从医学的角度考虑其成瘾性、戒断性、危害性，尽可能适用死缓。[1]

3. 毒品纯度

虽然《刑法》第 357 条第 2 款规定，毒品数量查证属实后不以纯度折算，但该款实施以后几乎遭到了学术界压倒性的反对。[2]如前文所述，该条因规定范围过宽所引发的立法冲突与漏洞，导致毒品数量不以纯度折算存在弊端。反之，以纯度折算符合毒品犯罪的法益，符合罪刑均衡原则，公安机关的鉴定技术可以支持，且具有可操作性。

从关于毒品犯罪的三个会议纪要（即《南宁会议纪要》《大连会议纪要》与《武汉会议纪要》）来看，毒品的纯度不影响定罪，也不影响法定刑档次的选择，只是影响法定刑档次内基准刑的调节。相对于《刑法》第 357 条第 2 款而言，三个会议纪要对毒品纯度是否进行折算的态度还是好的，至少有利于被告人。但是，这样的态度明显过于保守。在笔者看来，毒品的纯度不但影响法定刑档次内基准刑的调节，也影响定罪、影响法定刑的选择。鉴于该条存在明显的立法漏洞，虽然应当秉持"立法漏洞立法填补"的原则，而不可借助解释者之手将不利结果推向被告人，[3]但在立法没有修改之前，唯有通过解释论予以尽量消解。因而，就毒品的纯度影响定罪，笔者暂不

---

〔1〕 参见梅传强、伍晋："毒品犯罪死刑控制的教义学展开——基于 122 份二审死刑判决书的实证研究"，载《现代法学》2019 年第 5 期。

〔2〕 参见李运才：《毒品犯罪的死刑限制与废止》，中国人民公安大学出版社 2013 年版，第 70~71 页；赵秉志、阴建峰："论中国毒品犯罪死刑的逐步废止"，载《法学杂志》2013 年第 5 期。

〔3〕 参见邓子滨：《中国实质刑法观批判》（第 2 版），法律出版社 2017 年版，第 176 页。

## 第四章 毒品犯罪的司法认定

予讨论，现就毒品的纯度影响量刑检讨如下：

首先，毒品的纯度应当影响法定刑的选择。任何法定刑的设置都是对犯罪人痛苦的加担，而对犯罪人痛苦的加担必须符合刑罚的正当化根据。就刑罚的正当化根据而言，现行大陆法系的刑事立法基本都是以报应为基准的并合主义。[1]换言之，首先需要根据犯罪人有责任的违法行为事实考虑责任刑，然后再基于责任考虑预防刑，如果相反则会造成二律背反现象。[2]从刑罚的正当化根据来讲：法定刑档次的确定，首先要考虑对犯罪的报应，然后是在报应之下对犯罪的消极一般预防和特殊预防。如果犯罪的预防越过了报应的藩篱，势必会造成二律背反现象。[3]

对于走私、贩卖、运输毒品等毒品犯罪而言，即便毒品数量达到相应法定刑档次的标准，但如果毒品纯度过低，仍然在单纯数量所对应的法定刑档次内确定基准刑和宣告刑势必会显得过于注重对犯罪的预防，让预防超越了报应。回顾1994年《关于执行〈全国人民代表大会常务委员会关于禁毒的决定〉的若干问题的解释》第19条的规定："海洛因的含量在25%以上的，可视为《决定》和本解释所指的海洛因。含量不够25%的，应当折合成含量为25%的海洛因计算数量。"虽然该解释并非完全以纯度计算毒品数量，但对纯度低于25%的毒品以纯度计算，

---

[1] 如《德国刑法》第46条第1项规定："犯罪人的责任是量刑的基础，量刑时应考虑刑罚对犯罪人将来社会生活产生的影响。"《日本改正刑法草案》第48条第1项规定："刑罚应当根据犯罪的责任量定。"《瑞士刑法》第63条、《奥地利刑法》第32条等也都基本如此。我国刑法更是如此：我国《刑法》第5条明文规定"刑罚的轻重，应当与犯罪分子所犯的罪行和承担的刑事责任相适应。"

[2] 参见张明楷：《责任刑与预防刑》，北京大学出版社2015年版，第80~83页。

[3] 参见张明楷：《责任刑与预防刑》，北京大学出版社2015年版，第174页。

至少反映出了当时司法的态度是相同数量的毒品，纯度低于25%的，社会危害性相对较小，考虑到了量刑时应当首先关注报应、应当以报应为基准。回顾近15年来毒品犯罪打击得越严，犯罪数和涉案人数越多的"怪相"，笔者认为，适当放宽"严打"力度、对毒品纯度进行一定量的折算具有相对合理性。至少对贩卖毒品但纯度过低的犯罪分子可以有机会降格选定法定刑档次。

其次，应当修改《关于常见犯罪的量刑指导意见》，具体划分毒品纯度所对应的基准刑调节幅度。关于毒品犯罪的三个会议纪要都指出了毒品纯度对量刑的影响，尤其是对可能判处死刑的影响，但《关于常见犯罪的量刑指导意见》对此并没有作出明确回应。纵观一些实务部门的态度，不但前后矛盾，而且显得过于武断：没有准确而统一的基准刑调节幅度，必然会导致量刑不公。从规范化量刑的角度来说，公正的刑罚裁量并非追求形式上的"同案同判"，而是实质上的"同案同判"。[1]对于同一影响责任刑的情节，在基准刑的调节上就应当统一。毕竟，法律正义是量刑公正的追求，而平等正是正义的形式。[2]因此，笔者建议最高人民法院修改《关于常见犯罪的量刑指导意见》，具体划分毒品纯度所对应的基准刑调节幅度。

（二）累犯、再犯的认定问题

毒品犯罪累犯、再犯的认定问题，在实质上主要是讨论毒品犯罪再犯的从重如何适用的问题。根据《刑法》第356条的规定，因走私、贩卖、运输、制造、非法持有毒品犯罪被判过

---

〔1〕 参见白云飞：《规范化量刑方法研究》，中国政法大学出版社2015年版，第16页。

〔2〕 ［德］阿尔图·考夫曼：《法律哲学》（第2版），刘幸义等译，法律出版社2011年版，第176页。

刑后又再次犯毒品犯罪的，要从重处罚；根据《刑法》第65条的规定，毒品犯罪累犯的也要从重处罚。然而，对同一犯罪事实，在预防刑的裁量上不可能进行两次评价。在此说来，如果不厘清两者的关系，在"严打"毒品犯罪的势态下，很容易对犯罪人进行重复评价，以至于违背罪刑均衡原则。现就主要问题讨论如下：

1. 毒品犯罪再犯的性质

再犯，有最广义、广义与狭义之分。一般而言，最广义的再犯指犯罪人一而再再而三地犯罪；所谓的广义再犯指前罪判决生效后再次犯罪；所谓的狭义再犯仅指《刑法》第356条所规定的针对毒品犯罪的再犯，即毒品犯罪的犯罪人之前因犯《刑法》第347条、第348条所规定之罪被判刑，判决生效后任何时期再次犯《刑法》分则第六章第七节之罪的情形。当然，笔者本书所讨论的再犯就是指狭义的再犯。

毒品犯罪中再犯的性质在学术界争议颇大，存在"特殊累犯说""特殊再犯说""注意规范说"等学说之争。

在特殊累犯说看来，虽然毒品犯罪中的再犯与《刑法》第66条所规定的特殊累犯有差异，但从成立要件、法律后果的属性来看，两者在性质上无异，故而毒品犯罪的再犯也可以被称为毒品犯罪累犯。[1]

笔者认为，很明显，特殊累犯说基于实然性的见地，认为毒品犯罪再犯虽然不同于特殊累犯但在性质上与特殊累犯无异的观点属于"明知不同而等同视之"的类推解释，明显冲击着罪刑法定的刚性底线。

---

[1] 参见张艳、张帅："刑法典第356条立法完善之探析"，载《天津市政法管理干部学院学报》2002年第3期。

就特殊再犯说，有学者认为，再犯在刑事犯罪中一直存在，但其属于非刑法学意义上的称谓，而我国刑法总则并没有此说法，毒品犯罪的再犯明显是针对再犯的特殊规定。[1]还有学者认为，虽然我国刑法总则中没有再犯的规定，但再犯在本质上是存在的，并且与累犯在性质上也不一样，更不需要"刑罚执行完毕"这一要素。《刑法》第356条所规定的再犯之所以具有特殊性：一是基于总则没有再犯的一般性规定而特殊；二是特别针对毒品犯罪，并且区别于毒品犯罪累犯而特殊。这也得到了《南宁会议纪要》等司法解释或准司法解释的认可。[2]

笔者也不同意此观点。在笔者看来，虽然再犯在犯罪学中广而存在，但这只是犯罪学中的概念，和《刑法》第356条中的再犯概念并不一样，不能适用到刑法中。这和犯罪学中的"犯罪"概念不能适用到刑法中一样。这是其一。其二，如果说第356条的再犯因与其毒品犯罪的累犯相比而特殊，因而属于特殊再犯，这不但属于典型的循环论证，还面临一个无法回答的问题——毒品犯罪中的"一般累犯"在哪里呢？

注意规范说认为，刑法规范的内容一般只有两种：一种是注意性规范，即解释结论与条文内容的要求一致，只是一种提示性的规定而已；另一种是法律拟制，即解释结论与条文内容的要求并非一致，只是从处罚公正的角度考虑而以立法的形式进行拟制等同。现今的刑法理论已经由行为刑法向行为人刑法转变，基于行为人刑法的基本立场，行为人触犯《刑法》第347条、第348条本已经表明其主观恶性、人身危险性严重，如果再犯毒品犯罪，其主观恶性、人身危险性就更重了，因而要从

---

[1] 周国平："浅议再犯的刑事立法及其完善"，载《学海》1997年第2期。
[2] 参见袁登明："毒品再犯制度适用问题研究"，载《法律适用》2014年第9期。

重处罚。是故,《刑法》第 356 条中的再犯属于刑法规范中的注意性规范。[1]

虽然注意规范说的论证颇有道理,但笔者仍然难以支持。我国刑法已进入客观主义时代,刑罚更加关注的是行为而非行为人的危险性格。该论者的观点明显偏向一元行为无价值论的立场——认为行为虽然是犯罪的基础,但行为并非重要,行为再次表现出危险性才是预防的关键。

在笔者看来,《刑法》第 356 条之所以在整个刑法体系中"突然性"地规定"再犯"和"毒品犯罪再犯从重",主要是基于刑事政策和特殊预防的考虑。首先,就基本立场选择而言,侧重于关注法规范的教育与法忠诚感的训练、犯罪人的人身危险性等是好的,毕竟刑罚的主要目的还是预防犯罪。但我国的法规范秩序尚未十分完善,如果在此条件下过于关注规范的教育、关注人身危险性对犯罪预防的影响无疑会造成诸多处罚不当的后果。如劳东燕教授认为,就目前而言,只有恪守客观主义、关注犯罪行为才有利于司法公正的实现。[2]然后,就该条,1997 年《刑法》之所以重点针对前罪是走私、贩卖、运输、制造毒品罪和非法持有毒品罪而设置再犯从重制度,主要是基于 1997 年《刑法》前期"严打"毒品的刑事政策。立法之所以能预见贩卖毒品等犯罪需要"严打",其中缘由可想而知,但设立毒品犯罪再犯制度在本质上就是刑事政策的刑法化。再次,在刑法解释的研究范畴内,解释刑法以客观解释论为立场已是主流

---

[1] 参见陈伟:"1997 年《刑法》第 356 条定性之研究",载《法商研究》2013 年第 3 期。
[2] 参见劳东燕:"结果无价值论与行为无价值论之争的中国展开",载《清华法学》2015 年第 3 期。

观点。[1]基于客观解释的立场，必须关注毒品犯罪的时代特点以及打击毒品犯罪的时代效果。随着时代的发展，在目前来看，毒品犯罪越打越多，针对毒品犯罪政策也是实行"厉刑禁毒"的从严政策。基于从严政策，毒品犯罪的贩卖毒品罪等的再犯从重处罚似乎也是必然的。最后，不可否认，贩卖毒品罪等毒品犯罪的犯罪人如果在判刑后再次犯毒品犯罪，其个人的再犯可能性无疑是增大的，即使没有立法的规定，也会以此作为酌定的从重处罚情节。因而，《刑法》第356条也是针对毒品犯罪的犯罪人的特殊预防。

2. 毒品犯罪累犯与再犯的关系

累犯与再犯在法律性质上关联紧密，两者既有区分，也存在竞合的部分。就竞合部分而言，累犯与再犯的竞合主要在一般累犯与再犯竞合的区间内。这一区间即毒品犯罪的犯罪人之前因犯《刑法》第347条、第348条所规定之罪，刑罚执行完毕5年之内又犯毒品犯罪的情形。就区分而言，两者的区分主要有：①后罪成立累犯的基本要求是前罪刑罚执行完毕，而再犯没有此要求；②成立累犯前罪的刑罚力度是被判处有期徒刑以上，而再犯没有此规定；③成立累犯的期间要求是5年以内，而再犯也没有此要求；④就前罪范围而言，累犯只要求是一般性的故意犯罪（包括毒品犯罪），而再犯的范围只限于第347条、第348条所规定之罪。通过区分对比可知，就毒品犯罪累犯与再犯的关系而言，毒品犯罪的一般累犯必然属于毒品犯罪的再犯，而毒品犯罪的再犯并非完全属于一般累犯。

通过对毒品犯罪累犯与再犯关系的梳理可知，毒品犯罪累

---

[1] 参见王政勋：《刑法解释的语言论研究》，商务印书馆2016年版，第75页；劳东燕："能动司法与功能主义的刑法解释论"，载《法学家》2016年第6期。

犯与再犯在刑罚适用上必须分两步走：先关注累犯与再犯竞合时如何量刑，再关注单独再犯时如何量刑。当然，值得检讨的主要是累犯与再犯竞合时如何处理。

首先，就毒品犯罪累犯与再犯竞合的情形，从关于毒品犯罪的三个会议纪要来看：《南宁会议纪要》的规定是一律适用再犯的规定；《大连会议纪要》的规定是同时引用累犯与再犯从重处罚的条款；《武汉会议纪要》的规定是同时引用，但只能从重评价一次。在笔者看来，三个会议纪要的态度都是值得商榷的。《南宁会议纪要》对贩卖毒品罪累犯与再犯的态度必然会造成一个悖论：如果前罪是其他犯罪后罪是犯罪毒品罪的累犯，根据《刑法》第74条和第81条第2款的规定，则不能适用缓刑和假释，[1]而前罪后罪都是贩卖毒品罪的累犯，因一律认定为再犯而可以适用缓刑和假释。《大连会议纪要》对贩卖毒品罪累犯与再犯的态度必然会引发重复评价的问题。否则，《武汉会议纪要》不会对此作出特别修正——只能从重评价一次。虽然《武汉会议纪要》对此作出了修正，但这并不表示《武汉会议纪要》的修正就是合理的。虽然对贩卖毒品罪累犯和再犯只重复评价一次，但对于究竟以何为基准进行重复评价却没有说明。从各省、直辖市、自治区高级人民法院的《常见犯罪量刑指导意见实施细则》来看，累犯基准刑的增加幅度明显大于再犯基准刑的增加幅度，如果任意选择一个从重，在两者基准刑增加幅度不同的情形下，必然造成处罚不公。《武汉会议纪要》还规定："对于因不同犯罪前科同时构成累犯和毒品再犯的被告人，量刑时的从重处罚幅度一般应大于前述情形。"这更不合理。刑法之所以规定累犯、再犯从重，从特殊预防的角度来说，是因为犯

---

[1] 当然，在实践中，累犯基本没有适用缓刑的可能。

罪人并没有体会之前犯罪的痛苦，并没有认真悔过。但前罪后罪不同类型的累犯并不一定表明犯罪人没有体会之前犯罪的痛苦，虽然立法规定一定要从重，但至少学术界与实务界的通说认为，累犯前罪后罪不同类型的情形，从重幅度应当区分前罪与后罪的犯罪性质、情节。[1]并且，《人民法院量刑指导意见》对累犯基准刑的调节幅度也是如此。相同的道理，对于因不同前科同时构成贩卖毒品罪累犯和再犯的情形也是如此。因此，有必要先区分不同前科的犯罪性质、情节和与累犯、再犯之间的关系，在此基础上再决定从重的幅度。

其次，就毒品犯罪累犯与再犯竞合的情形，从学术界的态度来看，主流观点认为，"在毒品再犯和一般累犯发生竞合的情形下，应仅适用累犯的规定；在构成毒品再犯而不构成累犯的情形下，应排除累犯的适用，仅依照毒品再犯的规定从重处罚"。[2]另外，有少数学者认为，应当整体维持《大连会议纪要》的意见，不区分具体以何为基准进行从重，需要变动的是，在对其依法从重处罚之后，对该毒品犯罪不能适用缓刑、不能适用假释。[3]笔者倾向于主流观点。一方面，累犯基准刑的调节幅度和再犯基准刑的调节幅度在实践中本身差异就大，如果任选其一适用，必然有失公正。另一方面，既然已经选定依法从重了，为何还要进一步从重——不能适用缓刑、假释。这无

---

[1]　参见方文军："死刑缓期执行限制减刑制度的司法适用"，载《法律适用》2011年第8期。

[2]　参见胡东飞："毒品累犯与毒品再犯竞合之处理"，载《法商研究》2017年第1期；张明楷：《刑法学》（第5版），法律出版社2016年版，第1150页；李岚林："我国毒品再犯制度之反思与重构"，载《河南财经政法大学学报》2014年第2期；李炜、华肖："论毒品再犯与一般累犯之适用关系"，载《法学》2011年第9期。

[3]　参见袁登明："毒品再犯制度适用问题研究"，载《法律适用》2014年第9期。

疑加重了贩卖毒品犯罪人的责任刑，比《武汉会议纪要》的规定还重，在本质上无异于重复评价。

### 四、毒品犯罪的死刑适用

众所周知，走私、贩卖、运输、制造毒品等毒品犯罪属于典型的"无被害人"犯罪，无论是从等量报应论的角度来看还是从等价报应论的角度来看，即便严重侵害国家的毒品管理秩序，也不应当适用死刑。但基于法教义学的立场，既然《刑法》第347条明确了死刑的存在，便有必要认真对待。总体而言，毒品犯罪属于一种违反毒品管理秩序的"经济型"犯罪。从单纯的犯罪链条来看，制造毒品属于上游犯罪，贩卖毒品属于下游犯罪，而走私、运输毒品属于为贩卖毒品提供帮助的中游犯罪。因而，如若一定要适用死刑，原则上应当针对制造毒品和贩卖毒品，而对于走私、运输毒品的行为，应当慎用死刑乃至逐步废除死刑。但从《武汉会议纪要》的政策导向来看，当前的司法实践尚未进行实质性转变。

（一）实践反思

1. 对毒品犯罪死刑适用的政策导向依旧延续整体从严的立场

宽严相济刑事政策是对惩办与宽大相结合刑事政策的继承和发展，其不仅是刑事立法的指导政策，也是刑事司法的指导政策。就宽严相济刑事政策的精神实质而言：一方面，其并非以"严"为基调，而是以"宽"为基调；另一方面，对"严"的理解，应当是"严密刑事法网"和"严密防范"，而并非"严打"。[1]对

---

〔1〕 参见储槐植、赵合理："国际视野下的宽严相济刑事政策"，载《法学论坛》2007年第3期。

于毒品犯罪，如有学者所言，其"属于无被害人的犯罪、社会危害性小"。[1]"严打"毒品犯罪尤其是以最严厉的刑罚——死刑——来处遇，不但不能治标和治本，反而会造成毒品犯罪的持续增长。

从 2000 年至 2016 年的禁毒报告统计结果来看，"严打"毒品犯罪，虽然在个别年份数量有所下降，但整体上都在上升。1999 年至 2010 年这 12 年间，全国所破获的毒品犯罪刑事案件数量虽有起伏，但整体上由 64 900 余起升至 89 000 余起，犯罪人数也由 58 100 余人升至 101 000 余人。2011 年至 2015 年这 5 年间，毒品犯罪数量基本都在持续增长，且平均增长率达到了 14.2%。2011 年，全国破获毒品刑事案件 10.17 万起，抓获犯罪人 11.24 万人，同比分别上升 14%与 10.5%；2012 年破获毒品刑事案件 12.2 万起，抓获犯罪人 13.3 万人，同比分别上升 19.8%和 18.1%；2013 年破获毒品刑事案件 15.1 万起，抓获犯罪人 16.9 万人，同比分别上升 23.89%、26.75%；2014 年虽有所下降，但也基本与 2013 年持平，破获毒品犯罪案件 14.59 万起，抓获犯罪人 16.89 万人；2015 年破获毒品刑事案件 16.5 万起，抓获犯罪人 19.4 万人，同比分别增长 13.2%及 15%。[2]

针对毒品犯罪死刑的适用，《武汉会议纪要》指出："应当全面、准确贯彻宽严相济刑事政策，体现区别对待，做到罚当其罪，量刑时综合考虑毒品数量、犯罪性质、情节、危害后果、被告人的主观恶性、人身危险性及当地的禁毒形势等因素，严格审慎地决定死刑适用，确保死刑只适用于极少数罪行极其严

---

[1] 参见赵秉志、阴建峰："论中国毒品犯罪死刑的逐步废止"，载《法学杂志》2013 年第 5 期。

[2] 以上数据来源于近 15 年来《中国禁毒报告》中的数据统计。参见中国禁毒网：http://www.nncc626.com/index/ndbg.htm，访问日期：2021 年 7 月 20 日。

重的犯罪分子。"可见，《武汉会议纪要》对宽严相济刑事政策精神的理解与学界基本一致，即宽严相济的本质不在"严"而在"宽"。

然而，《武汉会议纪要》对走私毒品（尤其是运输毒品犯罪）之死刑的适用政策的规定却值得反思。具体说来：①《武汉会议纪要》指出，对于运输毒品犯罪，应当继续按照《大连会议纪要》的精神，重点打击运输毒品犯罪集团的首要分子等。而《大连会议纪要》一方面是典型的"严"字当头；另一方面，即使强调"严"字当头，但也没有特别强调要对运输毒品犯罪集团的首要分子等进行严厉打击。②《武汉会议纪要》指出，"对其中依法应当判处死刑的，坚决依法判处"，不折不扣地继承了《大连会议纪要》的精神。而何为"应当判处死刑"，直接关系到对《刑法》第48条第1款的"死刑"与"罪行极其严重"的理解。实务界与学界的通说观点是，"罪行极其严重"即客观违法行为和主观恶性极其严重；与之对应的"死刑"就是死刑立即执行。如果以此理解与适用，《武汉会议纪要》对运输毒品罪死刑适用的原则性规定，无疑过于严苛，会导致死刑的过度适用。③《武汉会议纪要》没有进一步探讨针对运输毒品行为进行有效规制的刑事法网，没有进一步探讨如何严密防范运输毒品犯罪行为，而是以"厉而不严"的态度探讨运输毒品罪死刑的适用，也违背了宽严相济之"严"的精神实质。

2. 对受雇参与人适用死刑明显过重

以运输毒品的死刑适用态度为例，《武汉会议纪要》对受雇运输毒品的行为人是否适用死刑主要有以下四点表示：第一，原则上对受雇运输毒品的行为人慎重适用死刑，是否适用死刑不但需要综合考虑毒品数量、犯罪次数、犯罪的主动性和独立性、在共同犯罪中的地位作用等影响责任刑的情节，还要综合考虑主观恶性、人身危险性等影响预防刑的情节。第二，对有证据证明行为人系受人指使、雇用而运输毒品，同时又系初犯、偶犯的情形，即使毒品数量超过实际掌握的死刑数量标准，也可以不判处死刑；尤其是对于其中被动参与犯罪，从属性、辅助性较强，获利程度较低的行为人。第三，对于不能排除行为人系受人指使、雇用，初次运输毒品的情形，毒品数量超过实际掌握的死刑数量标准，但尚不属于数量巨大的，一般也可以不判处死刑。第四，一案中有多人系受雇运输毒品的情形，同时判处二人以上死刑的要特别慎重。

从以上四点我们可以看出，《武汉会议纪要》对受雇运输毒品的情形是否适用死刑，存在"仁慈"的一面，不再单纯以数量为标准，而是综合考量运输毒品过程中所有的责任刑情节和预防刑情节。同时，《武汉会议纪要》也表现出了对受雇运输毒品的情形适用死刑更加慎重的态度。

毋庸置疑，《武汉会议纪要》对受雇运输毒品的情形是否适用死刑所表现出的"仁慈"和谨慎态度是好的，但这明显还是不能让人满意，毕竟仍然存在死刑适用的必然性。具体说来，理由有三：其一，受雇运输毒品的行为属于帮助犯，在共同犯罪中只起辅助作用，只能作为从犯。根据《刑法》第27条第2款的规定，对受雇者就应当从轻、减轻或者免除处罚。死刑是最严厉的刑罚，如果作为主犯的雇主被判处死刑，那么作为从犯的受雇者就应当在死刑以下量刑才符合量刑的基本原理。其二，作为从犯的受雇者，也有被胁迫运输毒品的情形。如果只是一般性的胁迫，根据《刑法》第28条的规定，对受雇者至少应当减轻处罚，在刑罚裁量上更应该在死刑以下量刑，而不存在"慎用死刑"的说法。其三，按照《武汉会议纪要》的态度，一案中有多人系受雇运输毒品的情形，存在同时判处二人以上死刑的可能。这主要是在责任刑和预防刑之外，基于宣告刑而整体考虑共同犯罪罪刑均衡的问题。然而，在共同犯罪中，罪刑的均衡主要是考量主犯和从犯在责任刑上的均衡，而非预防刑上的均衡。[1]既然作为从犯的受雇者都不应当判处死刑，就更不可能有判处二人以上死刑的可能。其四，如果受雇者运输毒品完全是"基于被胁迫的意志支配、基于错误的意志支配或者基于权力组织性的意志支配"，[2]那么其只属于"犯罪工具"，其运输毒品的犯罪行为并不具有期待可能性。这种情形完全阻却了责任，根本不构成犯罪，更谈不上死刑适用的问题。

总体而言，单纯受雇运输毒品的行为在整个毒品犯罪过程中属于从属性地位，已是学界的有力观点。如有学者所言："运输毒品作为毒品犯罪的中间环节，地位次要。"[3]单纯受雇运输毒品的行为人大都为被雇佣的"马仔"或老幼、妇女、患病者等低收入人群，而并非毒品的制造者或交易者。这已是学界与实务界的共识。这些人并非是毒品的所有权人，并不能掌控毒品的交易过程，在毒品共同犯罪中所起的作用明显具有从属性，其责任刑不会等于或高于制造毒品者和贩卖毒品者。从责任刑的角度而言，即使同意对制造、贩卖毒品等主行为适用死刑，

---

[1] 参见张明楷：《责任刑与预防刑》，北京大学出版社2015年版，第386页。

[2] 对于间接正犯，现在的通说是犯罪事实支配理论。罗克辛教授将作为意志支配的间接正犯具体划分为"基于胁迫的意志支配，基于错误的意志支配和基于权力组织性的意志支配"三大类型，并得到了广泛的采用。参见[德]克劳斯·罗克辛："德国刑法中的共犯理论"，劳东燕译，载陈兴良主编：《刑事法评论》（第25卷），北京大学出版社2009年版，第11页；[日]山口厚：《刑法总论》，付立庆译，中国人民大学出版社2011年版，第325~326页；[日]西田典之：《日本刑法总论》，王昭武、刘明祥译，法律出版社2013年版，第294页；张明楷：《刑法学》，法律出版社2011年版，第367页。

[3] 莫洪宪、薛文超："'厉行禁毒'刑事政策下运输毒品罪的死刑废止"，载《广西大学学报（哲学社会科学版）》2016年第2期。

但对单纯运输毒品的从行为，是无论如何都不应当适用死刑的。从预防刑的角度而言，预防刑的裁量需要在责任刑之下进行，这已是整个大陆刑法理论的通说。即使对毒品犯罪作"妖魔化"理解，在运输毒品罪的责任刑裁量都不能适用死刑的情形下，如果着眼于犯罪预防，对之适用死刑甚至过度适用死刑，无疑是预防超越了报应，导致了二律背反现象。在此说来，对受雇运输毒品的行为至少是"应当不判处死刑"，而非《武汉会议纪要》所说的"可以不判处死刑"或"一般可以不判处死刑"。

3. 对运输新类型、混合型毒品适用死刑与刑法明确性原则相抵牾

我国《刑法》第3条明文规定了罪刑法定原则："法律明文规定为犯罪行为的，依照法律定罪处刑；法律没有明文规定为犯罪行为的，不得定罪处刑。"罪刑法定原则不但是刑事立法的基本准则，同时也是刑事司法的基本准则。根据该条文，刑法的"明文规定"其实就是刑法的明确要求。虽然"明确"和"模糊"难以划分，但如有学者所言，法律上的明确性和模糊性其实是可以划分的，哪怕是相对明确也是明确。[1]作为刑法的明确要求，不但涉及刑事立法中所要求的明确性规定，更涉及司法上所要求的明确性规定和明确性适用。[2]同时，罗克辛教授认为，刑法的明确性原则一方面要求按照人们熟悉的日常事物标准来解释某一价值概念；另一方面要求一个刑事法规有很

---

[1] 参见陈兴良："中国刑法中的明确性问题"，载梁根林、[德] 埃里克·希尔根多夫主编：《中德刑法学者的对话——罪刑法定与刑法解释》，北京大学出版社2013年版，第14页。

[2] 参见张明楷：《罪刑法定与刑法解释》，北京大学出版社2009年版，第50~51页。

明确的保护目标，并且不能够被随便解释。[1]

我国《刑法》第347条对毒品的种类并没有作出明文规定，在事实上有悖于刑法的明确性原则。然而，作为我国的特色，当立法规定过于抽象或模糊时，通常由司法解释来明细和界定。《武汉会议纪要》虽然不是司法解释，但却属于司法解释性文件，在实务中几乎与司法解释具有同等效力。作为一种指导司法实务的司法解释性文件，其也应当以罪刑法定原则为根本、以刑法的明确性原则为前提，否则将导致司法适用的严重混乱。

随着科技的发展，新类型、混合型毒品越来越多，刑法条文、最高人民法院相关司法解释和通知又没有完全将其列举在内。由此，对走私、运输新类型、混合型毒品的情形如何处理、是否适用死刑就成了难题。仍然以运输毒品罪的死刑适用态度为例：《武汉会议纪要》在"新类型、混合型毒品犯罪的死刑适用"上指出了以下情形：①如果行为人运输甲基苯丙胺片剂，在判处死刑的数量标准上，一般可以按照甲基苯丙胺的2倍左右掌握，并且可以根据当地的毒品犯罪形势和涉案毒品含量等因素确定。②如果行为人运输的毒品属于其他滥用范围和危害性相对较小的新类型、混合型毒品，一般不宜判处被告人死刑，但保留了死刑适用的余地。笔者认为，《武汉会议纪要》在运输"新类型、混合型毒品犯罪的死刑适用"中所指出的两种死刑适用情形违背了罪刑法定主义所要求的刑法明确性原则。

首先，对于运输甲基苯丙胺片剂且在数量上达到死刑适用

---

[1] 参见［德］克劳斯·罗克辛：《德国刑法中的明确性原则》，黄笑岩译，载于梁根林、［德］埃里克·希尔根多夫主编：《中德刑法学者的对话——罪刑法定与刑法解释》，北京大学出版社2013年版，第47~48页。

标准的情形,是否适用死刑,可以根据"当地的毒品犯罪形势"来决定,是明显违背刑法的明确性原则的。详言之,"当地的毒品犯罪形势"是否严峻,是个难以明确的问题,就连犯罪地的法官、检察官、公安侦查人员也会得出不同的意见。"当地的毒品犯罪形势"严峻与否的衡量标准也是个难以捉摸的卡尺。公安部公布的毒品犯罪重灾区有云南、广西和新疆三个地区,[1]但这只是一个广泛的定论。另外,国内其他省份、自治区和直辖市的毒品犯罪是否并不严重也是值得考察的。

其次,对运输其他滥用范围和危害性相对较小的新类型、混合型毒品,如果数量达到死刑标准,就存在死刑的适用余地,也是违背刑法的明确性原则的。就新型毒品和混合型毒品而言,是否属于麻醉药品和精神药品,以及使用后对人体产生的依赖性等副作用到底有多大,要通过科学研究予以证明,或者至少要依据食品药品监督管理局、公安部、卫生部所公布的《麻醉药品品种目录》和《精神药品品种目录》来认定才具有明确性。如针对大麻类毒品,美国学者早已指出:"已有有效的科学证据充分表明了大麻比酒精的害处更少,甚至可能比普通香烟的害处还少这样一个事实。"[2]如果行为人运输该类毒品,因为数量达到死刑标准等原因而被判处死刑,不但违反罪刑相当原则,更违反罪刑法定原则中的明确性原则。

---

[1] 公安部:"云南、广西、新疆是我国毒品犯罪重灾区",载新华网:http://news.xinhuanet.com/legal/2012-06/25/c_112286841.htm,访问日期:2021年7月20日。

[2] [美]哈伯特·L.帕克:《刑事制裁的界限》,梁根林等译,法律出版社2008年版,第335页。

(二) 理性审视

1. 对走私、运输毒品行为适用死刑并不符合毒品犯罪的生成机理

由于每年执行死刑人数属于国家机密，因此笔者无法得到近15年来"严打"毒品犯罪（尤其是"严打"走私、运输毒品罪）适用死刑的数据。但从网络新闻的相关报道来看，数量明显是较大的。如2013年四川省达州市中级人民法院就一毒品犯罪案件判处3人死刑立即执行，该3人均犯有运输毒品罪；[1]2015年福建省各级法院依法对94件135名毒品犯罪分子进行公开宣判，判处4人死刑立即执行，其中3人犯有运输毒品罪；[2]2015年四川省遂宁市中级人民法院通报3起年度内所判决的典型毒品案件，共有4人被判死刑，其中1人犯有运输毒品罪；[3]2015年四川省泸州市中级人民法院发布年度内3起毒品犯罪典型案例，共有5人被执行死刑，且5人均犯有运输毒品罪；[4]2018年广州市中级人民法院宣判7件毒品犯罪案件，其中4名被告人因运输毒品被判处死刑。如果按照以上报道估算全国每年因为运输毒品犯罪而被判处和执行死刑的数量，无疑是引人

---

[1] "四川达州106公斤特大毒品案宣判，3人死刑2人死缓"，载新华网：http://news.xinhuanet.com/legal/2013-06/20/c_124884253.htm，访问日期：2021年7月20日。

[2] "福建公开宣判94件毒品犯罪案件4人被执行死刑"，载新华网：http://news.xinhuanet.com/legal/2015-06/24/c_1115713445.htm，访问日期：2021年7月20日。

[3] "遂宁中院通报3起2015年典型毒品案件，4人被判死刑"，载中国网：http://sc.china.com.cn/2015/shizhou_0620/140729.html，访问日期：2021年3月20日。

[4] "泸州中院发布毒品犯罪三大典型案例5人被执行死刑"，载法制网：http://www.legaldaily.com.cn/locality/content/2015-06/26/content_6142850.htm?，访问日期：2021年7月20日。

深思的。

从毒品犯罪的生成机理来看，或许有人会认为，毒品犯罪之所以生成和蔓延，是由制造、贩卖、运输、走私毒品等违法行为引起的。因为如果没有制造出毒品、没有贩运毒品，也就没有人可能购买或吸食毒品，也就不可能有人为了追求利润而从事毒品犯罪。然而，这是牵强的。

在笔者看来，市场对毒品的需求是毒品犯罪产生的根本原因；"严打"毒品犯罪（尤其是"严打"运输毒品罪）是毒品犯罪不断蔓延的重要原因。毒品，作为一种精神麻醉的物品，在必要的时候，人对此有所需求也无可厚非，并且似乎也无法阻挡（如在医学领域），哪怕其会直接或间接地侵害人的生理和精神健康。毒品的使用在必要时候无法阻挡决定了人类对此有一定的需求性。而人对毒品一旦产生生理或精神的依赖，市场必然对毒品有需求。囿于市场秩序的不健全，毒品必然流通于市场甚至可能泛滥于市场。

经过两次鸦片战争的洗礼，毒品在我国具有非法化地位已经毋庸置疑。在毒品地位非法化的前提下，市场对毒品的需求导致了毒品利润的暴涨，在利益的驱使下，毒品犯罪的生成成为必然。国家在此基础上进一步"严打"毒品犯罪，甚至以死刑威慑，必然导致毒品利润进一步暴涨。同样是在利润的驱使下，不少犯罪人会选择铤而走险，毒品犯罪的持续蔓延也因此成了必然。如平野龙一认为："犯罪行为并不完全受制于人格和环境，在被制约的范围内，自由意思乃至主体性能够进行选择。"[1]因而，从毒品犯罪的生成机理来看，"严打"毒品犯

---

[1] [日] 平野龙一：《刑法的基础》，黎宏译，中国政法大学出版社 2016 年版，第 30 页。

罪，甚至科以死刑，不但不治标，反而会造成毒品犯罪的持续蔓延。也正如有学者所言，"严打"走私、运输毒品罪等毒品犯罪甚至以死刑进行威慑，与毒品犯罪的生成机理明显是一个悖论。[1]是故，从毒品犯罪的生成机理来说，走私、运输毒品罪的死刑最好在司法上限制适用，乃至逐步废除。

2. 走私、运输毒品行为的法益侵害并非"罪行极其严重"，对之适用死刑有违罪刑均衡原则

刑罚是对犯罪的惩治，刑罚的正义是惩罚与犯罪之间等利害的交换。因而，刑罚具有一般等价物的色彩，要求刑罚力度与犯罪的有责违法性程度和再犯可能性相等价。而作为刑法的基本原则之一，罪刑均衡原则要求刑罚力度与犯罪的法益侵犯程度、再犯可能性相当。简言之，罪刑均衡原则就是要求重罪重罚、轻罪轻罚。在此说来，罪刑均衡原则就是刑罚充当一般等价物的体现，罪与刑的等价就是罪刑均衡或罪刑相当；罪与刑的不等价就是罪刑失衡或罪刑不相当。[2]

不考虑刑事政策因素，《武汉会议纪要》认为单纯运输或走私毒品之所以有保留死刑适用的余地，主要原因在于数量巨大，一旦达到某种数量标准，就是"罪行极其严重"，就有必要根据《刑法》第48条第1款适用死刑。但如此一来将会违背罪刑均衡原则，导致罪与刑的失衡。简单地说，认定贩卖毒品罪的死刑适用正当性，关键因素在于行为人直接将"危险物品"转移给他人，不仅破坏了国家对毒品的管理秩序，更是严重危害了他人的身心健康。但是，单纯的走私、运输毒品，只是实现贩

---

〔1〕 参见何荣功："我国'重刑治毒'刑事政策之法社会学思考"，载《法商研究》2015年第5期。

〔2〕 参见贾银生："'以刑制罪'之否定：兼议罪刑均衡原则的刑法解释机能"，载《甘肃政法学院学报》2017年第6期。

卖毒品的一个"搬运"环节，相对于前者而言，无论是对国家毒品管理秩序的破坏还是对他人的危害，都处于从属性角色。而此种从属性角色的法定刑配置，尤其是死刑配置却与前者无异，显然不合理地"抬高"了其法益侵害性。

另外，根据《刑法》第48条第1款的规定，"罪行极其严重"无疑是死刑适用的必要条件。而"罪行极其严重"的含义本身就相当模糊与抽象。具体如何界定"罪行极其严重"，其至少有一个客观的标准。更进一步地说，作为死刑适用的原则性纲领，"罪行极其严重"必须具有一个原则性的客观标准。而对此原则性的客观标准，学界基本一致认为，应当借鉴《公民权利和政治权利国际公约》第6条第2款之规定，将其限定为"致命的故意犯罪"。[1]也如邱兴隆教授所言："中国刑法应该将死刑的适用限于所侵犯的权益的价值不低于人的生命的价值的犯罪的范围内。"[2]

再者，从走私、运输毒品罪所保护的法益来看，主要存在两种代表性观点：第一种观点认为是国家对毒品的管理制度；[3]第二种观点认为是公众健康。[4]笔者无意争论其法益应当以何为准，只是表明一个立场：无论是国家对毒品的管理制度还是公众健康，走私、运输毒品行为所造成的法益侵害结果都并非

---

〔1〕 See Chen Zhong lin: *The death penalty and human rights*, Social Sciences in China, 2009, Vol, 30（02）；张晶："'罪行极其严重'的规范解读及其适用——以死刑控制的现实路径为视角"，载《河北法学》2014年第9期；赵秉志、阴建峰："论中国毒品犯罪死刑的逐步废止"，载《法学杂志》2013年第5期；莫洪宪、薛文超："'厉行禁毒'刑事政策下运输毒品罪的死刑废止"，载《广西大学学报（哲学社会科学版）》2016年第2期。

〔2〕 参见邱兴隆：《刑罚的哲理与法理》，法律出版社2003年版，第499~500页。

〔3〕 参见高铭暄、马克昌主编：《刑法学》（第5版），北京大学出版社、高等教育出版社2011年版，第589页。

〔4〕 参见张明楷：《刑法学》，法律出版社2011年版，第1005页。

"致命的故意犯罪",都不能达到"罪行极其严重"的程度,对之适用死刑明显罪刑不等价。

如果认为走私、运输毒品犯罪的法益是国家对毒品的管理制度,那么其法益侵犯结果很明显不可能"致命"。因为"国家对毒品的管理制度"这一法益过于抽象和模糊,基本看不出其包含了"致命的故意犯罪"的内容。同时,单纯的走私或运输毒品属于典型的非暴力性犯罪,认为其侵犯了"国家对毒品的管理制度"这一法益无疑是认为其属于典型的"无被害人的犯罪"。既然没有被害人,就更谈不上"致命"的结果。在此基础上,如果认为相应数量达到立法所规定的死刑适用标准线就严重侵犯了国家对毒品的管理制度、就是"罪行极其严重",这无疑是片面强调数额、适用死刑"唯数额论"。[1]

如果认为运输毒品罪的法益是公众健康,那么其也不可能出现"致命"的法益侵犯结果。不可否认,毒品流通于市场后,一方面会侵犯社会公众的身体和精神健康,甚至可能导致致命结果;另一方面也会导致部分吸毒者成瘾,继而诱发自杀或故意伤害他人致人死亡、故意杀人等悲剧。但是,这些悲剧性的现象并非是走私或运输毒品罪的构成要件结果。吸食毒品后之所以可能发生前述悲剧,主要原因在于吸毒者自身而不在于运输毒品行为。简言之,前述悲剧虽然属于"致命"结果的范围,但与单纯走私或运输毒品的行为并没有刑法上的因果关系,而是吸毒者自己在特殊环境下基于意志自由所决定的结果。另外,根据立法条文表述,运输毒品罪在罪状上属于抽象危险犯,在

---

〔1〕 参见王捷明:"对运输毒品罪死刑适用的把握",载《人民司法》2014年第12期。

法益侵犯结果上一般只可能造成缓和的危险。[1]因而，即使认为其所保护的法益是公众健康，其也不可能包含"致命"的法益侵犯结果，对之适用死刑明显违反了罪刑均衡原则。

3. 对走私、运输毒品的行为适用死刑不符合逐步废除死刑的趋势

虽然我国刑法在立法上保留了死刑，但死刑的适用基本不具有刑法的正当化根据、基本不具有刑罚的人道性和效益性价值，早已为学界所批判。[2]而死刑的存废关乎民众对死刑的迷信，"即使压倒性的证据表明死刑判决不公，但也不影响民众对死刑的支持"。[3]基于特殊国情、特殊政策因素考虑，死刑在立法上的完全废除仍需长久等待。为此，学界与实务界基本达成了一个共识——在司法上逐步限制乃至废除走私、运输毒品罪死刑的适用，然后再在立法上进行废除。[4]

从《刑法修正案（八）》与《刑法修正案（九）》相继废除的死刑罪名线路图来看，所废除的死刑罪名大体可以被分为两类：一类是"备而不用"的死刑罪名，如走私文物罪、走私贵重金属罪、传授犯罪方法罪等；另一类是"偶尔适用"的死刑罪名，如集资诈骗罪、组织卖淫罪等。所谓"备而不用"的死刑罪名，主要是指虽然在立法上设置了死刑，但实务中基本没有用过死刑；所谓"偶尔适用"的死刑罪名，主要是指该类犯罪的死刑在实务中也曾适用，但相对于经常适用死刑的故意

---

〔1〕 参见［日］山口厚：《刑法总论》，付立庆译，中国人民大学出版社2011年版，第45页。

〔2〕 参见邱兴隆：《刑罚的哲理与法理》，法律出版社2003年版，第525页以下。

〔3〕 Christine E. Gudorf, "Christianity and Opposition to the Death Penalty: Late Modern Shifts", *Dialog*, Vol, 52 (02) 2013.

〔4〕 参见胡云腾、周振杰："严格限制死刑与严厉惩罚死罪"，载《中国法学》2007年第2期；陈兴良："减少死刑的立法路线图"，载《政治与法律》2015年第7期。

杀人罪、强奸罪等而言，死刑适用明显较少。

而从"偶尔适用"型死刑罪名的废除路径来看，基本都是在司法上严格限制适用，然后在立法上予以废止。如从2007年死刑复核权收归最高人民法院到《刑法修正案（九）》通过的这9年间，因集资诈骗罪被判处并执行死刑的只有5人。[1]虽然集资诈骗罪死刑的存废在《刑法修正案（九）（草案）》中有所争论，但在司法上偶尔适用死刑无疑成了其在立法上废除死刑的主要因素。并且，基于"吴英案""曾成杰案"所引发的社会大思考，集资诈骗罪死刑的废除也顺理成章。

虽然《刑法》第347条走私、贩卖、运输、制造毒品罪属于适用死刑的常见罪名，但该罪毕竟属于选择性罪名。单纯就走私、运输毒品罪而言，在司法上适用死刑的数量相对于贩卖毒品和制造毒品罪而言，甚至相对于于故意杀人罪、强奸罪、绑架罪等常见的适用死刑罪名而言，无疑属于"偶尔适用"类型。前文已述，从单纯走私或运输毒品罪在整个毒品犯罪中的从属性地位、法益侵害性并非"罪行极其严重"、"严打"并不符合毒品犯罪的生成机理等方面来看，即使基于"厉行禁毒"刑事政策的考虑暂时保留死刑，也只能将其作为"偶尔适用"的死刑罪名。再者，在死刑存废问题上，尤其是运输毒品罪，其死刑的存废早已引发国际国内学界与实务界的大思考、大探讨，将其作为"偶尔适用"型死刑罪名具有社会基础。否则，《大连会议纪要》与《武汉会议纪要》对单纯运输毒品犯罪所表现出的慎用死刑的态度就失去了意义。

既然单纯的走私、运输毒品罪属于"偶尔适用"死刑类型，

---

〔1〕 参见"九年间，他们曾因集资诈骗被'判死'"，载法制周末：http://www.legalweekly.cn/index.php/Index/article/id/8457，访问日期：2021年7月23日。

在《刑法修正案（八）》与《刑法修正案（九）》中都多次提及，那么就表明目前在司法上至少应当极为严格地控制甚至废除走私、运输毒品罪死刑的适用，以等待在下一个刑法修正案中名正言顺地废除其死刑。毕竟，近年来，联合国特别报告员在年度报告中反复强调，"毒品犯罪适用死刑有违人的生命权"；[1]我国刑法学界对走私、运输毒品罪死刑废除的声音更可谓"愈来愈烈"。[2]然而，在实务中，走私、运输毒品罪死刑的适用虽然开始得到限制，但限制力度还需要在科学的执法理念指导下，把握好国家和人民的期盼，国家严厉禁毒的政策在刑法中的体现同样要在司法实践中得到落实，目前只能是做到严格限制死刑适用，需要理论界与实务界形成共识，促使走私和运输毒品罪逐步往废除死刑立法方向努力。

（三）教义学路径

1. 重新诠释《刑法》第48条第1款中的"死刑"与"罪行极其严重"

实务界基本一致认为，"死刑只适用于罪行极其严重的犯罪分子"中的"死刑"就是指死刑立即执行。[3]通说也持这样的观点。[4]笔者认为，这样的观点是有待商榷的。从严格限制乃至废除运输毒品罪死刑的角度来说，"死刑只适用于罪行极其严

---

[1] Patrick Gallahue and Rick Lines, "The Death Penalty for Drug Offences: Global Overview 2010", *The International Harm Reduction Association*, London, 2010. p. 14.

[2] 参见李运才：《毒品犯罪的死刑限制与废止》，中国人民公安大学出版社2013年版，第79页；赵秉志、阴建峰："论中国毒品犯罪死刑的逐步废止"，载《法学杂志》2013年第5期；莫洪宪、薛文超："'厉行禁毒'刑事政策下运输毒品罪的死刑废止"，载《广西大学学报（哲学社会科学版）》2016年第2期。

[3] 参见吴照美、张琳："死缓适用标准的实证研究——以刑事指导案例为视角的分析"，载《中国刑事法杂志》2014年第6期。

[4] 参见高铭暄、马克昌主编：《刑法学》（第5版），北京大学出版社、高等教育出版社2011年版，第236页。

重的犯罪分子"中的"死刑",是指整个死刑体系而非死刑立即执行;[1]"罪行极其严重"只是进入死刑体系的门槛而已,并非死刑立即执行的必要条件。

首先,廓清《刑法》第48条第1款中"死刑"的含义。从《刑法》第48条第1款第2句来看,该句中第一个"死刑"的含义明显与第1句中"死刑"的含义相同。如果认为这两个"死刑"的含义就是指死刑立即执行,那么《刑法》第48条第1款第2句中的第二个"死刑"的含义也只能指死刑立即执行。这样一来,《刑法》第48条第1款第2句的含义就是:"对于应当判处死刑立即执行的犯罪分子,如果不是必须立即执行的,可以在判处死刑立即执行的同时宣告缓期二年执行。"这样理解无疑是矛盾的,必然会造成两个无法回答的问题:一是既然判处死刑立即执行了,还能再缓期执行吗?二是如果能缓期执行,给犯罪人一条生路,那为什么又要判处死刑立即执行,把犯罪人的生命切断?如果基于体系解释,将《刑法》第48条第1款第1句中的"死刑"理解为死刑体系,就不会造成上述矛盾的局面和无法回答的问题。《刑法》第48条第1款也就可以被理解为:死刑体系中的死缓、死缓限制减刑和死刑立即执行等,都只适用于罪行极其严重的犯罪分子。对于应当判处死刑体系中死缓、死缓限制减刑或死刑立即执行等刑罚措施的犯罪分子,如果有不属于必须立即执行死刑的情形的,就可以判处死刑缓期二年执行。这样理解的好处有四:第一,没有超出条文用语含义的范围;第二,解释了死缓限制减刑在死刑体系中存在的合理性;第三,严格限制了死刑立即执行的适用,淡化了死刑立

---

[1] 参见劳东燕:"死刑适用标准的体系化构造",载《法学研究》2015年第1期。

即执行在立法上的存在根据;第四,重视了死缓代替死刑立即执行的作用。

其次,厘清"罪行极其严重"的含义。《刑法》第48条第1款第1句"死刑只适用于罪行极其严重的犯罪分子"中的"罪行极其严重"只表明犯罪人客观上有责的违法性行为极其严重,只是死缓适用的基本标准。学界对"罪行极其严重"的理解主要有主客观统一说与客观说之争。在主客观统一说看来,"罪行极其严重"作为死刑适用的标准,必须综合考量所有情节,[1]以表明犯罪分子的犯罪性质、犯罪情节和主观恶性等都极其严重。[2]客观说认为,"罪行极其严重"只是死刑适用的一般化标准,[3]或者说只能是客观危害标准,而不能解释为包括犯罪人的主观恶性和人身危险性。[4]应当认为,客观说更为妥当。

主客观统一说之所以认为"罪行极其严重"是犯罪人客观的违法行为极其严重和主观恶性、人身危险性等极其严重,是因为其将《刑法》第48条第1款第1句中的"死刑"理解为死刑立即执行。毕竟,对任何犯罪的刑罚适用都需要考量犯罪人客观的法益侵犯结果和再犯可能性,死刑立即执行也不例外。但如前所述,这样的理解不但会造成对《刑法》第48条第1款的理解前后矛盾,还不利于限制死刑立即执行的司法适用。

值得说明的是,"人身危险性"虽然在实务界中运用混乱,

---

[1] 参见张明楷:《刑法学》,法律出版社2011年版,第477页。

[2] 参见高铭暄:《中华人民共和国刑法的孕育诞生和发展完善》,北京大学出版社2012年版,第225~226页。

[3] 参见储槐植:《死刑司法控制:完整解读刑法第四十八条》,载《中外法学》2012年第5期。

[4] 参见何显兵:《死缓制度研究》,中国政法大学出版社2013年版,第104页。

但学界早已基本一致地认为是指再犯可能性。[1]"主观恶性"一般是指犯罪人犯罪动机卑劣,思想上严重反社会、反伦理道德。但犯罪人卑劣的动机和反社会、反伦理道德的思想究竟是在罪前、罪中、罪后,还是整个犯罪过程所体现出来的,在目前还没有明确的标准。与其如此,还不如将其归入"再犯可能性",或者直接废除这一概念。[2]"罪行极其严重"中的"罪行"即指犯罪的行为,就是客观的有责违法性行为;"极其严重"表明客观的违法行为所造成的法益侵犯后果极其严重。如果将"罪行极其严重"的含义扩大化,让其包含"主观恶性""人身危险性"的含义,在结局上就明显属于类推解释,超出了条文用语含义的范围。毕竟,"罪行极其严重"的含义中并没有犯罪人再犯可能性的意思体现。[3]如有学者所言:"我们不能为了维护司法的权威而承认有关解释是扩大解释。"[4]

2. 用死刑的替代措施分担死刑

死刑的替代措施,简单地说,就是站在限制死刑、最终废除死刑的立场上,在限制死刑的适用和有条件废除死刑后,代替死刑作为最严厉刑罚的措施。就其适用前提而言,关键有三点:一是针对死刑立即执行;二是针对刑法中既有的死刑罪名;三是针对可以判处死刑的犯罪人的责任刑情节和预防刑情节。对于死刑替代措施的本质,有学者认为,其属于在司法上逐渐

---

[1] 参见游伟、陆建红:"人身危险性在我国刑法中的功能定位",载《法学研究》2004年第4期。
[2] 参见张明楷:《责任刑与预防刑》,北京大学出版社2015年版,第372页。
[3] 参见黎宏:"死缓限制减刑及其适用——以最高人民法院发布的两个指导案例为切入点",载《法学研究》2013年第5期。
[4] 冯军:"扩张解释与类推解释的界限",载梁根林、[德]埃里克·希尔根多夫编:《中德刑法学者的对话》,北京大学出版社2013年版,第171页。

替代死刑的措施；[1]也有学者认为，其属于在立法上废除死刑后代替死刑的措施。[2]笔者持折中的立场，认为死刑的替代措施在本质上属于在立法兼顾司法的基础上限制、废除死刑的替代性措施。

就死刑替代措施的内容而言，一般认为，无期徒刑、死缓、死缓限制减刑都属于死刑的替代措施。其中，无期徒刑、死缓一方面没有限定犯罪行为类型；另一方面，自《刑法修正案（八）》以后，无期徒刑犯罪人和死缓犯罪人在监狱里的平均服刑期可能为 16 年或 18 年，[3]正好达到了生刑的极限，可以在严格限制运输毒品死刑适用的情形下，作为代替死刑的最严厉的刑罚予以适用。尤其是在：①贩卖、运输毒品犯罪中，可能判处 2 人以上死刑的情形下；②贩卖、运输毒品犯罪中，上家和下家的积极联络性、毒品数量标准完全达到死刑适用标准以及其他从重情节，可能判处死刑的情形下；③指使、雇佣他人运输毒品的共同犯罪中，2 名或多名主犯的罪责均很突出，且均具有法定从重处罚情节的情形下；④全家都贩卖、运输毒品，贩卖、运输毒品数量完全超过死刑标准，且没有任何减轻预防刑的情形下，尽量只对罪行最重的 1 人判处死刑，其余的判处死缓或无期徒刑。

值得说明的是，如果是走私或运输毒品犯罪的累犯，完全有适用死缓限制减刑这一死刑替代措施的可能。在上述四种情

---

[1] 参见高铭暄：“略论中国刑法中的死刑替代措施”，载《河北法学》2008 年第 2 期。

[2] 参见李希慧：“论死刑的替代措施——以我国刑法立法为基点”，载《河北法学》2008 年第 2 期。

[3] 参见陈兴良：“死刑适用的司法控制——以首批刑事指导案例为视角”，载《法学》2013 年第 2 期。

形中，如果有 2 名以上犯罪人都有累犯情节，且值得判处死刑，可以考虑只判处 1 人死刑，对其他违法性仅次于判处死刑的犯罪人，可以考虑宣告死缓限制减刑。但是，对于可能被宣告死缓限制减刑的犯罪人，也必须限制适用。因为让犯罪人在监狱里服刑至少 22 年或 27 年，已经超过了生刑的极限，完全可以实现刑罚的特殊预防目的。正如国外实证研究所得出的结论："经过 20 年的关押后，犯人的人格通常遭到破坏，既无气力、也无感情，成为机器和废人。"[1]如果以限制乃至废除走私、运输毒品犯罪死刑适用的态度对可以判处死刑的走私、运输毒品罪的累犯适用死缓限制减刑，则必须警惕死缓限制减刑这一种死刑替代措施可能带来的一系列负面效果，毕竟，我国刑法目前"生刑过轻是个伪命题"。[2]

虽然我国刑法目前只对走私、贩卖、制造、运输毒品罪规定了死刑，但其死刑的适用率之高，尤其是对走私、运输毒品罪的死刑适用过度，早已为学界所批判。《武汉会议纪要》对运输毒品罪死刑适用的态度存在诸多疑问，如果保留死刑的政策性因素进一步放宽，在毒品犯罪的死刑问题上，笔者建议应当首先在司法上严格限制并尽快废止走私、运输毒品罪的死刑适用，然后再在立法上进一步废除。

---

[1] 刘仁文：《死刑的温度》，生活、读书、新知三联书店 2014 年版，第 105~106 页。

[2] 刘宪权："限制或废除死刑与提高生刑期限关系论"，载《政法论坛》2012 年第 3 期。

# 第五章
## 毒品违法防控体系的构建

毒品问题与社会、经济、文化、法律制度等多种环境因素是密切相关的，只注重毒品本身和毒品违法者个体的管控，而不着眼于对毒品源头与毒品违法防范的环境综合治理，或只靠刑事司法环节最后来把关是不能实现毒品违法犯罪治理的最大化效果的。我们需要遵循毒品违法犯罪发生的原因机理，建立以预防毒品滥用与毒品犯罪为重点、以减少毒品对社会危害为目标，将行政管控、社会治理、刑事惩罚、治疗与帮教等措施有机结合，实现预防和惩治并重的高效毒品违法犯罪社会综合治理体系。党的十八大以来，以习近平同志为核心的党中央高度重视禁毒工作，提出了一系列加强禁毒工作的新理念、新思想和新战略，为深入推进新时代禁毒工作指明了前进方向和提供了根本遵循。习近平总书记多次在每年的国际禁毒日前夕发表重要讲话并作出重要指示，就加强和改进禁毒工作提出明确要求，特别是在 2020 年的"6·26"国际禁毒日，习近平总书记作出重要讲话，他在讲话中强调要坚持厉行禁毒方针，打好禁毒人民战争，推动禁毒工作不断取得新成效。笔者通过对党中央的禁毒决策部署的学习，在此就毒品违法防控体系的构建做一理论探索。

## 一、毒品违法犯罪防控体系的内涵

（一）禁毒防控体系的涵义

毒品违法犯罪防控体系是指对毒品违法犯罪从立法到执法、司法、社会预防及法治教育等方面由各个不同的主体分工协作、对毒品违法犯罪进行全覆盖预防和惩治的社会治理体系。科学的禁毒防控体系包括四大组成部分：对毒品犯罪的预测、对毒品违法犯罪的打击、对罪犯和吸毒者的矫正、对毒品违法的预防。首先，毒品犯罪预测是犯罪防控体系的前提和基础，它是指国家和政府（当然也包括学界或者其他任何人）运用各种理论、方法和可能的技术手段，对过去、现在的毒品犯罪情况进行调查、统计、研究、分析、评估，对未来毒品犯罪现象可能出现的发展态势以及犯罪特点、犯罪数量、犯罪规律等进行推测和预见。犯罪预测是犯罪防控体系的基础和前提，它不仅可以为未来的工作提出各种有针对性的指导意见和可行的措施，还可以为国家的刑事立法提供依据和参考。其次，对毒品违法犯罪的控制是指针对毒品犯罪的现实状况，为将犯罪控制在一定范围内不使其恶性发展而采取的各种直接打击和减少犯罪的强制性措施体系。这是犯罪防控体系的核心内容。国家可以通过法律强制性的手段（如治安处罚、刑法等规定）对毒品违法犯罪者给予人身自由权利的限制与剥夺，实现对违法犯罪人的特殊预防，以维护秩序的稳定和对他人人身安全的保护，对吸毒者给予强制戒毒的措施还有实现对其积极干预治疗的目的。再次，对罪犯的矫正是指对已经实施毒品犯罪行为的人进行的教育、改造以及对出狱人的社会保护和再教育等措施及其工作过程，基于现代社会毒品犯罪原因的复杂性和不易消除性以及刑罚本身存在的弊端，对吸毒者和罪犯的矫正是毒品违法犯罪防控体系的重要工作环节，是减少累犯和刑罚创造累犯现象的基础性工作环节；对吸毒者的矫正教育主要是在对其生理戒毒之后，通过教育帮扶使其进一步从心理上脱离对毒品的依赖。最后，毒品违法犯罪预防是指为减少或者消除毒品犯罪得以产生的原因和条件，减少犯罪行为的发生而采取的一系列防治措施体系及其作用过程，如，毒品常识教育、法治宣传、经济治理、国际合作等综合治理措施，犯罪预防是犯罪防控的关键，是减少犯罪的根本措施。总之，犯罪防控体系的四个工作环节是有机统一的防范、打击、减少犯罪的措施体系，其中犯罪预测是一切工作的前提和基础，犯罪预防是根本环节，罪犯矫正是核心，犯罪控制是关键。只有采取科学、有效的毒品犯罪防控措施和社会综合治理同步进行，毒品的违法犯罪才能得到根本性的控制和减少。我们在此对毒品防违法犯罪控体系的研究主要是探讨建立一种直接、有效、及时的毒品违法犯罪防控体系，从而减少毒品违法犯罪并将毒品违法犯罪现象控制在社会心理能够承受的范围之内。

国务委员、国家禁毒委主任赵克志在2018年国家禁毒委召开的全国禁毒工作电视电话会议上提出要积极构建"六全"毒品治理体系，努力走出一条具有中国特色的毒品问题治理之路，即：一是全覆盖毒品预防体系，二是全环节管控吸毒人员体系，三是全链条打击毒品犯罪体系，四是全要素监管制毒物品体系，五是全方位毒情监测预警体系，六是全球化禁毒国际合作体系。笔者认为，这个"六全"治理体系是我国目前毒品治理体系的官方基本要求。

（二）构建科学的毒品违法防控体系的必要性

首先，毒品违法犯罪防控体系的构建是总体国家安全观的要求。总体国家安全观是习近平新时代中国特色社会主义思想的重要组成部分。"总体国家安全观坚持国家利益至上，以人民安全为宗旨，以政治安全为根本，以经济安全为基础，以军事、文化、社会安全为保障，以促进国际安全为依托，统筹外部安全和内部安全、国土安全和国民安全、传统安全和非传统安全、自身安全和共同安全，完善国家安全制度体系，加强国家安全能力建设，坚决维护国家主权、安全、发展利益。"〔1〕"总体国家安全观强调国家核心利益和其他重大利益保持相对安全的状态，并持续关注人民群众对安全需求的新变化、新趋势、新特点，不断回应人民群众在不同阶段的安全需求。"〔2〕对毒品问题的关切只有建立在对人民群众的关切基础上才有其现实意义和禁毒的持久动力，如果将对人民群众的生命安全和家庭和谐的关切与毒品治理割裂开来，"头痛医头，脚痛医脚"，那么对毒品的治理是很难获得全社会的支持并取得预期成效的。习近平总书记在2015年6月25日会见全国禁毒工作先进集体代表和先进个人时指出："毒品是人类社会的公害，是涉及公共安全的重要问题，不仅严重侵害人的身体健康、销蚀人的意志、破坏家庭幸福，而且严重消耗社会财富、毒化社会风气、污染社会环境，同时极易诱发一系列犯罪活动。"〔3〕所以，将毒品治理上升到总体国家安全高度进行统筹是中国特色的毒品社会治理应有之义，总体国家安全观要求我们对毒品治理应当把人民利益放在国家安全的主体、核心地位。习近平总书记在2019年2月和6月先后主持召开中央政治局常委会会议，就禁毒工作听取专门

---

〔1〕"深刻理解和把握总体国家安全观"，载《人民日报》2020年4月15日。
〔2〕杨海："总体国家安全观中的'总体性'探析"，载《马克思主义研究》2019年第12期。
〔3〕"关于禁毒工作 习近平这些讲话句句铿锵"，载http://jhsjk.people.cn/article/31759699，访问日期：2022年5月22日。

汇报，他明确要求在禁毒工作中要增强忧患意识、强化底线思维、坚持趋利避害、防患于未然，要求各级党委和政府把各项工作部署落到实处，坚决遏制毒品蔓延扩散势头，为实现禁绝毒品的目标而不懈努力。站在总体国家安全观大局来看，习近平总书记和党中央为我们提出了新的要求：一是禁毒工作事关国家安危、民族兴衰、人民福祉，禁绝毒品，功在当代、利在千秋，要把禁毒工作作为象征中华民族伟大复兴的义举、善举来做好。二是要科学判断全国禁毒斗争形势，指出当前毒品形势既有外患也有内忧，受毒品问题全球化影响，我国毒品问题仍处在治理攻坚阶段。三是准确把握禁毒斗争性质，强调禁毒工作具有很强的标志意义，全国人民高度关注，要以对国家、对民族、对人民、对历史高度负责的态度，把禁毒工作作为重大政治任务抓好。四是提出治理毒品问题的路径方法，强调要加强党的领导，充分发挥政治优势和制度优势，完善治理体系，压实工作责任，广泛发动群众，走中国特色的毒品问题治理之路。五是从严强调禁毒工作责任要求，强调必须坚持党委领导、部门协同、社会共治、齐抓共管。习近平总书记提出的这些要求和标准，既为我国毒品违法犯罪防控体系建设明确了当前禁毒工作的指导思想，又明确提出了当前禁毒工作的基本思路与建设目标——要在加强党的领导的前提下，完善多层次的毒品违法犯罪治理体系，走中国特色的毒品问题治理之路。

其次，毒品违法防控体系的构建也是总体国家安全治理体系的重要内容。联合国全球治理委员会将"治理"定义为："治理是个人和公共私人机构管理其公共事务的诸多方式的总和。它是使相互冲突的或不同的利益得以调和并采取联合行动的持续过程。它既包括有权迫使人们服从的正式制度和规则，也包括人民和机构同意的或以为符合其利益的各种非正式的制度安排。"〔1〕这一定义强调了"治理"的过程性、协调性和持续互动性等特征。毒品违法防控体系的构建，也就是在落实国家治理体系中"构建系统完备、科学规范、运行有效的制度体系，加强源头治理、依法治理、综合治理、源头治理"〔2〕，实现毒品违法犯罪防控的法治化、科学化、民主化、高效化。毒品治理需要政府、司法、社会、家庭、公民的共同参与，基于毒品本身的特殊性和毒品犯罪的隐蔽性，如何建立有效的毒品违法犯罪防控体系至为关键。按照我国《刑法》和《禁毒法》等法律和相关行政法规关于毒品定义的规定，毒品应当具有成瘾性、危害性和违法性三个特征，其中的违法性要求就是某种物质必须是为国家规定管制后才能成为法律意义上的毒品，因此从毒品防控的特点和社会系统来看，毒品违法犯罪防控体系应当是一个大规模、多部门和多因素的综合性的体系结构。〔3〕毒品犯罪作为犯罪的一种类型，除了具备犯罪的一般特点（即犯罪的社会因素和环境因素）外，还具有其自身的特殊性质，例如毒品犯罪的无被害人、毒品犯罪的暴利性等特点。因此，做好毒品犯罪的预防需要涉及相关的犯罪预防理论知识在具体实践中的科学运用。现代的犯罪学研究早已表明犯罪不可能被消除，但是仍然可以通过国家一定的干预行为，使得犯罪保持在一定的范围内。犯罪控制就是将犯罪控制在一定的范围内，换言之，就是将犯罪置于自己的控制之下，将犯罪状况限制在一个可以容忍的正常度以内。对于毒品犯罪的控制来说，除了刑事规制

---

〔1〕 全球治理委员会：《我们的全球伙伴关系》，牛津大学出版社1995年版，第23页。
〔2〕 《中共中央关于坚持和完善中国特色社会主义制度推进国家治理体系和治理能力现代化若干重大问题的决定》，人民出版社2019年版。
〔3〕 李文君、聂鹏："禁毒防控体系构建模式初探"，载《中国人民公安大学学报（社会科学版）》2007年第3期。

以外，还应当采取包括行政、司法手段在内的各种合理方式或方法，将毒品犯罪控制在一个合理的限度之内。进一步而言，司法部门具有打击犯罪的职责，对于毒品犯罪这种严重的犯罪行为而言，司法部门自然应该对其予以惩治。但是，长期实践证明，治理毒品问题仅仅依靠司法部门进行打击收效甚微。毒品问题产生的巨大危害带来了诸多社会问题，这也决定了要有效预防毒品犯罪必然需要国家各个部门、社会各个方面的通力合作，而这又是国家与社会治理体系现代化中的重要内容，是总体国家安全观在具体行动落实中不可分割的一部分。

总之，建立完善的毒品违法犯罪防控体系是国家打赢禁毒人民战争的保障和前提。正如中共中央、国务院于2014年印发的《关于加强禁毒工作的意见》所指出的：加强禁毒工作，治理毒品问题，对深入推进平安中国、法治中国建设，维护国家长治久安，保障人民群众健康幸福，实现"两个一百年"奋斗目标和中华民族伟大复兴的中国梦，具有十分重要的意义。在毒品犯罪防控体系的架构中，必须树立"预防为主、打击为重、康复为本"的原则，着力管控重点社会人员群体，在全社会形成不能吸、不敢吸、不想吸的拒毒防线。对于毒品犯罪的打击和预防以及毒品滥用现象的治理，不仅有赖于刑事实体法和程序法的共同努力，还需要社会综合治理政策与措施的跟进，以便形成完善的禁毒工作体系，从而保证党中央提出的打禁毒人民战争取得新成就。

## 二、对毒品违法犯罪的预测

采用科学的方法准确预测毒品犯罪问题是毒品违法犯罪防控体系构建的一项重要工作。对毒品违法犯罪的预测，主要是通过两个方面来考量：一个是对某一区域的毒品违法犯罪发展趋势的预测；二是对某一类型毒品违法犯罪的发展趋势的预测。但做预测必须要有科学的预测指标体系，它应当能反映出某类毒品犯罪在某一区域的动态发展变化。对毒品违法犯罪的预测，要通过对一些基础数据的统计分析才能做到摸清毒品违法犯罪的规律，从而对毒品违法犯罪进行较为科学、准确的预测。

（1）统计一些已经破获的毒品违法犯罪案件所反映出指标。①毒品犯罪案件统计。如制造、走私、贩卖、运输、非法持有毒品案件的发案数和发案率。毒品案件发案数是指某一地区在一定时间内发生的毒品犯罪案件数；发案率则指某一地区在一定时间内发生的毒品犯罪案件数与总人口数的比值。缴获毒品的数量和种类及其各自所占缴获毒品总量的比重；毒品的交易价格（尤其是零售价格）；毒品犯罪人数，包括初犯数和初犯率、累犯数和累犯率、女性、未成年人所占比率等。②毒品消费规模。如吸毒者的群体及人数、新增吸毒人员情况，不同身份及年龄吸毒人员占总吸毒人数的比重，毒品消费种类及构成、滥用毒品的规模、吸毒人员危害社会情况、涉毒行为活跃度。③毒品制造和贩运规模。如制造毒品和易制毒化学品犯罪案件发案数、发案率及比重，毒品制造活跃程度、毒品流通速度，易制毒化学品流失情况。④非法种植毒品原植物行政违法案件发案数、易制毒化学品行政违法案件发案数、发案率及比重，非法种植毒品原植物植株及其面积。⑤境外向境内毒品犯罪渗透情况。主要关注境外通过海陆边境向我国走私毒品情况，境外毒情发展变化，等等。

（2）统计对毒品进行社会治理反映出的间接指标。①戒毒人员情况。如被强制戒毒人数及其康复情况、社会安置及生活稳定情况、复吸率。②对抑制毒品的执法管控情况，如办理许可证、通报、动态监控效果等。③政府对禁毒投入情况。各级政府的禁毒经费投入基期比重、禁毒人力投入情况。④毒品犯罪严重地区的社会经济发展及其民生保障情况、文化教育情况、吸毒亚文化的发展动态。

（3）构建毒品违法犯罪预测模型公式。根据上述数据的统计，我们至少可以通过对前五年已经发生的毒品违法犯罪事实和国家对毒品犯罪的综合治理投入，构建相应的毒品违法犯罪预测模型，尽可能科学地预测未来3年~5年的毒品违法犯罪发展趋势。目前，实务界对毒品违法犯罪形式进行预测分析的主要预测模型有：①最小平方法，它是求近似函数的一类数值方法。它不要求近似函数在每个节点处均与函数值相同，只要求其尽可能反映给定数据点的基本趋势以及某种意义上的无限"逼近"，通过最小化偏差的平方和寻找数据的最佳逼近函数。[1]该方法在参数估计、系统辨识以及预测、预报等众多领域都有着广泛的应用。②指数平滑法，它是对历史数据的加权平均。它可以用于任何一种没有明显函数规律，但确实存在某种前后关联的时间序列的短期预测。预测值是以前观测值的加权和，且对不同的数据给予不同的权数，新数据给予较大的权数，旧数据给予较小的权数。[2]对于吸毒违法行为的预警体系可以由以下十个指标构成：吸毒人数、吸毒亚文化发展趋势、毒品种类、毒品价格、毒品供给、毒品政策、行政处罚力度、强制戒毒情况、复归社会就业情况、社会主流文化教育程度等，可以根据这些指标再进一步细分二三级指标，以达到对吸毒违法行为变化趋势的更有效预测。我们在构建毒情预警体系时，要避免监

---

[1] 夏异、庄嘉琳、杨丽君："基于回归分析法的云南省毒情预测研究"，载《云南警察学院学报》2017年第2期。

[2] 夏异、庄嘉琳、杨丽君："基于回归分析法的云南省毒情预测研究"，载《云南警察学院学报》2017年第2期。

测主体和数据来源的单一，在实践中不仅仅是依靠禁毒执法机关的打击处理数据，执法机关打击处理毒品违法的执法案件只能评估过去某一定时期的禁毒工作的效果，但还不足以对未来的毒情形式进行科学预警。所以，预警数据的获取，除了要收集执法和司法机关的数据以外，还要规定其他国家机关（如各级食药监局、卫健委、民政局等相关政府机关）提供预警监测数据的义务。同时，要大胆吸收社会民间组织。禁毒工作是全社会的人民战争，也是全社会人民群众的工作，面对毒品违法活动网络化趋势发展，吸纳社会各类主体。丰富毒情数据来源的渠道、打破信息壁垒才能使毒品违法犯罪的"隐性"毒情被真实地刻画出来，才能使毒品违法犯罪预防体系更好地运转。

我国执法机关，可以根据相关预测模型，对不同地区、不同类型的毒品违法犯罪进行有针对性的犯罪预防和对违法者给予及时、有力的打击。如针对云南省、四川省、广东省、广西壮族自治区等边疆地区的毒品违法犯罪预警的趋势开展有针对性的防控工作；根据对新型合成毒品和新精神活性物质滥用趋势的预测及时对相关法律法规进行修订，提升列管和打击范围；根据对毒品犯罪模式变化的预测（如犯罪罪名的增量趋势、犯罪的人员及其犯罪方式、反侦查手段的变化等）调整相关执法应对策略。需提供预警参数的单位涉及缉毒机关、司法机关、卫生部门、民政部门、工信部门、交通部门、娱乐行业、快递行业等等，通过国家各级政府与司法机关、各行业及协会组织一起完成对预警监测指标体系的信息收集工作，并作出分析判断，对毒情形势得出一定科学性的结论。预警的本质是确定毒品违法犯罪行为态势发生的变化，提供预警信息，因而预警工作的关键是运用一定的分析推断，揭示出现的异常现象和原因，将此结论提交上一级组织部门，以供其在制定下一阶段禁毒工作决策时加以参考。总之，根据毒品违法犯罪的科学预测数据，为政府制定禁毒具体政策、部署警力预防和打击、防止毒情形势恶化是非常必要的。可以在全社会的毒品违法犯罪预防工作中提升效率、有针对性改变教育防治策略，从而有效遏制毒品犯罪率的增长。

### 三、对毒品违法犯罪的控制

（一）建立有效的打击毒品犯罪运行机制

针对目前我国严峻的毒情形势，结合当前的禁毒实践，应当进一步深入推进禁毒工作由部门、单向、封闭整治向综合、双向、开放整治转变，各地应当建立起跨区域联动打击整治机制，尤其是毒情严重的区域，要严防毒品外流趋势的蔓延，坚持治毒、治病、治贫、治愚的"四位一体"机制和惩处、矫治、预防"三管齐下"的措施。[1]要建立健全统一、协作的毒品犯罪打击机制。

1. 完善打击毒品犯罪机构设置

从打击毒品的执法实践来看，目前打击涉毒犯罪一线的机关主要是公安机关的禁毒支队或禁毒大队及各派出所，但是大量的毒品在流通过程中与交巡警部门、交通部门、物流管理部门等相关，而制造毒品的窝点又与社区治理、基层街道管理密切相关。这些单位或部门还未能与公安机关禁毒支队或禁毒大队及各派出所形成密切的合作关系。虽然目前很多地区的禁毒办公室都被设置在公安机关，但这仅仅是一个协调、领导机构，日常摸排工作仍需要基层派出所民警、片警、街道办信息网格

---

〔1〕 参见廖天虎："凉山彝族地区外流贩毒治理对策探究"，载《四川警察学院学报》2019年第3期。

## 第五章 毒品违法防控体系的构建

员、禁毒志愿者的积极参与。特别是街道办信息网格员、禁毒志愿者等，这些人员及其所在机构虽有建制，但还需要不断协调和完善。

由于毒品案件具有很大的特殊性，毒品案件的诉讼和裁判自然与一般的刑事案件有所区别，这涉及专业化建设问题。然而，在司法实践中，对于毒品犯罪案件的处理并没有成立专门的涉毒犯罪办案单位或专门法庭，对部分涉毒犯罪的证据把握、法律适用的认知和刑罚的适用均存在类似案件的差异，导致涉毒案件的打击效果受到了影响。吸毒人员强制戒毒问题涉及对吸毒人员的人身自由权进行限制，按照相应规定应当交由司法部门进行司法处置。但在有些案件中，吸毒人员为了规避强制戒毒，会主动供述其他犯罪事实，或者与公安机关达成协议，提供举报线索查处其他犯罪。因此，我国应当整合禁毒机构人员，完善涉毒犯罪信息建设。一是建立专业化的禁毒人员队伍。目前，除了公安机关禁毒部门是打击毒品犯罪的主导机关，其他参与禁毒的机关均是兼职或临时专职从事相关禁毒工作，这导致了禁毒工作的可持续性不强。因此，必须优化和整合禁毒机构和人员构成，以形成强有力的禁毒力量，将禁毒工作由原来以公安为主逐步向社会各界多元共治转型。就基层禁毒而言，各县（区）均成立禁毒委员会，设立禁毒办公室，组建禁毒专业队伍，将禁毒工作经费纳入同级财政预算，确保禁毒工作正常运转，并将禁毒工作纳入对县（区）的目标绩效考核，充分调动各级政法机关参与禁毒工作的积极性。特别是针对专职禁毒工作者建立有效评估机制，围绕其收集、汇总、录入的涉毒信息开展有效性考核，将其负责的区块涉毒犯罪率作为工作成效进行评价，以充分发挥其监督控制毒情的作用。二是有效整合毒情信息。在禁毒办的统一领导和协调下，各禁毒成员单位、部门均需指派专人从事禁毒工作,完善涉毒信息收集、汇总、录入工作。例如,可以对禁毒民警查获的涉毒犯罪人员的朋友圈、毒友圈进行深度挖掘,对涉嫌吸贩毒人员进行全方位管控,将其在社会交往中接触的可疑人员均纳入禁毒机关的视野,进行双向管制和监控。三是要建立健全涉毒犯罪信息库。利用互联网将大数据的功能与作用运用到禁毒工作中,在各基层组织完善涉毒信息录入、整理、汇总的基础上,建设高效、实用的信息库,充分发挥"互联网+"的技术优势,建立和完善侦查控制涉毒信息系统。

2. 强化执法与司法机关的协同治理机制

毒品犯罪的特殊性和复杂性决定了打击毒品犯罪仅仅依靠公安机关(甚至是公安机关的某一警种)是根本无法解决问题的。因此我国要建立公安、检察院、法院毒品违法犯罪协同治理机制。

首先,在公安内部:一是要建立全警参与禁毒的格局,深入落实三级破案机制。落实三级破案机制,就是要加大基层所队对零包贩毒的侦办,并联合刑侦部门在打击涉黑、涉恶、涉枪、涉暴的过程中发现涉毒线索;充分发挥治安、网安、情报、监管等部门的警种优势,形成各警种共同打击涉毒犯罪机制。二是建立重大涉毒案件联合打击机制。坚持"端制毒窝点、打制毒团伙、清制毒原料"的打击导向,不断提升公安机关打击整治毒品问题的能力和水平。

其次,建立从公安执法到司法的全链条常态化协同治理机制。检察机关、法院应互相配合,在重大毒品案件中,提前介入引导取证,做到从严、从快、从重处罚,以确保对重大毒品案件的打击效果。建立行政执法、刑事侦查、专项斗争行动等协调领导机构,建立治安管理处罚、强制戒毒与刑事追责的衔接机制，推动各职能部门的协调联动。加强侦查取证、证据保全等方面的协作配合。面对较为薄弱的侦查基础与审判机关日益提高的证据标准的双重挤压，如何提高侦查质量成了办理毒品案件的当务之急。检察机关在审查案件证据时，应注重审查细节，对毒品的提取、封存、扣押、称量、取样、送检、鉴定等过程，毒资的流转提取过程，犯罪嫌疑人到案后的供述和辩解，见证人及知情人情况，物流证据等都应该进行重点审查。[1]一方面，检察机关要提前介入案件，引导侦查机关取证并固定证据，并且要对侦查机关进行引导，引导侦查机关进行现场勘查，注重对毒品、手机等涉案物证的提取及鉴定，注重对资金流、信息流和物流等客观性证据的收集与固定，引导侦查机关收集贩毒分子转移毒品、毁灭罪证等再生证据。另一方面，要明确提前介入范围，尽可能保持侦查阶段的独立性。当前毒品犯罪的相关法律规范更新较快，而具体的毒品犯罪案件情况更是复杂，侦查机关的主要职责是侦破案件，很多侦查人员虽然具有较强的办案能力和破案经验，但在案件的事实认定和法律适用上仍有不足，在收集证据时可能不是非常全面、充分，侦查活动在程序上会有瑕疵。为此，有必要充分拓宽侦查机关和检察机关的沟通交流渠道，检察机关在办理案件时可以直接向侦查机关的承办人了解案件情况，听取案件意见，相互交流。面对类案问题，两部门可通过联席会议的形式展开交流探讨，对于个性问题，检察机关可通过定期通报的形式或随时通过书面或口头方式将办理毒品犯罪案件时发现的问题传达给侦查机关。"毒品犯罪多发地区的人民法院可以与公安机关、检察机关

---

[1] 参见陈荣鹏："毒品犯罪证据审查重在细节"，载《检察日报》2017年2月26日。

探索建立办理毒品犯罪案件工作联系制度,定期就禁毒工作中遇到的一般性法律适用问题进行沟通协商,研究解决思路和办法;探索建立毒品犯罪大要案通报机制,由侦查机关及时将案件相关情况通报同级法院,还可以建立健全毒情通报机制和禁毒执法情报共享机制,以更好地增强禁毒合力,扩大禁毒执法效果。"[1]

3. 建立对涉毒重点人员的管控和追踪机制

吸毒人员的复吸率畸高是一个不争的事实,因此对于涉毒重点人员的管控和追踪就是通过管控和预防来有效降低这些人的复吸率以及减少由吸毒引起的其他类型的犯罪。因此,应把吸毒人员纳入网格化社会管理服务体系,积极探索科学有效的戒毒康复模式,构建完善的戒毒治疗、康复指导、救助服务相结合的戒毒工作体系。

首先,建立外流毒品犯罪(高危)人员分级分类管控机制。通过对管理对象的身体状况、经济条件、过往劣迹、现实表现、社会危害程度等因素的汇总,由乡镇、街道禁毒工作领导小组组织派出所、社区等相关部门及人员对其进行综合评估,将可能会涉毒的高危人员划分为不同风险类别,分别采取不同措施进行管控。其次,充分调动乡(镇)、村(社)、辖区派出所力量,依托基层政法干警,强化外流涉毒(高危)人员摸排和外出务工人员管理。最后,建立涉毒重点人员信息资源库。按照"监测→评估→预警处置"三个环节进行设计和运作,为确定打击外流贩毒犯罪战略和部署具体侦查措施提供客观、全面的基础性评价。[2]由于当前是一个流动性极强的社会,这就需要各

---

[1] 胡云腾、方文军:"论毒品犯罪的惩治对策与措施",载《中国青年社会科学》2018年第5期。

[2] 廖天虎:"凉山彝族地区外流贩毒治理对策探究",载《四川警察学院学报》2019年第3期。

地在建立涉毒重点人员信息资源库时，充分做到信息资源共享，防止这些涉毒重点人员的流入和流出。对于本地犯罪人员与外来犯罪人员相互勾结，特别是涉毒重点地区人员，要联合情报部门制定重点地区人员、本地区重点人员预警机制，充分发挥大情报、大数据的作用，时刻关注重点地区人员和到涉毒重点地区的重点人员，发现有与本地犯罪人员相互勾结的要给予重点关注和监控。在跨省区分类管控和打击毒品犯罪方面，广东广州和广西钦州警方联手信息共享取得了很好的成效：一是准确掌握重点外流涉毒群体。近年来，两地充分利用大数据技术和大数据智能化建设成果，建立各类涉毒数据库，搭建各类涉毒数据模型，进一步提高了涉毒线索发现能力，实现了涉毒信息量产化、打击精准化；二是不断完善优化区域合作机制，形成"联合打击、信息先行、联侦联控、战果共享"的警务合作机制，实现了"信息实时互通、行动统筹同步、人员异地调用、案件归口诉讼"的局面。最后是积极开展类案侦查打击，以重特大毒品案件为重点，深入开展信息分析研判、涉毒财富调查、积极扩线延伸、深挖幕后毒枭。[1]这些有效措施的持续深化，逐步形成了全链条打击地缘性外流毒品犯罪的体系。

4. 建立健全涉毒资产联查机制

毒犯实施毒品犯罪的最终目的是获取犯罪所得利益，所以经济利益是毒品犯罪的最大动力，因此执法机关加强毒资的查控对于打击涉毒犯罪具有极为重要的地位。换言之，如果能有效控制毒资，就能切断毒品犯罪人的资金链，从而让行为人丧失实施毒品犯罪的能力，同时也可使"理性人"在欲实施毒品

---

[1] 王佳欣等："广州钦州警方共同打击地缘性毒品犯罪 缴获毒品240.2公斤"，载 https://news.southcn.com/node_54a44f01a2/7dd37c90d6.shtml，访问日期：2021年8月10日。

犯罪时权衡利弊与犯罪收益，当犯罪所得无法实现时，犯罪人实施犯罪的动力也便不再强烈了。为了有效切断毒品犯罪中的资金链和处置涉毒资产，《中共中央国务院关于加强禁毒工作的意见》（中发〔2014〕6号）和《国家禁毒委员会关于加强涉毒反洗钱工作的通知》（禁毒委发〔2015〕3号）对此都作了明确规定，为深入贯彻落实该意见和通知的精神和要求，公安部与中国人民银行建立了涉毒反洗钱工作机制，明确要求公安机关和银行系统建立起实际有效的合作机制：一是建立情报会商机制；二是建立案件协作机制；三是建立交流研讨机制；四是建立表彰奖励机制。通过这些机制的建立，实现中国人民银行对各银行资金额度的监测、可疑资金的判定、可疑账户的提取和涉毒资产的调查等，特别是建立银行派驻专家到公安机关开展联合监测指导和开展大额资金流向监测等工作，其对于毒资的及时发现具有积极的意义。

（二）多环节防控毒品违法犯罪

1. 对毒品犯罪坚持采取严打的刑事政策

我国对于毒品犯罪在法律上一直持否定性评价，[1]面对世界上一些西方国家或地区推行"吸食大麻合法化"的现象，我们一定要坚持对毒品"零容忍"的禁毒自信，绝不允许吸食毒品合法化。习近平总书记在2015年6月25日会见全国禁毒工作先进集体代表和先进个人时强调："坚持严打方针不动摇，坚持多策并举、综合治理，坚持部门协同、社会共治，保持对毒品的零容忍"[2]根据我国的国情，我们一直坚持对毒品犯罪进行

---

〔1〕 参见王宏玉、潘振生："犯罪经济学视角下的毒品犯罪防控'悖论'解析"，载《中国人民公安大学学报（社会科学版）》2020年第6期。

〔2〕 "关于禁毒工作 习近平这些讲话句句铿锵"，载http://jhsjk.people.cn/article/31759699，访问日期：2022年5月22日。

严厉打击的刑事政策，通过扩大毒品犯罪较重刑罚种类适用范围，放宽适用条件，保留毒品犯罪死刑适用，发挥刑事政策对毒品犯罪的威慑和惩罚作用。并同时采取戒毒措施、禁毒教育等多种举措，使得我国的毒品犯罪得到了有效的控制。自2006年以后，我国新型毒品犯罪以及吸食新型毒品的消费者开始增多，由于我国对毒品供给者和消费者的立法态度有差异，对毒品供给行为按照犯罪从严惩治，而对吸毒这种纯粹毒品消费行为则仅按照违法处理和教育矫治，这客观上造成了难以减少毒品需求的局面。当前，在新型毒品犯罪超过传统毒品犯罪的情况下，我国仍然需要坚持严厉打击的刑事政策，同时针对新型毒品犯罪采取"多措并举"措施。2015年，我国的毒品犯罪结束了十年的高增长，出现了明显的下降。这是我国长期坚持对毒品犯罪严厉打击，并同时加强强制戒毒、社区戒毒等措施以及全面进行禁毒教育等"多措并举"的结果。从控制毒品供给方面来看：一是长期坚持严厉打击，减少既有的毒品供给者；二是长期坚持严厉打击，威慑潜在的毒品供给者。从控制毒品需求方面来看：一是加强强制戒毒和药物治疗，减少瘾性较大的毒品消费者。2014年12月31日国家卫生计生委、公安部、国家食品药品监管总局以国卫疾控发〔2014〕91号印发的《戒毒药物维持治疗工作管理办法》规定"在符合条件的医疗机构，选用适宜的药品对阿片类物质成瘾者进行长期维持治疗，以减轻他们对阿片类物质的依赖，促进身体健康的戒毒医疗活动"。根据这一规定，对符合条件的吸毒人员申请治疗，要按照规范提供必要的毒品替代。我们认为，这样做是可以降低毒品市场的消费总体需求的。"对吸毒成瘾的人无论能否彻底戒断，只要通过戒毒达到一定时期内不吸毒和逐步地控制减少吸毒剂量，从个体和局部减少毒品需求。"[1]即在具体的控制毒品需求上，可以通过政府强制戒毒方式和对吸毒成瘾已发生生理病变的吸毒者通过有条件地选择毒品替代药品的方式降低其对毒品的依赖，从而降低毒品消费者存量。二是推进社区戒毒，减少瘾性较小的毒品消费者。三是加强禁毒教育，减少潜在的毒品消费者。因此，从打击毒品犯罪的实践可以看出，我国长期坚持严厉打击以减少供给，长期坚持多种戒毒措施与禁毒教育以减少需求。[2]可见，对于防控毒品犯罪，必须长期坚持严厉打击不动摇的刑事政策，减少毒品供给。我们应当继续坚持加强对吸毒人员的管控教育，通过戒除毒瘾降低吸毒人员的存量，进而减少贩毒的违法市场需求。各地积极探索的具体做法可以进一步探索总结成全国性的经验。如枫桥经验的推广，禁毒志愿者协会、禁毒社工参与戒毒帮扶，戒毒人员的社会化服务等，形成共治、共扶的社会氛围；另一方面，要加强对社会民众的毒品危害、毒品识别、毒品违法行为防范教育，加强毒品违法行为的社会监督，遏制潜在的吸贩毒违法人员的增长。

2. 多环节遏制毒品供给

（1）抓好易制毒化学品源头管控。毒品与新精神活性物质控制的关键点在于对易制毒化学品的源头管控。

首先，需要对易制毒化学品的生产和化学实验、进口、科研、使用等方面进行严格管理和监督，防止企业或个人非法生产、进口或者通过实验室研制新精神活性物质。

根据国务院 2016 年修订的《易制毒化学品管理条例》、公

---

[1] 郑蜀饶："毒品犯罪规律的新认识及禁毒策略的思考"，载《法律适用》2007 年第 12 期。

[2] 参见王宏玉、潘振生："犯罪经济学视角下的毒品犯罪防控'悖论'解析"，载《中国人民公安大学学报（社会科学版）》2020 年第 6 期。

安部2006年发布的《易制毒化学品购销和运输管理办法》的有关规定，可以制定地方的企业与从业人员行为规范，加强对企业和经营管理者的涉易制毒化学品生产、销售、保管的全环节管理与监督。应从源头建立进出原料和成品的生产销售流通情况网上备案制度，通过建立网上备案监管系统，形成企业主动报备，市场监管机关、海关监管机关与公安监管机关信息互通的动态监管系统。各执法机关应在保护企业商业秘密的前提下，有效监测第一类易制毒化学品和其他未被列入监管的潜在易制毒化学品的仓储、运输走向，以实现毒品违法犯罪预防和刑事办案追查。对第一类易制毒化学品仓储和运输应当安装与公安机关联网的入侵报警系统、运输形式定位动态定位监控系统，建立流向追溯、责任倒查机制，从而实现对易制毒化学品的监督管理。国家相关管理监督机关应严格审查企业运输麻黄草的资质，控制运输企业数量与质量。在城乡接合部以及偏远的乡村建立联防机制，通过常态化的巡防、道路检查，防止毒贩利用易制毒品的化学原料在社会管控的死角、人迹罕至的地方快速制造毒品。要通过无人机对林区、山区及农田进行巡查，对种植麻黄草、罂粟等植物的行为进行严厉打击。

我们应当充分运用物联网、大数据等新技术建立对易制毒化学品的流向预警系统，对接政府各个信息管理和数据处理平台及终端数据库，形成对易制毒化学品生产流通从原料链、生产链到销售链的跨层级、跨平台、跨地域的风险管控全覆盖。国家执法机关应当推动相关生产、运输和仓储企业建立涉易制毒化学品依法管理的常态化培训机制，加强对相关公司和从业人员易制毒化学品的管理、使用人员的相关术语、危险特性、使用与包装送检、安全储存、台账建立、监督管理、应急措施、法律法规等方面的培训，提高相关企业管理人员和从业人员的知识水平。

其次，需要加强对新精神活性物质的预警和评估。主要依靠基层综合治理平台，对涉嫌研发、生产、经营新精神活性物质的场所进行排查，严防不法分子利用其从事新精神活性物质的研究和生产活动。要对易制毒化学品企业转型进行专项检查，建立相应的奖惩机制。全国应积极推进化工制品互联网交易平台巡查管理机制建设，对于通过化工制品互联网交易平台进行交易或宣传新精神活性物质的行为要予以及时处置。此外，还应在互联网交易平台设置监控措施，进行常态化监控。对于已经被列入国家管制范围的新精神活性物质，互联网化学服务平台要及时采取措施，消除相应信息。同时，要积极掌握国际信息，对于已在国际上形成危害的新精神活性物质及其他疑似化学物质信息，我国尚未列入管制的，互联网化学服务平台应积极向禁毒管理部门报告提醒。另外，互联网化学服务平台应严格落实用户实名认证管理规定，主动开展信息巡查管理工作，对敏感信息应保存记录并报告公安机关。目前，贩毒分子开始越来越多地利用互联网网上支付系统、虚拟货币出售和推销非法药物、新型精神活性物质和前体，以及"清洗"销售所得。基于此，我国应当建立相应的毒品管控预警机制，相关工业部门应建立谅解备忘录等自愿合作机制，并将这类合作原则纳入企业社会责任的范畴。

目前值得特别关注的一个问题是，我国部分省份工业大麻合法化后存在着监管隐患。例如我国云南和黑龙江两省已经通过地方性法规确立了工作大麻种植加工的合法化。但由于缺乏全国性的工业大麻发展政策和法规，极易带来以工业大麻为掩护种植、加工、贩卖、运输的隐患。因此，我国应及时出台全国性的工业大麻管控具体标准和措施，明确全国通用的工业大麻定义、技术标准、管控要求等具体内容，规范工业大麻的正常发展，规避违法犯罪风险。[1]

（2）加强打击流通环节的涉毒违法行为。预防毒品应从源头上把控毒品市场的供给与需求，包括对毒品的禁种、禁制、禁售以及禁吸。要加强毒品来源重点方向省份的毒品查缉工作，严格物流寄递行业禁毒管理，构建覆盖全国陆、海、空、邮及互联网的毒品立体堵截体系。

第一，加强边境管控，防范走私运输毒品行为。重点是对边境居民的防范毒品违法教育和提升村民的自治能力，杜绝边境村民被毒犯利用走私毒品。加强边境社区治理体系建设，发挥基层社会组织的自治与监督作用，实现政府治理和社会监督、居民自治的良性互动，形成全员参与禁毒的自觉性。

第二，加强对快递业的监管。目前，毒贩通过快递公司利用"人货分离"方式实施的运输、贩卖毒品犯罪逐渐增多。究其原因，物流运毒具有成本低、风险低、效率高且难以被发现的特点。目前，物流运毒已经成为我国毒品问题治理体系和治理能力现代化过程中必须予以解决的新问题。为了有效控制物流寄递运毒，我国应通过落实寄递实名制、加强对寄递各个环节的掌控、实现寄递全民治理来切实提高物流运毒犯罪的有效治理。[2]对于网络平台的监管、对于吸毒人员的矫治、对于物流寄递行业的管理等都不是单纯依靠刑法打击能够实现的，我国必须在刑事治理之外，充分发挥各种社会力量的作用，朝着标本兼治的目标努力。[3]不断提升打击毒品犯罪的刑事治理能

---

[1] 参见吴鹏："我国大麻'外防输入、内防扩散'的禁毒对策"，载《云南警官学院学报》2021年第1期。

[2] 参见梅传强、王心一："物流运毒犯罪的肇因检视与治理对策"，载《广西警察学院学报》2021年第1期。

[3] 参见胡江："毒品犯罪网络化的刑事治理"，载《西南政法大学学报》2020年第5期。

力，树立与网络时代相适应的毒品犯罪治理的基本理念，从立法完善、司法应对和社会治理等多维度共同推进，充分发挥刑事治理、社会治理对毒品犯罪治理的积极作用。杜绝快递公司违法承揽来路不明、快递物品不清、特殊化学物品的行为，加强对快递人员识别毒品及易制毒化学物品的基本判断能力培训，严格落实《快递管理暂行条例》，重点落实收寄包裹时对物品的检查操作规范。快递公司应当建立自己的内部刑事合规制度，对于可能发现的毒品违法犯罪信息能依事先预设的程序及时上报给公安机关。国家应建立社会公众和市场主体参与毒品违法监管信息举报奖励制度，拓宽举报通道和落实对举报人的保护。

（3）有针对性地开展网络贩毒防控工作。网络毒品犯罪是当前国际国内日益活跃的毒品犯罪的一种新型表现形式。"突出表现为通过网络平台、社交软件中发布涉毒信息；使用网络平台、社交软件进行毒品犯罪联络；使用电子支付软件进行毒资交付；利用物流网络进行毒品运输；在网络平台、社交软件中交流吸毒体验或聚众吸毒等。"[1]《2019年中国毒品形势报告》显示：近年来，国内外毒品犯罪网络化趋势明显，呈现出案件数量激增、涉案毒品数量大、毒品种类日趋复杂和运输区域跨度大等特征。在国际上，吸贩毒者也经常通过人们所说的"暗网"进行交易。网络空间分为三个层次：表层网、深网和暗网，我们日常使用并通过搜索引擎能够抓取到信息的网络空间被称为表层网，而搜索引擎不能轻易抓取到信息的就是属深网和暗网。暗网是一种加密型网络。"暗网，又称隐藏网、不可见网，是指存储在网络数据库中，但需要借助特殊软件、特殊授权或

---

[1] 徐伟、李睿恒："网络毒品犯罪调查分析及治理对策研究"，载《山西警察学院学报》2022年第3期。

对电脑加以特殊设置才能访问的资源集合，谷歌、百度等普通搜索引擎无法对其进行检索、查询。如果要对暗网进行访问，需要借助'Tor 路由'（The Onion Router）等特殊软件进行搜寻，再通过动态请求才能登录进入浏览。在暗网市场上购买的商品通常以加密货币支付，这些加密货币可以用于购买其他商品和服务，也可以兑换成各国货币。加密通信服务和加密货币支付，使得整个交易过程高度匿名化，大大降低了买卖双方暴露的风险。"[1]由于具有匿名性强、溯源难、动态性高等特点，暗网逐渐成了毒品交易的重要平台。"暗网中的毒品犯罪不是一个静态集合，而是在不断变化发展，有自己的过去、现在和未来。暗网并不必然与毒品犯罪等同，但却逐步成了毒品犯罪的代名词，并形成了自己独具一格的犯罪形式和特点。"[2]"2017 年，欧洲毒品和毒瘾检测中心与欧洲刑警组织联合发布的《毒品与暗网：执法、研究和政策前景》报告显示，在暗网市场上约三分之二的报价与毒品有关。尽管与目前整个欧盟毒品市场年度销售价值相比，暗网市场的销售量不大，但是已经显示出它的成长潜力。2016 年全球毒品调查（The Global Drug Survey）样本报告显示，就吸毒者的总样本而言，几乎每 10 名参与者就有 1 人（9.3%）承认，有从暗网市场购买毒品的经历。"[3]在欧洲，暗网市场售卖的主要毒品是大麻、安非他明和可卡因，也有少量新精神活性物质。暗网环境中的毒品犯罪所包含的主要要素通常可以被分为技术、支付、运输等。技术要素是指为专门使用

---

[1] 黄伊霖："欧盟毒情新趋势与治理挑战"，载《中国出入境观察》2021 年第 4 期。

[2] 黄伊霖："欧盟毒情新趋势与治理挑战"，载《中国出入境观察》2021 年第 4 期。

[3] 黄伊霖："欧盟毒情新趋势与治理挑战"，载《中国出入境观察》2021 年第 4 期。

暗网所开发的各种登录程序、工具，可以进一步降低毒品犯罪成本。支付要素是指通过加密币来绕开国家的外汇监管实施毒品犯罪支付活动，通过数据建立起"技术信任"，使得毒品犯罪能够在陌生人之间开展。运输要素，主要是针对快递行业而言，其为暗网贩卖毒品提供了现实的交易通道，使得毒品出卖人和买受人即使不见面也能够实现毒品的流通转移。

我国的吸贩毒者目前主要还是利用公开的网络平台进行交易的。吸贩毒者利用涉毒隐语通过互联网平台进行毒品违法犯罪活动，这也是毒品违法犯罪人员进行内部毒品买卖并企图逃避执法机关打击的一种常用手段。如，我们常听到的"老K""81""拜四"在毒品交易中均指海洛因，还有"大枪"（注射器）、"煲猪肉"（吸毒）、"飞叶子"（吸食大麻）、"到顶"（毒瘾发作）、"带你飞"（带人吸毒）、"邮票"（新型合成毒品LSD）、"哑巴"（病毒）、"溜冰"和"走冰"（吸食冰毒）、"电池"（摇头丸）等等，这些词汇是由毒品犯罪人员自创且被涉毒犯罪亚文化群体所普遍知晓的内部词语。这些涉毒隐语信息一方面可以勾起心智不成熟未成年人的好奇心理，导致其误入涉毒违法；另一方面也通过网络信息传播推动了毒品吸贩毒市场的扩大。当前，我国毒品犯罪的网络化特征主要表现在以下五个方面：一是涉毒信息的网络化。这主要表现为犯罪分子利用网络平台或者通信群组发布、传播有关毒品违法犯罪的信息，如提供购毒、卖毒的信息或在网络平台发布制造毒品的信息。二是沟通联络的网络化。犯罪分子往往会通过微信、QQ等即时社交软件进行沟通联络，从而增强沟通交流的便利性。这极大地增加了毒品犯罪的隐蔽性和复杂性，为案件的查处增加了极大的困难。三是支付方式的网络化。在我国，目前移动支付已经成为人们最主要的支付方式，而毒品犯罪分子也在广泛使用移动支付来规避法律的监管和打击,如通过支付宝、微信、手机银行等移动支付平台进行转账或者直接支付。四是运送方式的网络化。近年来,我国毒品的运输方式网络化具有以下特点:一种是呈现出"互联网+物流"方式,即直接利用物流、快递的方式实现毒品的运送和转移,主要表现为将毒品化整为零,并将这些零散、少量的毒品通过物流、快递的方式运送至下家。另一种方式是通过互联网发布招聘信息,假借合法招聘的方式,雇佣他人运送毒品。五是吸毒场所的网络化。贩毒人员通过网络平台非法设立网站,传播吸毒、贩毒等信息,引诱他人吸毒并获利的行为。犯罪分子通过在相关平台建立群组,通过缴纳会员费、展示吸毒等方式予以认证。可见,毒品的销售场所和吸毒场所已经突破传统的现实空间,并呈现出虚拟化、网络化的新特征。[1]事实上,毒品犯罪网络化的发展也给刑法对其的定性带来了难题。组织网络吸毒行为究竟是单纯的吸毒行为还是容留吸毒或者非法利用信息网络的行为,通信群组的创建者、管理者是否属于容留者,通信群组是否属于场所,都面临着刑法解释上的难题,甚至"对于聚众吸毒行为,目前还是一个法律空白点"。[2]特别是在网络化的背景下,犯罪人之间虽然相互不认识,但在其组织内可能存在较为精细的层级关系。在毒品案件中,网络平台的刑事责任认定存在认定上的困难。网络信息的隐蔽性和复杂性使得网络毒品犯罪呈现出犯罪行为发现难、犯罪证据搜集难和犯罪人查获难的特点。

执法机关要提升对网络毒品犯罪的侦查能力。基于国家打

---

[1] 参见胡江:"毒品犯罪网络化的刑事治理",载《西南政法大学学报》2020年第5期。

[2] 参见刘仁文、刘瑞平:"'网络吸毒'行为的刑法学分析",载《中国检察官》2011年第12期。

击毒品犯罪的高压态势，网络毒品犯罪中犯罪嫌疑人的反侦查意识普遍增强，会频繁采用加密技术隐藏真实IP地址、架设境外服务器注册网站及会员、信息联络后删除聊天内容等方式来逃避国家执法机关的打击。同时，毒品犯罪人员的网络贩毒隐语也在不断变化。这就需要执法机关与时俱进，通过网上毒情形势的变化、利用网络卧底侦查等手段积极捕捉各类不断变化的网络贩毒隐语，保证快速侦查新型毒品和快速破案。国家网监和公安执法机关应建立网络毒情监督、鉴别机制，建立涉毒隐语智能数据库，实现对隐语的动态监控，根据时代的变化、涉毒隐语和交流方式的不断更新进行及时修改和扩充，运用"大数据""云储存"等技术，运用毒情智能数据库的快速查询、检索和动态网络信息监控功能，实现信息共享和快速分析，进而提升侦查、破案效率。公安机关应通过大数据分析等综合监管技术运用实现对网络毒品违法犯罪的快速打击；与中国人民银行反洗钱中心共享信息，加强对网络支付的管理，通过追踪资金流向，防范洗钱行为。

网络监管机关和公安机关要加强对互联网公司和利用互联网平台销售商品者在毒品网络隐语鉴别方面的知识培训。从社会预防角度来讲，增强互联网平台及其从业人员对毒品隐语信息的识别能力，提升其及时发现汇总各类涉毒敏感词汇和用语的能力，并在互联网服务平台上及时给予屏蔽，通过落实互联网平台及服务人员预防毒品违法犯罪的主体责任，净化网络空间，遏制涉毒有害信息的传播，从而遏制毒品的贩卖和消费群体的增长。

加强对互联网平台服务公司的刑事合规制度建设，落实预防网络毒品犯罪主体责任。2017年实施的《网络安全法》第28条规定："网络运营者应当为公安机关、国家安全机关依法维护国家安全和侦查犯罪活动提供技术支持和协助。"国家可以通过建立互联网平台合规制度，并赋予网络服务平台防控网络毒品犯罪一定的参与主体地位，使其在提供平台服务的同时兼具犯罪预防职责。比如，允许网络平台通过各种算法、大数据及时对敏感词汇进行追踪、分析，发现涉毒信息及违法犯罪线索并及时向公安机关汇报。互联网平台公司要在检察机关的指导下建立毒品违法信息发现、处理、汇报机制。例如，对网络用户发布的信息的内容审核程序、网络毒品违法犯罪信息的动态预警阻断、事后的报警与证据保留等合规机制建设，以及时应对随时出现的网上毒品违法犯罪行为。大型互联网平台公司应主动承担起防范毒品犯罪的主体责任，允许公安机关各种防范毒品犯罪的监控与信息资讯类、科普类 APP、短视频更快、更有效地在网络平台入住和被及时推送。网络平台公司应充分利用所掌握的各种算法语言、人工智能识别等科学技术优势，实现对涉毒信息的及时、准确捕捉，并能截停和屏蔽涉毒信息交流，为公安机关提供破案线索和证据，既能避免因行为不合规而被刑事追责，又能体现出互联网平台对打击毒品违法犯罪的积极参与，实现对用户的有效在线监管，服务于国家对毒品的社会治理工作。打击网络毒品犯罪应该形成长效的治理机制，这就需要刑事司法对新兴事物作出积极、及时的回应，克服司法在应对过程中的障碍，坚持"惩治和预防相结合"的原则，在参与打击网络毒品犯罪的同时，通过企业合规建立起事前预防体系，彻底斩断网络毒品犯罪的黑色链条。

3. 对吸毒者进行一体化管控

我国对现行吸毒人员的管控模式以公安机关、司法机关等政府部门为主体，以吸毒人员动态管控机制以及强制性与自愿性相结合的多元戒毒措施为特点。作为承担强制戒毒工作的两大行政管控主体应各司其职,对吸毒人员的管控应坚持"大排查、大收戒、大管控"的治毒方针,对于吸毒人员,要进行一体化管控:一是建立管控戒毒人员的网络信息终端数据库平台。借助"大数据"手段,从登记、排查、戒毒、康复、帮教几个方面入手对吸毒人员进行动态管控,运用动态管控系统实现对吸毒人员从发现、登记到戒毒、康复、帮教、回归的全程监控,并做到信息共享、网上跟踪、有效管理,让参与禁毒的各个部门快速了解吸毒人员情况。建立统一的信息采集标准、数据存储标准、处置工作流程、信息反馈模式平台运行机制,最终将吸毒人员服务管理信息汇总至全国的终端数据库平台。二是加强对吸毒人员的动态管控。加强对吸毒人员的监控和排查,对于吸毒人员要做到精准管控、全面排查。在必要的情况下要对外流吸毒人员、新吸毒人员、病残吸毒人员进行专门监控严格管理,落实戒治与帮教。三是持续开展"重嫌必检"和"逢毒必查"活动。对于涉毒人员要进行重点排查,尤其是这类重点人群出入的娱乐场所、宾馆等重点场所,凡是排查到涉毒人员出现在这类场所,就要严格检查,切实防止吸毒人员再次吸毒。四是充分发挥国家执法机关建立的国内吸毒人员管控技术体系和平台的功能,对吸毒人员进行安全生命周期闭环式管控。"公安网应用通过传统查缉手段、毒品毛发检测、智能研判等多种途径,从发现吸毒人员开始,建立起对吸毒人员分类分级、纳库、纳控、跨地域管控等一系列管控措施,以及对吸毒人员社区戒毒康复的全流程管理。"[1]五是全面落实社区戒毒各项工作,从管控、戒毒、帮扶等几个方面着手,深入推进吸毒人员

---

[1] 刘艺琳等:"吸毒人员现场快速检测装备和查缉管控平台",载《警察技术》2021年第5期。

网格化管理，做好强制隔离戒毒回归社会人员的安置帮扶工作，结合当地的经济、文化、历史等因素，发展、健全本地区的吸毒人员再社会化机制，整合社会上不同的主体资源，落实吸毒人员的日常管控、医疗救助、法治教育、就业指导、低保落实、心理咨询、行为矫治、社会干预等各项帮教关爱措施，帮助戒毒人员再就业，使得戒毒康复人员能有效地重新融入社会。

(三) 规范惩治毒品犯罪的司法活动

1. 规范毒品刑事侦查行为

(1) 强化对侦查手段的规范性。在毒品案件侦查中，毒品犯罪方式的隐蔽性和无被害人等特征致使毒品案件的证据难以收集，因此警方一般都是运用诱惑侦查或卧底侦查等一些特殊侦查手段主动出击。在毒品案件的侦查中，目前适用得最多的是诱惑侦查。然而，有关诱惑侦查的操作规定在我国现行的法律法规中却近乎空白，哪些案件可以适用诱惑侦查，启动诱惑侦查手段时需要遵循怎样的授权程序和规定，诱惑侦查适用时的法律边界及相应的法律后果等问题都还需要厘清。[1]一般的刑事案件，其侦查由"果"到"因"，是从"案"到"人"的侦查。然而，在毒品案件中，尤其是贩卖毒品案件中，犯罪人

---

[1] 我国的法律法规并没有明确提出诱惑侦查的概念。例如，我国《宪法》第40条规定："中华人民共和国公民的通信自由和通信秘密受法律的保护。除因国家安全或者追查刑事犯罪的需要，由公安机关或者检察机关依照法律规定的程序对通信进行检查外，任何组织或者个人不得以任何理由侵犯公民的通信自由和通信秘密。"《刑事诉讼法》第151条规定："为了查明案情，在必要的时候，经公安机关负责人决定，可以由有关人员隐匿其身份实施侦查。但是，不得诱使他人犯罪，不得采用可能危害公共安全或者发生重大人身危险的方法。对涉及给付毒品等违禁品或者财物的犯罪活动，公安机关根据侦查犯罪的需要，可以依照规定实施控制下交付。"《人民警察法》第16条规定："公安机关因侦查犯罪的需要，根据国家有关规定，经过严格的批准手续，可以采取技术侦察措施。"以上这些规定被视为有关诱惑侦查的概括性授权。

都要精心筹划，筹集资金并为毒品犯罪创造条件、准备场所、提供运输工具以及建立交易媒介或平台，侦查人员在侦查活动中必须获取证明犯罪行为正在实施或即将实施的相应证据，因而毒品案件作为隐蔽性极强的特殊刑事案件，其侦查思路是由"人"到"案"的，自然需要运用一些特殊手段或方式。由于毒品可能对个人身体健康与生命安全、家庭和谐关系、社会稳定秩序造成巨大破坏，因此对待毒品犯罪的关键还是在于提前控制和防范。然而，在毒品案件中，毒品交易是在一种极其隐秘的条件下进行的，参与毒品交易的双方是毒品犯罪活动的"利益共同体"，属于刑法上的"对合犯"，且都具有较高的反侦察能力，在实施毒品犯罪的过程中往往是单线联系，很难从毒品犯罪嫌疑人的交代中获取有用的信息，这也直接导致了毒品案件的证据很难被发现和收集。[1]再加之毒品犯罪属于是无明显被害人的犯罪，没有被害人的举报和报案，侦查机关很难发现毒品犯罪，这使得毒品案件极具隐蔽性。同时，毒品犯罪的犯罪现场具有不确定性，例如制造毒品的犯罪，其购买原料是在某个地方，而制造初级成品又是在另一个地方，最后提炼加工时可能还会换一个地方，实践中依靠传统侦查手段获取证据较为困难。故传统的"回应型"侦查模式已不能适应一些特殊案件的侦查。如现阶段的毒品交易通常采取人货分离的交易方式，或者通过互联网进行线上交易，犯罪空间转换非常快，侦查机关很难发现犯罪现场或者直接没有犯罪现场。因此，如果仍然将传统的"回应型"侦查方式运用到毒品犯罪的侦查活动中，将很难及时发现毒品犯罪并将犯罪嫌疑人和毒品及毒资

---

[1] 参见许惠宏：《毒品案件诱惑侦查的必要性及立法思考》，载《江苏警官学院学报》2005年第6期。

## 第五章　毒品违法防控体系的构建

等一同查获。因此，在严格的侦查程序的有效控制下，在某些特定的案件中采取"诱惑方式"或"欺骗手段"是具有必要性的，这有利于将整个犯罪置于侦查部门的监控之下，属于一种积极的事前预防，并能有效降低犯罪行为的社会危害性。因此，对于毒品犯罪这类有着广泛社会危害性的案件，从价值利益衡量的角度来考虑，合理限制运用诱惑侦查无疑是符合社会整体利益保护需要的，此种侦查手段具有适用的必要性。诱惑侦查方式的适用基于两个因素：一是一些犯罪调查的紧迫性。在控制的情形下，仅仅促进或提供机会可能不足以使犯罪发生，因此在一个严重犯罪确有发生可能性之前，还应有诸如特情人员表现出的热情或持续买卖行为等，以给实施犯罪的行为人提供更多机会。因此，只要有犯罪实际发生的机会，特情人员便可以实施多种刺激行为；二是司法裁判中，对于特情人员从事刺激行为人实施犯罪的活动认定比较困难，这促进了诱惑侦查方式的使用，虽然这种做法被认为相当于随机的"美德测试"，令人反感，但基于特殊案情，其还是很有必要运用的。[1]

在毒品案件中，侦查机关启动诱惑侦查的具体标准在于：一是从犯罪意图来看，犯罪嫌疑人是否具有明确的犯罪意图或犯意表示；二是从因果关系来看，若有证据证明被诱惑者具有犯罪意图，但如果允许侦查机关实施过度的诱惑，应考量诱惑行为与之后的犯罪行为之间的因果关系，即诱惑行为是否为犯罪形成的异常之介入因素。如果不是异常的介入因素，且能够合乎规律地发生，换言之，即使如果没有侦查机关的诱惑侦查行为介入其中，该犯罪行为仍然会发生，那么此种情形下的诱

---

[1] See Eric Colvin, "Controlled Operations, Controlled Activities and Entrapment", *Bond Law Review*, 2002 Volume 14, Issue 2, pp229~230.

惑侦查便是正当的诱惑侦查。因此,针对诱惑侦查实施的审批程序我国应该有明确规定,可设计一般规定和特殊规定:所谓一般规定,即由侦查机关提出申请材料,内容包括诱惑侦查对象的基本信息、实施主体、依据和理由、具体方式、程度、时间等基本情况,并经侦查机关负责人批准后上报至同级检察院,由检察院对申请材料进行评估审查和风险评估,最后由检察院确定该次侦查活动是否适用诱惑侦查手段。所谓特殊规定是指在一些突发或紧迫案件中,如果具有适用诱惑侦查的必要性和紧迫性,但来不及上报检察院批准,侦查机关根据实际情况,可先实施诱惑侦查活动,但同时应准备审批材料报至检察院批准,若未批准,则该次诱惑侦查活动应当立即停止。当然,诱惑侦查应该有时间限制,参照我国《刑事诉讼法》第151条关于技术侦查的相关规定,诱惑侦查通常只有3个月时间,对于复杂、疑难的案件经过批准可以延长,但是每次延长时间不得超过3个月。另外,对于不需要继续采取技术侦查措施的,应立即解除。在诱惑侦查结束后,侦查单位必须出具侦查实施活动的完整性报告并体现在案件卷宗内,以满足后续的证据审查需要。

(2)规范收集毒品犯罪的刑事证据行为。办案人员对毒品案件的证据搜集工作不规范,毒品犯罪案件的证据具有相对单一性、易毁坏性、即时性和隐蔽性以及证据推定力偏弱性等特点,会导致侦查机关取得的证据不能得到法庭支持。基于毒品案件的特殊性,侦查机关收集的证据本来就很少,如果已收集的证据还存在疑问,无法有力地证明犯罪嫌疑人的犯罪事实,便会对能否指控嫌疑人犯罪产生重大影响。因此,对于毒品案件的证据收集要强调侦查人员的专业性,并增强侦查人员正确收集证据的意识。例如,最高人民法院、最高人民检察院、公安部（以下简称"两高一部"）出台的《关于印发〈办理毒品犯罪案件毒品提取、扣押、称量、取样和送检程序若干问题的规定〉的通知》（公禁毒〔2016〕511号）（以下简称《规定》）第4条第1款规定："侦查人员应当对毒品犯罪案件有关的场所、物品、人身进行勘验、检查或者搜查，及时准确地发现、固定、提取、采集毒品及内外包装物上的痕迹、生物样本等物证，依法予以扣押……"但在具体办案的过程中，目前仍存在"抓人—讯问"这样的简单取证模式，特别是在基层公安机关，很少对毒品及包装进行指纹鉴定。即使在案件审理中司法机关要求鉴定，也会因为侦查机关在提取毒品时的不当操作而导致鉴定无法进行或是鉴定缺少依据，导致鉴定结论可信力低。这就要求侦查机关的工作人员提高程序意识，在提取、扣押时确保程序的规范性，否则也可能会导致证据锁链的松动。此外，实践中，由于客观原因或者部分侦查人员法律意识较低，在工作过程中疏忽大意，导致出现了没有证人在场或是见证人不适格的情况。如见证人系侦查机关的辅（协）警、临时工、实习生等，不符合客观中立的要求。

在收集网络毒品犯罪证据时，要避免主观随意性。为防止公民个人合法信息、商业机密和国家秘密遭受侵害，公安机关对网络信息、大数据侦查信息的收集要做到合法合规，否则收集到的证据难以成为定案依据。公安部和最高人民法院、最高人民检察院应当建立统一的网络证据规范性审查机制，对网络大数据取证、电子取证的合法性进行审查，以保障对涉毒案件的公正执法和司法。

（3）推进证据来源合法性全面审查。随着刑事司法由"侦查中心主义"转向"审判中心主义"，侦查机关在侦查阶段所形成的证据材料只是启动庭审质证的依据，所有证据材料都要经过各方的当庭质证,这无疑对侦查人员取证水平提出了更高的要求。只有不断强化证据意识,形成完整的证据锁链,全案证据才能经受住法庭质证。同时,需要进一步提高取证的及时性、客观性、全面性,建议侦查机关除了要重视收集犯罪嫌疑人供述、供应毒品上下家的证人证言等主观性证据之外,还要加强对客观性证据的收集和调取,确保在案证据体系的全面性。

近年来,刑事案件特别是毒品犯罪案件客观性证据在提取、固定、封存、移送、鉴定等方面是否符合法定程序,已然成为取证采证规范化的重要考量因素。在司法实践中,客观性证据形式合法、来源清晰、流转规范等问题亦是庭审控辩双方争议的重大焦点,同时也是确保公诉案件质量的关键因素。鉴于此,一方面,侦查机关需不断强化取证理念,从着眼于实体证据本身是否客观存在拓展至取证程序是否合法、规范。另一方面,检察机关承办人要以审查在案证据的客观性、合法性问题为重心,立足源头治理,实现从对证据实体审查到全流程审查的转变,认真审查证据来源的合法性。在审查毒品犯罪案件中,严格审查客观性证据的提取过程和方法,警惕证据收集与运用的主观性对证据内容真实性的影响,确保客观性证据在合法性、关联性及真实性方面均经得起检验。

2. 在量刑适用中体现宽严相济

(1) 对轻微毒品犯罪适用非刑罚处罚措施。在我国的刑事司法实践中,由于对毒品犯罪遵循"严打"的刑事司法政策,在具体刑罚适用时,法官往往会忽略其中的一些罪名差别,尤其是在涉及数笔犯罪事实时,往往会出现轻罪重判现象,如贩卖毒品与非法持有毒品等。但"在我国传统刑法理论中,刑罚并未获得应有的重视"。[1]因此，应对毒品犯罪，也是要从刑罚的角度，尽量找寻配刑的均衡点。正如李斯特所言："刑事政策研究方面的一个重大成就是，最终达成了这样一个共识：在与犯罪作斗争中，刑罚既非唯一的，也非最安全的措施，对刑罚的效能必须批判性地进行评估。"[2]虽然从刑事政策方面考虑，对毒品犯罪采用从严的政策，但我们认为，对于毒品犯罪中较为轻微的犯罪，建议考虑刑罚的均衡性，在遵循对毒品犯罪"零容忍"的严打刑事政策前提下，在量刑时应当以本地、本时期涉毒品犯罪的量刑情况为参照，综合考量自首、立功、坦白、认罪认罚等量刑的各种影响因素，适当考虑刑罚平衡问题，最大限度地发挥刑法功能，体现刑罚的公正与均衡性。

对轻微的毒品犯罪可以多适用非刑罚处罚措施。刑法的处罚需要以责任为中心，坚持责任主义原则。而对轻微的犯罪，则应当采用较为宽缓的刑罚。毒品犯罪，亦然。尽管《刑法》第37条对非刑罚性处置措施做了相关规定，但是针对毒品犯罪的非刑罚性具体措施的规定少之又少，仅体现为第351条第3款，非法种植罂粟或者其他毒品原植物，在收获前自动铲除的，可以免除处罚。实际上，无论多么严重的犯罪，都存在情节轻微的情形，毒品犯罪亦是如此。因此对毒品犯罪刑罚的设置应当具有针对性，对于主观恶性不大、法益侵害性不强并具有悔罪表现的初犯、偶犯等，可以有针对性地适用非刑罚性处置措施。既然毒品犯罪人的目的是趋利性，司法机关在量刑时对犯罪轻微的毒品犯罪人可以更多地判处财产刑，如罚金、没收财

---

[1] 桑先军：《当代中国非监禁刑执行问题研究》，知识产权出版社2014年版，第6页。

[2] ［德］冯·李斯特：《德国刑法教科书》（修订版），徐久生译，法律出版社2006年版，第22页。

产和违法所得等，以此精准挫败毒品犯罪人的犯罪目的，2015年5月，《最高人民法院关于印发〈全国法院毒品犯罪审判工作座谈会纪要〉的通知》明确指出："要更加注重从经济上制裁毒品犯罪，依法追缴犯罪分子违法所得，充分适用罚金刑、没收财产刑并加大执行力度，依法从严惩处涉毒洗钱犯罪和为毒品犯罪提供资金的犯罪。"除此之外，还可以在结合国外优秀成果和本土实践经验的基础上，通过替代种植、社区矫正、保安处分等非刑罚性处置措施对毒品犯罪分子进行教育，帮助其重新回归社会，从而实现预防犯罪的目的。

（2）严格限毒品犯罪的死刑适用。我国《刑法》第347条第1款规定："走私、贩卖、运输、制造毒品，无论数量多少，都应当追究刑事责任，予以刑事处罚。"这种处理模式意味着，只要行为人明知是毒品而非法销售，或者以贩卖（卖出）为目的而非法收买毒品，那么贩卖毒品不论数量多少，都应当追究刑事责任。根据我国《刑法》第347条其他款项的规定，对毒品犯罪的首要分子、武装掩护毒品犯罪的、以暴力抗拒检查情节严重的、参与有组织国际贩毒活动的。拘留、逮捕，情节严重的，参与有组织的国际贩毒活动的、教唆未成年人从事毒品犯罪的、向未成年人出售毒品的、有毒品犯罪的累犯情节的，应当给予严厉制裁，有效地发挥刑罚的威慑作用，从严惩处，以此维护正常的社会管理秩序。但是，在毒品犯罪适用死刑上还是要采取慎刑的态度，最高人民法院于2015年印发的《武汉会议纪要》对毒品犯罪死刑适用的对象进行了严格的限制。据此，司法机关在量刑适用上应遵循罪责刑相适应原则，根据涉案毒品对人体的毒害性与瘾癖程度进行毒品分级并对应设置相应的刑罚量刑等级，适用死刑不能简单以毒品的犯罪数量进行单一判断，应当综合考虑毒品数量、犯罪情节、危害后果、被告人的主观恶性、人身危险性以及毒品犯罪形势等各种因素，做到区别对待。最高人民法院于2008年印发的《大连会议纪要》指出："审理毒品犯罪案件掌握的死刑数量标准，应当结合本地毒品犯罪的实际情况和依法惩治、预防毒品犯罪的需要，并参照最高人民法院复核的毒品死刑案件的典型案例，恰当把握。量刑既不能只片面考虑毒品数量，不考虑犯罪的其他情节，也不能只片面考虑其他情节，而忽视毒品数量。"据此，我们认为，为了能有效降低司法实践中出现的对毒品犯罪死刑适用率高的局面，我国有必要改变将走私、贩卖、运输、制造毒品四种犯罪行为并列统一配置死刑的做法。因为，无论是对这人身危险性、"罪行极其严重"的事实判断，还是其所侵害的法益这四种类型的毒品犯罪的差别都非常大，在司法实践中不宜对这四种罪一刀切式地适用死刑，要注意区别不同的犯罪分子及其在犯罪中所起的作用、充分考虑法定和酌定从轻情节、认罪认罚从宽的适用等，以减少死刑的适用。尤其是对运输毒品罪应尽可能不适用死刑。"在毒品犯罪死刑适用的司法控制中，我国刑事司法应当立足于刑法教义学的立场，综合考量行为的社会危害性与行为人的人身危险性，以《刑法》第48条第1款"罪行极其严重"为圭臬，制定严格、稳定和明确的死刑适用标准，警惕国民情感对量刑的过度影响，坚守罪刑法定与罪责刑相适应两大基本原则，确保死刑只适用于穷凶极恶且毫无矫治可能之徒，推动刑罚走向轻缓化、人性化。"[1]

---

[1] 梅传强、伍晋："毒品犯罪死刑控制教义学展开"，载《现代法学》2019年第5期。

## 四、对吸毒人员的矫正与治疗

### （一）推进戒毒工作的社会化

#### 1. 社区戒毒社会化运行方式

我国社区戒毒主要由乡（镇）人民政府、城市街道办事处负责，时间周期一般为3年，除了进行戒毒知识辅导，教育劝诫，吸毒人员职业技能培训，职业指导，就学、就业、就医援助外，还提供其他措施帮助戒毒人员戒除毒瘾。社区戒毒是在《禁毒法》颁布后设立的戒毒措施，这一新设的措施从根本上改变了我国戒毒制度"强制性"的基本特征。在此之前，我国规范层面的戒毒制度主要依靠强制性的机构化处遇来实现。如前文所述，社区戒毒正好处于"自愿戒毒"与"强制隔离戒毒"的中间状态，既保留了一定的行政权特征，又体现出了相当程度的"医疗化"和"社会化"特征。这一复杂的特性使得社区戒毒在制度构建和具体实践当中呈现出"医疗"与"强制"的动态平衡关系。目的就在于，针对不同的吸毒者，分别采取"差异化"和"个别化"的措施，将唯一确定的强制性措施予以多样化，从而"软化"强制性的戒毒措施，细化吸毒者群体，对其中符合条件的，施以医疗为主的教育矫正措施。社区戒毒应当通过市场竞争机制引入专业性的戒毒社会服务机构，通过政府购买服务的方式将其引入社区，参与戒毒工作。这些戒毒社会服务机构的介入能够弥补现有体制内相关机构数量不足、低效和技术落后等缺点，满足戒毒人员个性化和特殊化的服务需求，更容易帮助毒品滥用者戒断毒瘾，恢复心理健康，回归社会。这些戒毒社会服务机构在被引进社区后，应建立督导检查、绩效考评、审计等制度，通过社区戒毒制度体系的建立，实现在具体运行时能有效开展对吸毒人员的分类分级管理并最终提升社区戒毒康复执行率和建档人员的戒断率。社区戒毒工作的难点在于社区帮扶戒毒工作。吸毒者自己无法戒除复吸的毒瘾时，需要外界的帮扶，以降低他们的复吸率，社区帮扶戒毒工作需要统一、规范的组织机构设置标准，如设置戒毒专业医生、专业的医务室标准、专业的辅导人员的资格，对社区戒毒监督、定期检查的内容等工作模式的规范等。

2. 强制戒毒体现社会多元主体共治

党的十九大报告指出要"提高社会治理社会化、法治化、智能化、专业化水平"，构建"共建共治共享"的社会治理模式。强制隔离戒毒制度在长时间的运行中形成了"隔离"和"管理"的样态，实际上并不符合社会共治的需求。无论如何隔离和管理，对于吸毒者来说，戒除毒瘾既是其本身的诉求，也是戒毒制度的本源含义，但在目前的实践中仅体现为"管制"和"管理"。强制隔离戒毒措施分别由两个行政机关分段执行：公安机关所属的强制隔离戒毒所执行时间较短，法定的期限是 3 个月到 6 个月，只有在极为特定情况下才可以延长到 12 个月。[1] 在这么短的时间内，即便设置了医疗措施、心理矫正、行为复健等手段，也不会起到特别有效的戒治效果。而根据制度设计，公安机关并不是强制隔离戒毒措施的终局性处理机关，在执行 3 个月到 6 个月以后，戒毒者要被移交到司法行政机关进行下一阶段的戒毒，公安机关对于措施执行缺乏应有的积极性。显然，对戒毒者的诊断评估以及戒毒成效的评价，都是在司法行政机

---

[1]《戒毒条例》第 27 条第 2、3 款规定："被强制隔离戒毒的人员在公安机关的强制隔离戒毒场所执行强制隔离戒毒 3 个月至 6 个月后，转至司法行政部门的强制隔离戒毒场所继续执行强制隔离戒毒。执行前款规定不具备条件的省、自治区、直辖市，由公安机关和司法行政部门共同提出意见报省、自治区、直辖市人民政府决定具体执行方案，但在公安机关的强制隔离戒毒场所执行强制隔离戒毒的时间不得超过 12 个月。"

关完成的，公安机关只要能平稳、顺利地将戒毒者送到司法行政机关便可满足规范的要求，自然不会有太强的动力去完善这项工作。加之各地戒毒所硬件条件差异极大，绝大多数的戒毒所都是依循以往强制性措施场所的模式兴建的，所以在执行方式上就更加偏向于对吸毒人员的管理。不仅如此，戒毒者在被移送到司法行政机关之后，也可能会遭遇措施虚置的问题。司法行政机关的强制隔离戒毒所都是在2014年之后改制形成的，虽然在长时间的场所建设中形成了一整套劳动教养戒毒的机制，且2003年司法部也公布了《劳动教养戒毒工作规定》作为规范依据，但司法行政机关的戒毒场所脱离劳动教养制度的时间并不长，在长期执行劳动教养这样的强制性措施的惯性之下，强制隔离戒毒也就自然会偏向于"管理"。2018年5月，司法部在全国司法戒毒行政工作座谈会上提出，要建立全国统一的"四区五中心一延伸"的强制隔离戒毒模式，在司法行政强制隔离戒毒场所贯彻"以分期分区为基础、以专业中心为支撑、以科学戒治为核心、以衔接帮扶为延伸"的要求。戒毒人员从入所到出所，需要经历"生理脱毒区、教育适应区、康复巩固区和回归指导区"的区域分设与流转流程，同时建立"戒毒医疗中心、教育矫正中心、心理矫治中心、康复训练中心和诊断评估中心"五个专业性的内设机构，而延伸则是对所戒毒人员的继续跟进与回访，掌握其操守保持、生活、工作等方面的情况，与社区康复等措施进行无缝连接，巩固戒毒效果。[1]可以看出，司法部提倡标准化的戒毒措施，就是为了应对当前戒毒场所医疗器械和场所缺乏、心理矫正专业化不足等诸多弊端，因为以

---

[1] 参见丁小溪："司法部打造全国统一的司法行政戒毒工作基本模式，推进戒毒规范化建设"，载 http://www.xinhuanet.com/2018-05/29/c_1122907451.htm，访问日期：2020年3月1日。

往过多重视管理工作，因此现在只能通过修正措施的执行内容进行"补课"。

借助社会多元共治可能是解决这些"短缺"现象的有效手段，从某种意义上说，这可能也是戒毒制度所蕴含的应然状态。对于医疗、心理康复等措施来说，显然是依靠社会专业力量才能更好完成的事务。其专业度和精准度是公权力机关难以企及的。根据国家禁毒办公室《全国社区戒毒社区康复工作规划（2016—2020年）》（禁毒办通［2015］97号）文件的要求："有条件的地区可以优先发展禁毒戒毒社工队伍，按照有关程序招录社工，专门从事社区戒毒社区康复工作。"实际上就是鼓励禁毒工作社会化。但在强监管模式之下如何开展社会化的工作，则是具体执行中所应当解决的问题。事实上，即便强制隔离戒毒措施的参与主体变得更加多元，也不会影响或者削弱政府的法定职能。政府可以将以往的执行转变为监督，同时制定相关的规范，拟定社会组织介入的准入条件与资质、参与的工作内容、考核办法和退出机制等，将执行转向为监督、指导或授权，以此来促进戒毒工作的多样化与社会化。[1]

3. 从"控制"向"戒治"转变

我国的戒毒措施一直坚持机构化和强制性的处遇，在措施中"医疗"所占据的成分较少。当前施行的戒毒制度是在2008年《禁毒法》和2011年《戒毒条例》之后才逐步展开的，距2013年劳动教养制度的废止尚近。因此，戒毒措施的执行还难以形成足够的惯性，在实践中以强制性措施作为社会防卫或者秩序维持手段的做法较为普遍。从规范上看，强制隔离戒毒是

---

［1］ 包涵："福利多元主义视野下中国戒毒制度的改良与完善"，载《中国药物依赖性杂志》2017年第4期。

由公安机关决定并由公安机关和司法行政机关共同执行的，但在措施流程中，司法行政机关是被动接受的，其只能作为措施的执行主体，接收公安机关决定并执行的戒毒人员。公安机关实际上具有独占强制隔离戒毒措施的主体地位，也基本不受外部监督，因而在实际的执行过程中，公安机关可以较为"灵活"地掌握强制隔离戒毒和其他戒毒措施的决定条件，从而满足一些额外的诉求。例如，在实践中，公安机关往往倾向于采取强制隔离戒毒措施，以此来控制"危险人"。在一般的观念中，吸毒者对于社会秩序的影响是难以预估的，他们本身可能会患有疾病，家庭支持度较低，且经济状况大多堪忧，并可能会引发侵财犯罪、传播疾病等危险，也容易造成社区的恐慌。因此，公安机关会利用在判断"成瘾"以及决定措施上的权力，将这部分吸毒者控制起来。所以，公安机关对于强制隔离戒毒措施的作用在很大程度上是从社会秩序的角度来考虑的，并没有特别考虑吸毒者的治疗和社会复归。笔者通过调研发现，强制隔离戒毒所的"再犯率"非常高，在西南某省直属戒毒所，入所5次以上的戒毒人员并不罕见，有很多强制隔离戒毒人员在出所后半年内又回到戒毒所，如此循环往复。决定机关并不在意戒毒人员是否通过强制隔离戒毒措施戒除了毒瘾，而是习惯于通过这种手段将吸毒者控制起来，以此在措施执行期限内保证吸毒者与社会隔离，从而达到维护社会秩序的目的。作为吸毒者来说，难以禁戒的毒瘾是生理和心理的反应，试图通过法律义务来避免成瘾现象是不现实的。当前的研究并不认为"复吸"就是采取强制性措施的唯一前提，而是应当区分"复吸"是吸毒者出于毒瘾发作而难以自我控制的结果，还是重归吸毒群体的象征行为。[1]因此,强制隔离戒毒应当着重考虑吸毒者是否"必须"进行强制性的处遇,是否已经使用了轻缓的处遇手段但难以达成戒治效果,突出在措施决定上的医学判断和措施执行中的治疗内容,从医学、心理学以及社会工作等层面进行考量,综合判断对吸毒人员所应当适用的措施类型。

4. 对吸毒人员的科学矫治与帮扶

(1) 综合运用多种方式科学矫治吸毒人员。联合国毒品与犯罪办公室发布的《2019年世界毒品报告》指出:2017年,全球约有2.71亿人在前一年使用过毒品,约有3500万人深受毒品使用障碍之苦,需要治疗服务。根据经济学中的市场供求理论,买方市场决定着卖方市场。因此,对于毒品市场而言,毒品的消费者才是决定性的因素。基于此,禁毒体系的关键环节在于减少吸毒者,减少甚至让毒品的买方市场消失。现实的情况是,虽然我国推出了很多禁毒、禁吸措施,但是吸毒者的数量并没有得到有效控制,禁吸并没有收到很好的效果的原因在于,现行的戒毒方式和并不完善、有效的社会管控方式使得所谓的"涉毒重点人员"极易再次踏上吸食毒品之路。[2]吸毒人员既是社会秩序的危害者,又是深受毒品侵蚀的受害者,或者说是深受毒品毒害的病人。[3]要想让吸毒人员戒除吸毒"心瘾",让吸毒者重新回归社会,成为社会的正常一分子,不仅需要吸毒者自愿配合相应的戒毒措施,同时还需要社工提供的专业方

---

[1] C. Fisher, "Treating the Disease or Punishing the Criminal? Effectively Using Drug Court Sanctions to Treat Substance Use Disorder and De-crease Criminal Conduct", *Minnesota Law Review*, Vol. 99, 2014, pp. 747~781.

[2] 参见王屏、马海舰:"论对吸毒人员的保护性隔离——兼论我国毒品犯罪的源头遏制",载《广西政法管理干部学院学报》2006年第3期。

[3] 参见王守田:"对吸毒人员的社会评价和相应对策的思考",载《中国人民公安大学学报(社会科学版)》2006年第5期。

法、家庭的亲情和爱情以及来自社会方方面面的关心和帮助，从而形成帮助吸毒者的支持网络。例如，在构建毒品犯罪预防体系方面，上海市采取了"政府主导推动、社团自主运行、社会多方参与"的方针，意在体现禁毒工作中的政府责任和社会化特色，重在突出政府的"强势"功能，以此来保障预防体系的良性运行，同时招聘社会工作者、由政府购买相应的服务，真正建立"国家-社会"的"二元结构控制"的毒品违法犯罪防控体系。[1]因此，各禁毒成员单位应认真履行各自的禁毒职责，强化部门间的沟通联系；鼓励社会群体积极参加禁吸、戒毒等禁毒社会工作和志愿服务活动；积极推进社会戒毒（社区康复）工作，在以街道和乡镇为主的体系下，其他部门（如司法、公安和民政等部门）应形成共同参与机制，真正为吸毒人员回归提供条件。

　　基于毒品吸食者复吸率畸高的情况，有观点建议对吸毒者一律采取保护性的永久隔离措施。[2]2014年10月，公安部、司法部下发《关于改进戒毒康复场所试点项目建设管理工作的意见》（禁毒办通［2014］49号）。该意见的第三部分第9条指出：对没有工作、没有家人，很难通过自身意志和能力以及家人朋友帮助戒毒，并且没有条件通过社区戒毒、社区康复的人员，可以通过指定执行地点、签订协议等形式，让其到戒毒康复场所进行康复，防止复吸。没有条件建立戒毒康复场所的地方要做好戒毒人员及其家属的工作，积极动员他们就近到戒毒康复场所康复就业，发挥戒毒康复场所的辐射作用。2015年底，

---

［1］参见陈晓敏、丁亚秋："上海市构建社区禁毒防控体系实证研究"，载《法治论丛》2006年第4期。

［2］参见王屏、马海舰："论对吸毒人员的保护性隔离——兼论我国毒品犯罪的源头遏制"，载《广西政法管理干部学院学报》2006年第3期。

国家禁毒委员会联合多部委发布《全国社区戒毒社区康复工作规划（2016—2020 年）》，该规划的基本原则指出："坚持因地制宜、分类指导，区分不同毒情、不同基础和不同条件，探索符合本地实际的戒毒康复模式，努力提高戒毒康复工作实效。"虽然《戒毒条例》有关于"社区戒毒人员可以到戒毒康复场所戒毒康复、生活和劳动"的规定，但戒毒康复场所实施封闭式管理，并且需要到外地实施戒毒，这种做法与《禁毒法》的规定存在冲突。

对吸毒人员的戒毒措施大体分为三个阶段：首次戒毒、成瘾性不大的戒毒人员适用社区戒毒（3 年）；2 次及以上查获、成瘾性较大的戒毒人员适用强制隔离戒毒（2 年，视情况可延长不超过 1 年）；多次强制戒毒后、很难戒断的戒毒人员，在强制戒毒到期解除后，公安机关可责令其接受不超过 3 年的社区康复。自愿戒毒的戒毒人员，可自愿到具有戒毒医疗资质、社区戒毒（康复）场所或者强制隔离戒毒所进行戒毒治疗。虽然集中管理、集中戒毒的社区戒毒模式在法律法规上还缺乏有力支撑，但是，通过对近年来国家针对禁毒工作制定的相关政策和部分省（地）已施行的地方性法规的研究，各地方可借鉴云南保山新雨社区、腾冲立新社区、重庆渝北社区戒毒（康复）矫治中心的成功经验，并在进一步完善的基础上将这类模式大范围推广。例如，四川作为我国毒情非常严重的一个省，目前管控的吸毒人数位居我国第三位，因为毒品导致贫困、社会治安问题情况非常严重。现有司法行政强制隔离戒毒场所 16 个，收治人数 1.5 万余人，是名副其实的收治大省。[1]尤其是位于川

---

〔1〕 参见安家爱："建立统一戒毒工作基本模式，推动司法行政戒毒创新发展"，载《中国司法》2018 年第 9 期。

滇通道的四川凉山彝族地区，成了毒品重灾区，更是被贴上了外流贩毒的标签。凉山州的"绿色家园"项目，旨在通过改善凉山州禁吸戒毒基础条件，降低凉山州毒品犯罪率，促进社会和谐稳定。"绿色家园"项目规划正是利用四川省盐源监狱搬迁后留下的闲置土地和房屋资产，改建成四川省第一个集强制隔离戒毒、劳教戒毒、园区戒毒康复、女子监狱于一体的超大型综合性戒毒基地，总投资达7.5亿元。"绿色家园"项目的建成将开创一种新的戒毒模式，将有效避免吸毒人员回归社会后走上复吸、犯罪的道路，从而加强对吸毒人员的集中管控并有利于戒毒人员的身心康复和就业安置，更能进一步推进戒毒工作的开展。"绿色家园"模式将已解除强戒的吸毒人员集中到"绿色家园"戒毒（康复）社区开展进一步戒治，达到萎缩毒品市场、转化吸毒人群的目标，能有效解决凉山州脱贫攻坚中的"因毒致贫"难题和由毒品导致的社会治安重大问题。"绿色家园"模式的制度保证：①建立完善的组织架构，建成多功能的大型社区化戒毒康复场所，使戒毒康复人员在这里不仅能戒毒，而且能满足医疗、就业、培训、生活等需求。②强化"契约式"管束机制要通过与戒毒人员及其亲属签订戒毒协议的方式开展康复管理，让戒毒人员自愿戒毒康复，同时强化协议约束力。③突出软性法治的配套效果，以"村规民约"或"家支"影响等软性法规约束，达到强制的效果。

（2）完善戒毒康复工作的配套设施建设。吸毒人员的矫正需要相应的场所和必要的条件，包括专业性的医疗条件。因此，禁毒体系中的预防环节必须配备相应的戒毒康复治疗配套设施。

第一，完善强制隔离戒毒所建设，以解决"收戒难"的问题。为了进一步加强和规范强制隔离戒毒工作，坚持教育、感化、挽救的方针，着力建立戒毒治疗、康复指导、帮扶救助、回归社会的工作体系，不断完善强制隔离戒毒场所各项功能，积极帮助戒毒康复人员戒断毒瘾、融入社会，国家禁毒委员会于 2018 年 9 月出台了《关于进一步加强和规范强制隔离戒毒场所建设工作的意见》。该意见围绕强制隔离戒毒场所的主要职责，提出了提高戒毒治疗能力、完善场所设备设施和改善戒毒康复条件等工作要求。为了切实解决吸毒人员强制收戒难的问题，须完善戒毒所生活、医疗、劳动、康复、教育、培训等功能，在强制隔离戒毒所设置病残吸毒人员收治专区，或者依托医疗卫生机构开辟病残吸毒人员专门收治区域，以解决病残吸毒人员收治难题。

第二，积极探索康复（救助）中心建设。通过集中收治因吸毒而衍生的特殊涉毒人群，创新"党政主导、公安管理、医疗服务、社会参与"的管控模式，以有效解决病残吸毒人员因收治难而严重危害社会治安的问题。从治理原理上来看，毒品戒治重心应放回社区，在坚持党的领导下，通过政府负责、社会协同和公众参与等方式，遵循循证医疗原理，戒治成本较低，个人生存质量和社会风险管控的综合效果会更明显。为准确贯彻上述法律精神和落实具体要求，近年来，毒品问题治理政策发生了明显变化，尤其是在落实社区戒治方面，政策的杠杆作用明显。首先，2016 年国家禁毒办、中央综治办联合相关职能部门印发《全国社区戒毒社区康复工作规划（2016-2020 年）》，明确将戒毒的重心由场所转至社区。由于各级政府权责清晰，落实社区戒毒社区康复的方案更全面，实施步骤更具体。它不仅弥补了《禁毒法》对社区戒治的规定过于原则和粗疏的短板，还直接促成了戒治重心的实质转移。其次，近年来共建、共治、共享的社会治理理念的提出和枫桥经验的推广都有利于形成和巩固多元主体参与戒毒的格局。

第三，加强对吸毒人员的药物治疗服务站建设。在扩大规模的同时，要突出治疗的效果，重点强化成瘾干预和康复治疗，最大限度地减少毒品对吸毒人员和社会的危害。省、自治区、直辖市人民政府卫生、公安和药品监督管理部门应当互相配合，根据本行政区域吸毒者的情况，积极、稳妥地开展对吸毒成瘾者的药物维持治疗工作，选用合适的药物，对吸毒成瘾者进行维持治疗，以减轻对毒品的依赖，并有计划地实施其他干预措施。

（3）帮扶戒毒康复人员融入正常社会。综合全国各地关于吸毒人员的康复与回归的探索与实践，应注重以下几个方面：

首先，加强对戒毒人员的权益保障。社区保障居民人人有岗位，劳动收入不低于当地的上年最低工资标准，将低收入人群、艾滋病患者全部纳入低保。按规定办理新农合和城镇居民医疗保险。社区将认真按照规定，积极争取落实戒毒康复人员的职业培训、社会保险、就业税收优惠政策，使社区内接纳戒毒人员的企业可享受到税收优惠政策。让戒毒康复人员在社区有集体公寓或家庭公寓入住，感受家庭的温暖；不仅能接受康复训练，还可以参加社会适应性训练，更好地融入社会；不仅能享受基本医疗，还可以享受就业培训待遇，真正实现"人人有岗位、生活有保障、小病所内医、休闲有娱乐、康复有成效"。[1]政府和社区工作人员要引导居民正确对待戒毒人员和戒毒效果，避免对戒毒人员嘲笑讥讽或者谩骂，更不能歧视其家庭成员。动员戒毒复归人员积极参加社区志愿者服务，增进社区居民对戒毒回归人员的接纳感，积极维护戒毒复归人员的各

---

〔1〕参见孔文忠："构建戒毒康复'三水模式'"，载《中国药物滥用防治杂志》2011年第6期。

项合法权利。

其次，加强对戒毒康复人员就业保障。戒毒康复人员可能来自社会各行各业，有的文化水平较低。对于文化程度低、没有专业技术能力的戒毒康复人员，对于这类康复人员，应选择引进劳动密集型产业，这样能够满足这类康复人员的职业需求。相反，部分戒毒康复人员可能文化水平较高或是具有专业技术能力，对于这类康复人员，应选择引进技术密集型产业，这类产业附加值相对较高，能够更好地满足戒毒康复人员的要求，同时有利于社区的可持续发展。例如，四川省凉山州的"绿色家园"模式得以存在的基础就在于有相应产业的支撑，既能让戒毒人员学会一定的生存技能，又能为他们带来一定的经济收入。

最后，强化戒毒康复人员回归社区的制度保障。制定社区戒毒（康复）评估办法，对戒毒（康复）人员参与劳动生产、遵纪守法、身心康复等情况实行积分制考核，达到一定标准的可以提前返回原籍继续进行社区戒毒（康复），社区戒毒期不低于1年半不超过2年。国家应通过完善立法，把戒毒回归人员后续的照管融入安置帮教和特殊人群服务管理的综合治理体系之中。

## 五、完善毒品违法犯罪防控制度体系

我们应当建立怎样的毒品违法犯罪防控体系呢？结合当前国际国内的禁毒形势和我国目前所处的新时期特点，我国的禁毒工作应当以习近平新时代中国特色社会主义法治思想为指导，以深化禁毒人民战争为主线，以创建"无毒社区"为载体，以治理突出毒品问题为重点，全面加强和改进各项禁毒工作，坚决遏制各类毒品违法犯罪的发展蔓延。根据在禁毒工作中的分工，可以将参与禁毒工作的各个主体分为"打、防、管、控"

四个方面,即建立毒品违法犯罪防控体系应该从四个方面入手,分别涉及对毒品犯罪的打击、对毒品滥用的防范、对禁毒工作的有效管理和对新型毒品与相关毒品犯罪的控制,可以被称为平面防控体系模式。根据禁毒工作之间的相互关系,又可以将毒品违法犯罪防控体系的模式分为流程模式、树形模式和网络模式三种。所谓流程模式,是指按照禁毒工作的逻辑顺序而形成的工作模式;所谓树形模式,是指根据系统工程原理,涉及多部门时的分工合作和各司其职;所谓网络模式,是指强调禁毒工作中的各个环节相互融会贯通,体现"融合"作用。[1]这种因为相互关系而形成的流程模式、树形模式和网络模式各有特色,但都体现了在毒品违法犯罪防控体系中职能分工的特点。

(一)建立科学的毒品分级管制制度

1. 境外毒品分级管制的经验

我们需要从毒品分级管理和新型精神活性物质列管等方面切入,改进和完善我国的毒品管制制度。新精神活性物质的管控难点在于已经定型的国际毒品管制制度,新精神活性物质与已管制物质在结构上不一样,但是功能相似。[2]我国的新精神活性物质管制工作存在一些不足之处:一是列管程序具有滞后性,主要是新精神活性物质的推陈出新要快于进入列管目录的速度,这也是法律规制社会的一般表现。二是违法犯罪问题的法律适用存在一定的障碍,按照罪刑法定原则,不能将未列入目录的物质界定为毒品,这样就很难定罪。[3]

---

[1] 李文君、聂鹏:"禁毒防控体系构建模式初探",载《中国人民公安大学学报(社会科学版)》2007年第3期。

[2] 包涵:"新精神活性物质管制的国际经验和中国路径",载《公安学研究》2018年第3期。

[3] 姜宇、王雪、陈帅锋:"论我国新精神活性物质管制模式的完善",载《中国药物滥用防治杂志》2019年第2期。

关于新精神活性物质的管制，国外有不同的管制模式：第一种是单行立法模式，是指在毒品管制立法之外，再对不宜分类但具有毒性的物质予以单独立法规定，具有代表性的是英国的新精神活性物质立法。第二种是临时列管模式，即通过简化程序或设定特别程序，及时设定新精神活性物质的标准，例如美国就采取了这种临时列管模式。第三种是类似物管制模式，即建立与已列管物质相似性的评价标准，并通过司法裁判的方法来予以认定，美国是该项制度的首倡者。第四种是早期预警模式，即提前知晓某种物质可能会泛滥，采取预警的方式提前予以评估和确认。例如，欧盟是较早建立区域性的早期预警系统的地区。〔1〕纵观各国对新精神活性物质的管制模式，主要有列举式、类似物式、骨架式、市场准入式、涵盖式和临时式几种模式。我国可以在比较和借鉴域外经验的基础上，考虑采取"快速列管"和"临时列管"双向发展的模式。〔2〕

事实上，各个国家和地区的新精神活性物质对策并不是专一模式或一成不变的，很多都采取了综合或多种方式并举。相比较而言，我国对新精神活性物质采取了特殊的管制规范，并用"药用"和"非药用"的标准来予以区分。〔3〕鉴于当前的新精神活性物质治理困境，我国也可以借鉴国外以及地区的经验，采取更为灵活多样的管制措施。

联合国麻醉药品委员会第59/8号决议倡议性要求，各个国家和地区应快速、有效地应对新出现的新型精神活性物质，考

---

〔1〕 包涵："新精神活性物质管制的国际经验和中国路径"，载《公安学研究》2018年第3期。

〔2〕 姜宇、王雪、陈帅锋："论我国新精神活性物质管制模式的完善"，载《中国药物滥用防治杂志》2019年第2期。

〔3〕 包涵："新精神活性物质管制的国际经验和中国路径"，载《公安学研究》2018年第3期。

虑采取多种管制措施以及多种监管、立法、行政举措，作为及时、有效、全面、平衡、综合的国内对策的一部分。其中包括：关于受管制物质类似物的立法，基于物质的化学结构的通用法律，充分监管办法，临时、暂行或紧急管制措施，快速列表程序以及其他国内立法办法或监管办法，包括与医药产品、消费者保护和危险物质有关的办法。目前世界各国和地区都根据所处国家和地区的实际情况制定了相应的毒品分级制度，在毒品的管控方面发挥了积极作用。

新精神活性物质和大部分合成类毒品相似，过度使用都会造成神经、精神和心血管系统损害。联合国麻醉药品委员会第59/8号决议提倡采取各种措施，重点处理新型精神活性物质问题。事实上，目前对于新精神活性物质给公共健康和安全带来的不良后果和风险仍存在认识上的不足。新型精神活性物质的多样性及各种物质出现和传播的快速性要求我国必须迅速调整国内监管框架，并对最普遍、最持久和最有害的新型精神活性物质进行国际管制。对新型精神活性物质采取综合性的全球对策需要在国家、区域和国际各级采取不同但互补的办法，包括将最持久、最普遍、最有害的物质列入国际公约附表。必须适用国内管制措施并进行双边和多边合作，避免跨境转移的方式发生变化。

我国的近邻日本将"具类似化学结构之物质"作为列管新精神活性物质的基本特征予以规范。因此，我国可以参考日本关于毒品分级管理的法律制度，将"具类似化学结构之物质"纳入规范，一旦查获未列管的类似毒品，就可透过联合国或他国已有的列管资料，在同一次审议委员会中将该类似毒品与跟其类似的物质一并提出审议，若通过审议，即进行列管，使得对新活性精神物质的认定从被动变为主动。同时，我国还可以设置专门机构，审议毒品分级及品项或变更审议事项；对毒品的成瘾性、滥用性、社会危害性的审议事项以及其他有关毒品的审议事项进行专业性审查。该专门机构由有关机关代表、医药、法律学者及民间公正人士参加，并邀请有关机关或专家学者列席咨询。

2. 对毒品分级管制设计

通过对规范性文件的梳理我们可以看出，在目前的制度架构中，毒品分类规范本身就存在着一定的问题，而涉及毒品分级的理念和做法在某些规范性文件中仍有一定程度的保留，在某些场合依旧发挥着作用。因此，在现有的毒品管制制度中引入毒品分级，并不需要打破现有的法律体系，同时还可以发挥毒品分级管制的优势。基于毒品分级所具有的较大制度优势以及我国现存立法资源中也有相应的适用，将我国的毒品管制制度修订为分级管制，在规范架构层面并不复杂。从制度设计上来看，仅需要在立法上进行有限度的改善，就足以建构完整的分级管制制度。

首先，需要着手修订《麻醉药品和精神药品管理条例》及其附设的毒品品种目录。在《麻醉药品和精神药品管理条例》中，设定以毒品的成瘾性、滥用性、对人体的危害性以及社会危害性作为判断基础的分级划分，以现有的《非法药物折算表》等具有明确分级差异的规范性文件作为分级基础，将现有的毒品种类划分为数个级别。这一修订并不会打破现有的毒品管制规范体系，且能够避免对条例内容产生颠覆性的变动。需要考虑的具体问题是，我国的麻醉药品和精神药品虽然在立法策略上将两类物质列入了同一条例，但在规定具体毒品种类时又设置了两个附表，即《麻醉药品品种目录》和《精神药品品种目录》。这就意味着在保留这些文件已管制的毒品种类时，应当分别进行分级工作。这对于卫生行政部门的管制论证来说可能意味着相对繁重的工作量,且分别进行分级的做法对于法律评价等后续工作来说并没有直接的助益。所以,我国可以对现有附表进行整合,统合为一个整体附表,在分级时打破"麻醉药品"和"精神药品"的分类,直接以级别作为管制附表的划分依据。

其次,在《麻醉药品和精神药品管理条例》中规定分级管制主体和分级程序。毒品分级是动态的毒品管制,不仅需要对已经管制的毒品种类进行级别划定,还需要对以后可能出现的毒品设定分级的考量要素,以便于在论证毒品管制时将其划入适当的级别。这部分规范在目前的毒品管制制度中是缺位的,甚至即便不采用分级管制的制度架构,管制主体和程序也需要给予一定的关注。现行《麻醉药品和精神药品管理条例》并未设立毒品管制机构和管制程序,仅规定了"目录由国务院药品监督管理部门会同国务院公安部门、国务院卫生主管部门制定、调整并公布"。[1]观察我国既往的毒品管制活动,可以发现其并不是常态化的工作,毒品管制工作逐渐走向前台,是伴随着毒品种类泛滥和新精神活性物质萌生而加快频率的,且我国尚无将已列管毒品调整出管制附表的先例。相对于域外毒品"准入准出"和"实时列管"的制度,我国在这一领域还欠缺相应的立法和制度经验。因此,层级较低的下位法(即《非药用类麻醉药品和精神药品列管办法》)带有试验性质地对非药用类麻醉药品、精神药品的管制程序和机构作出了规定,即"国家禁毒办认为需要对特定非药用类麻醉药品和精神药品进行列管的,应当交由非药用类麻醉药品和精神药品专家委员会(下文简称为'专家委员会')进行风险评估和列管论证"。专家委员会

---

[1]《麻醉药品和精神药品管理条例》第 3 条第 2 款。

由国务院公安部门、食品药品监督管理部门、卫生与健康行政管理部门、工业和信息化管理部门、海关等部门的专业人员以及医学、药学、法学、司法鉴定、化工等领域的专家学者组成。专家委员会对拟列管的物质进行风险评估和列管论证的要素在于"（1）成瘾性或者成瘾潜力；（2）对人身心健康的危害性；（3）非法制造、贩运或者走私活动情况；（4）滥用或者扩散情况；（5）造成国内、国际危害或者其他社会危害情况"。[1]这一专家委员会的设置以及专家所需要进行的评估与论证要素，目前仅被用于作为"非药用类麻醉药品和精神药品"管制与否的依据，但其完全可以作为毒品管制主体以及分级要素对拟管制的毒品进行管制和级别设定的依据。在毒品管制常态化日益成型之后，将这一下位法所拟定的特定制度延伸到一般的毒品管制当中并不存在任何障碍。可见，已有的法律资源完全支持对拟管制物质进行实时评估，这为实现分级管制创造了基本的制度条件。

再次，修订现行《刑法》、司法解释以及相关规范性文件。在完成现有毒品分级和对拟管制物质的分级程序等制度设计之后，需要考虑的问题是如何实现毒品级别与法律评价之间的联动。因此，需要将毒品犯罪刑罚裁量的依据从单纯的数量标准，变更为以级别作为法定刑设置的基本标准，设置"级别+数量"的定量要素，取代之前"种类+数量"的刑罚裁量模式。同时，以毒品分级取代现行司法解释和相关规范性文件对毒品种类所作出的折算标准，简化规范性文件的量刑规则，形成某一级别对应特定法定刑的基本模式。在行政法规范对某一毒品级别进行调整之时，便对应调整之后的法定刑档次，而不用对毒品的

---

[1]《非药用类麻醉药品和精神药品列管办法》第6、7条。

量刑数量进行调整。修订之后的刑事法规范，以毒品级别划分法定刑上限，确定刑罚的基本幅度。级别内部的毒品，则按照是否具有既定的数量标准，在裁量时予以分别考察。如果有规范性文件已经规定了毒品数量标准，则仍旧继续适用。如果缺乏数量标准，则以级别对应的法定刑作为刑罚裁量标准，以此避免当前"逐一明确数量"难以应对新类型毒品的缺陷。同时也修补了新类型毒品因为欠缺折算标准而无法确定量刑数量的司法难题。这些规范性文件的修订既不会打破既有的禁毒立法体系，也能够平稳地将分级管制嵌入分类立法的形式，对现有的毒品管制立法以及关于毒品犯罪的规范性文件体系不会产生破坏性影响。

最后，在刑法分则中增设制造、运输易制毒化学品罪等相关罪名。为有效打击不断变化的新精神活性物质在毒品消费市场上的替代出现，可以从毒品生产的原料源头入手，对未经过国家相关机关批准许可而擅自制造和运输易制毒化学品物质，数量达到一定标准的应当以该罪名追究其刑事责任，而不是以"非法经营罪"等罪名事后追究其刑责。面对《非法药物折算表》已不能完全适应日益增加的新精神活性物质的情况，最高人民法院与最高人民检察院应当及时出台司法解释进行补充完善，避免出现法律漏洞以及罪刑不相适应的情况。同时，对于能够使人形成瘾癖的新精神活性物质，需要构建及时、有限的列管机制，通过概括定性，尽快确定新精神活性物质的标准，为司法活动奠定法律基础。同时，制定全国统一的新型毒品犯罪案件立案、追诉、量刑标准，对规范执法与司法工作，提高执法与司法工作的水平和效率有着重大意义，也可为公安机关和司法机关依法办理新型毒品犯罪案件、运用法律手段有效打击毒品犯罪活动提供指导意见与法律依据。

(二) 完善与网络毒品犯罪相关法律的实施细则和适用规范

目前我国针对互联网违法犯罪行为的法律调整主要有《刑法》《网络安全法》《电信条例》《关于维护互联网安全的决定》《计算机信息系统安全保护条例》《治安管理处罚法》等等。但具体到对网络毒品犯罪的调整，"在网络涉毒犯罪中，只有信息发布平台、交易平台和物流企业明知其所承载的交易和运输的货物是毒品才构成犯罪，但应如何认定这几类主体的'明知'，法律并未明确规定"。[1]除此之外，我国在互联网取证、证人履行作证义务等方面都缺乏明确的法律规定，为此有必要完善相应的刑事程序法律制度。

1. 立法明确网络平台的禁毒义务和法律责任

在预防和打击网络毒品犯罪方面，针对网络平台公司协助履行公安执法义务问题，我国需要通过立法明确协助的程序、协助的范围、技术支撑等具体操作的规范。通过立法明确平台在协助打击网络毒品犯罪活动中协助公安执法的范围，协助的方式，调查取证的内容、程序，责任豁免范围，协助执法的授权机关与授权审批范围等。做到既保证协助执法不被诉侵权，又防止其滥用协助执法权力随意扩张协助的范围，导致侵害他人的隐私权和个人数据信息安全权。规范网络平台对网络毒品违法犯罪的事前审查和安全评估义务。《网络安全法》规定网络运营者具有维护网络安全的义务，这不仅是要保证网络平台运行服务要保持畅通，还要保障网络用户个人的人身权利和财产权利不被侵害，更要防止国家和社会公共利益不在网络上受到侵害。所以，我国需要通过立法进一步明确网络平台服务公司

---

[1] 马雪萌："互联网时代涉毒犯罪新动向及其规制"，载《犯罪与改造研究》2022年第3期。

承担事前的综合性网络安全审查义务，包括对毒品违法犯罪的安全评估、网络定期安全监测义务等，尤其是明确规范对虚假用户注册的审核与动态监控处理的预防责任、台账管理制度。明确规范互联网平台公司对毒品违法犯罪信息的附期限保留制度和及时报告制度，以实现其对所发现的网络毒品违法犯罪嫌疑信息自觉有效保存，并及时报告公安机关，以便于侦查网络毒品犯罪的电子证据固定。可以将《未成年人保护法》第 80 条第 3 款的规定（网络服务提供者发现用户利用其网络服务对未成年人实施犯罪行为的，应当立即停止向该用户提供网络服务，保存有关记录，并向公安机关报告）沿用到网络毒品犯罪的协助义务上，明确互联网平台公司协助打击毒品犯罪执法的义务，明确其不履行义务应承担的法律责任。如适用采取警告、责令整改、罚款、责令停业整顿、吊销业务许可证、营业执照等行政处罚，情节严重的追究其刑事责任。

2. 完善网络电子数据证据立法

网络涉毒现象中的电子证据主要是指产生于计算机和网络系统，通过电子设备、云盘和网页等存储的信息，能证明行为人进行网络涉毒违法犯罪真实情况的各种数据或痕迹。常见的主要有网页浏览记录、聊天工具记录、网络交易记录、手机证据等。[1]2012 年 3 月 14 日全国人民代表大会审议修订的《中华人民共和国刑事诉讼法》第 48 条将电子数据正式列为法定证据的种类之一，在涉网络毒品犯罪案件中，公安机关不仅要把毒品作为物证，还要收集电子数据证据。2019 年最高人民法院发布的《关于民事诉讼证据的若干规定》规定电子数据被作为证

---

〔1〕 吕金峰、李重阳、俪睿："网络涉毒犯罪的电子证据研究"，载《中国公共安全（学术版）》2018 年第 1 期。

据使用时应提供原件。但是，对电子数据的提取规则缺乏规定，如取证的流程，传输、储存方式的合法性，侦查取证的主体资格认定等都没有明确的规定，需要我们进一步立法规范。我们认为，电子证据具有特定的属性，不易保存、易丢失、易篡改，这些均会使其真实性和可靠性大打折扣。所以，对电子数据证据的收集，一方面需要立法赋予侦查机关一定的权限，以突破对网络毒品犯罪人所谓隐私权的保护，便于其通过网络数据侦查来快速收集和固定证据，另一方面可以提升电子数据证据的证明效力，如将其作为原始证据对待。

3. 完善网络毒品犯罪的管辖制度

规范管辖制度的目的在于解决案件受理的权限和分工问题。确定的、科学的管辖制度可以维护审判的中立性和公正性的内在价值。由于利用互联网进行毒品犯罪，毒品交易往往不是一手交钱一手交货，而是人、钱、货分家。这就会出现有多个犯罪人在多个犯罪地实施多个犯罪行为的情况。在刑事诉讼制度设计上，应当明确以最佳取证地法院优先为原则，而不宜简单地以犯罪结果发生地或实际危害地来确定管辖法院。因为后两者在实践中存在着未定状态或者多个实际危害地情形，也会受制于计算机服务器终端所在地的限制，而产生多个管辖权法院或者跨国管辖权的冲突。由最佳取证的地域进行管辖，不仅能提高办案效率、节约司法资源，还能及时保护被害人的合法权益。实际上，公安部于2013年制定的《公安机关办理刑事案件程序规定》（以下简称《公安部规定》）第15条规定："犯罪行为发生地，包括犯罪行为的实施地以及预备地、开始地、途径地、结束地等与犯罪行为有关的地点。犯罪结果发生地，包括犯罪对象被侵害地、犯罪所得的实际取得地、藏匿地、转移地、使用地、销售地。"其所罗列的这么宽的范围恰恰表明笔者所说的"最佳取证地"在执法实务工作中实际已在普遍适用。2008年12月的最高人民法院印发的《全国部分法院审理毒品犯罪案件工作座谈会纪要》也有此类规定。因此我国有必要通过修改刑事诉讼法,在网络毒品犯罪案件管辖上加以明确。在管辖权制度设计上,在坚持网络空间国家主权的背景下,确立网络空间的国家主权管辖也是刑事司法管辖权冲突的问题之一,也是各国在开展司法协助中难以回避的问题。我国可以依据2003年生效的《联合国打击跨国有组织犯罪公约》(UN – TOC)的相关规定精神,主动通过国内立法吸收其他国家互联网毒品犯罪案件的管辖制度设计经验,明确我国的司法管辖主张。这样有助于在未来的跨国司法协助中更加透明地表达中国声音、中国智慧,通过各国的协商谈判求同存异,从而形成双边或多边共识,以此达到提高司法效率、公平公正解决互联毒品网犯罪案件的管辖矛盾的目的。形成我国与周边国家协调一致的并能为世界各国刑事司法合作起到示范效果的惩治网络毒品犯罪的刑事司法管辖制度。

(三) 完善强制隔离戒毒制度

强制隔离制度在中国特色社会主义新的时代背景下仍旧具有存在的正当意义,作为一种倾向于相对积极的社会防卫手段,它符合当前吸毒行为除罪化的理念以及戒毒措施多元化的思维,对于矫正与挽救吸毒人员具有制度上的正当性,也为保障社会秩序提供了一定的助益。然而,作为一种戒毒措施,其首要目标是在准确把握吸毒者的法律地位的前提下,尽可能科学、合理地矫治吸毒所产生的瘾癖,从而促进吸毒者复归社会。

1. 完善医疗介入戒毒规范

作为法定的戒毒制度,社区戒毒、自愿戒毒、强制隔离戒毒以及社区康复共同组成了《禁毒法》所规定的"戒毒措施"。

2011年国务院颁布的《戒毒条例》（2018年9月18日修正）对上述制度体系予以细化。这是根据参与者的自愿性约束程度来划分的。其中，前三者是戒毒制度的主要组成部分，而社区康复作为强制隔离戒毒可能的后续措施，主要作用在于社区管控和监督，搭建戒毒者向社会正常生活的过渡。所以，就戒毒制度来说，从完全由吸毒者自愿选择的自愿戒毒到完全不具有自主性的强制隔离戒毒，目的都是戒除吸毒者的毒瘾。"治疗"都是戒毒制度的应有之义，若认为吸毒行为是一种需要长期治疗的疾病，那么医疗的介入就是必然的手段。根据《禁毒法》第31条的规定："国家采取各种措施帮助吸毒人员戒除毒瘾，教育和挽救吸毒人员。吸毒成瘾人员应当进行戒毒治疗。"可见，在我国的戒毒制度当中，是以"医疗化"作为主轴的，但是《戒毒条例》第1条又将"为了规范戒毒工作，帮助吸毒成瘾人员戒除毒瘾，维护社会秩序"作为立法目的，将社会秩序维持功能与戒除毒瘾的医疗目的并列，体现了在"医疗化"策略之下兼顾社会防卫的立法思路。在我国《禁毒法》和《戒毒条例》所确定的"自愿戒毒、社区戒毒、强制隔离戒毒和社区康复"戒毒体系当中，"社区戒毒和社区康复"主要体现矫正和教育的特殊预防目的，以"医疗化"为主要特征，但是也伴有轻微强制性，附带社会防卫目的。而"强制隔离戒毒"则主要体现了标记危险人的社会防卫诉求，在外观上表现为"强制化"和"机构化"，但是也未完全剥离医疗的手段。无论是社会化的社区戒毒措施，还是机构化的强制隔离戒毒措施，都应当符合这一制度构建所体现的基本理念与诉求。因此，强制隔离戒毒措施的主要目的，首先应当是通过医疗措施的介入，促进对吸毒者的身心复健及社会复归，其次才是对具有一定程度的人身危险性的吸毒者施以强制性的隔离处遇，以此维持社会秩序，防止衍生违法犯罪行为。在这二者的位阶上，应当将吸毒者看作"病人"，作为强制戒毒制度设计的出发点，将"违法者"身份作为强制戒毒的附随目的。在这一前提下，应当对戒毒制度规范进行改造，突出"治疗"的倾向，在保障强制化和机构化处遇的基础上，改善被执行强制隔离戒毒者的医疗环境和条件，从规范上巩固强制隔离戒毒所应当承担的医疗义务，确保专业与科学的医疗主体与医疗手段。立法授权符合条件的医院可以作为强制戒毒参与主体，可以将强制隔离戒毒的部分职能转移到承担强制戒毒的医院。在决定是否进行强制隔离戒毒时，由公安机关初次判定采用何种戒毒措施。若需要采取强制隔离戒毒措施，再由戒毒医院决定是否采取并实施，确保强制隔离戒毒的必要性。戒毒医院设施建设必须符合强制戒毒环境的规范性要求，以保障戒毒人员的基本人身安全和受教育的权利；确定社会工作者参与医院戒毒治疗辅助服务的义务与责任，鼓励社会工作者参与戒治辅助服务；制定规范医院戒毒的诊断评估标准，就戒毒人员是否达标康复接受第三方的评估验收。针对医院参与强制戒毒治疗问题，应以立法形式明确由公安执法机关参与戒毒医院对戒毒人员的封闭性管理，承担对戒毒人员实施安全管理和纪律教育的义务，组织警务人员保卫戒毒人员和医疗人员的安全。国家应通过立法鼓励有条件的省市将强制戒毒所升级改造成强制戒毒医院，用医疗标准衡量戒毒人员的康复与实现正常的社会复归，体现中国特色社会主义戒毒制度所体现的人道主义精神，淡化强制隔离戒毒的执法刚性，以适应新时代社会各界对戒毒工作的更高要求。

2. 完善社区戒毒法的相关规定

为了鼓励社会多方面地参与戒毒矫治工作，可以遵循由政府主导推动、社团自主运行、社会多方参与的思路。首先，通过立法明确戒毒工作可以由政府购买服务的方式进行。这有利于引导社会组织参与社会戒毒矫治工作，以市场为导向孵化培育禁毒社会组织，发展壮大戒毒社工队伍，明确参与社区戒毒工作的社会组织、人员的义务、从业规范资格、经费保障等规定。其次，建立弹性戒毒年限。由于现在毒品制造花样翻新、种类越来越多，除了传统的毒品继续存在，新型毒品的迭代翻新也使得各类品种成倍增长，不同种类的毒品。其成瘾性、危害性、戒除难度、戒断反应均对人体健康产生了不同影响。本着行政法的行政处罚"比例性原则"以及《禁毒法》将吸毒者定位为病人、违法者和受害者的角色定位，笔者认为，有必要根据吸毒种类和成瘾程度确定具体戒毒对象的戒毒期限。笔者同意有学者提出的"将《禁毒法》第33条社区戒毒、社区康复期限由'3年'修改为'1到3年'，将《禁毒法》第47条强制隔离戒毒时间由'2年'改为'6个月到2年'，进一步完善阶梯式、弹性化的戒毒期限设置"的建议。[1]

3. 保障戒毒人员获得合理的司法救济渠道

在维持公安机关和司法行政机关执行强制隔离戒毒的"双轨制"模式之下，应当对适用强制隔离戒毒的条件和程序进行修订，突出第三方监督色彩，为行政相对人提供合理的救济渠道。立法明确对强制隔离戒毒决定以及审查决定不服的吸毒人员可以由其本人、法定代理人、配偶或者检察机关向法院提起重新决定或审查之诉。在重新审查的过程中，为保障戒毒人员的权益，法院可以依职权停止强制戒治措施，由法院裁定决定或审查合理性与合法性，实行一裁终局制。同时，也应当赋予

---

[1] 靳澜涛："《禁毒法》修订背景下强制隔离戒毒制度的完善（下）——基于境外戒毒立法经验的考量与借鉴"，载《中国药物滥用防治杂志》2017年第4期。

已进入强制隔离戒毒程序的戒毒人员或其法定代理人、配偶针对戒毒医院或者行政机关损害戒毒人员基本权益的事项向法院提起行政诉讼的权利,或由检察机关在调查后起诉。诉讼期间由法院依职权停止强制戒治措施,若确实存在侵权事宜,可要求戒毒医院或者行政机关予以赔偿。[1]

### 六、毒品违法犯罪的预防

(一) 在全社会培育禁毒文化

"文化作为社会思想价值观传播的纽带,对社会发展和人类传承具有十分重要的作用,它往往通过文学、艺术、小说、音乐、影视、戏剧等各种载体为传播方式,潜移默化地影响人们的物质生活、思维方式、价值标准、伦理原则和行为取向。对于戒毒的成瘾者而言,他们在使用毒品的前后大多接触到了社会上不健康的毒品亚文化,导致其引发了不良的社会行为。禁毒文化恰恰是成瘾者康复过程中,在意识形态上帮助其抵御毒品亚文化的有力武器。"[2]吸毒亚文化与主流文化具有不同的文化理念和价值观,必然会相互冲突。随着互联网工具的发达,社会上的一部分人(尤其是年轻人)以追求自我为中心的身份认同来表达自己对主流文化的逆反,而毒品贩卖者为了其非法经济利益必然会利用毒品违法亚文化来影响和误导这些崇尚亚文化的社会群体。澳大利亚学者肯·格尔德认为,亚文化群(subcultures)是指一群凭借他们特有的兴趣、习惯、身份和行

---

[1] 徐舟、包涵:"新行政法理念下强制隔离戒毒制度的反思与革新",载《中国药物依赖性杂志》2022年第4期。

[2] 张刃:"戒毒所内文化的功能与构建",载《中国药物依赖性杂志》2017年第5期。

为等特征而呈现出特殊状态的人。[1]吸毒亚文化本质上是一种失范的"越轨行为",吸毒人员对毒品有着各种各样的认知偏差,毒品因其吸食后带来的欣快感以及其价格高昂和隐蔽性,导致部分吸毒人员认为吸毒是一种"很酷"的时尚消费,是证明自己经济实力和社会地位的好方法。还有一些吸毒者在最初接触毒品时还是抱有很高的警惕性和恐惧感,但身在吸毒人员群中,受到吸毒者的怂恿,在相互鼓励中迈出尝试吸食毒品的第一步,最终在吸毒群体亚文化的影响下不断尝试甚至相互攀比吸食新方式,最终逐渐吸毒成瘾,即便是在戒毒阶段,毒友之间的相互鼓动也会促使已经戒毒者复吸。要消除吸毒者对毒品的好奇心理,就必须培育禁毒文化,通过宣传教育消除其对毒品的好奇心理和不设防心理,通过宣传社会主义核心价值观、宣传毒品对生命和身体健康的危害、对家庭和社会关系的破坏、个人承担的法律责任、宣传禁毒思想和禁毒法律规范、培养各类社会民众群体健康生活和交友行为,形成一种对毒品违法行为"人人有厌恶、处处有预防"的社会氛围。通过培养全民的禁毒文化氛围,做到对毒品违法的预防从"人人皆知"到"人人禁之",使毒品违法活动如过街之鼠,人人喊打。

1. 将社会主义核心价值观融入禁毒文化

拥有健康向上的主流文化是一个国家欣欣向荣、社会和谐发展的基本保障。要使社会各类群体远离毒品,首先要让社会公众(尤其是青少年群体)免受毒品亚文化错误信息的干扰,防止其产生不该有的价值迷失和思想上的困惑,从而产生价值观的错误认识并带来生活方式上的放纵与对生命健康价值的漠

---

[1] [澳]肯·格尔德、达生:"芝加哥学派:亚文化研究的学科化",载《国外理论动态》2013年第10期。

视。价值观作为文化的深层内核,在依赖文化而存在的同时,赋予了文化特定的精神气质和伦理取向。将社会主义核心价值观以润物细无声的、潜移默化的教育方式影响易受毒品亚文化侵扰的各类社会民众群体,从而促使他们对毒品从好奇到厌恶,最终积极参与抵制行动。社会主义核心价值观,我们可以概括为二十四个字:富强、民主、文明、和谐;自由、平等、公正、法治;爱国、敬业、诚信、友善。这是我国从国家到社会、公民三个层次都要践行的基本价值观。其中对公民个人而言就要做到爱国、敬业、诚信、友善。其核心是要求我们每个公民都要有责任意识。这种责任意识在形式上可以被分为责任认知、责任情感和责任践行。责任认知,就是要让公民个人认识到其既是禁毒宣传教育的接受者,又是禁毒活动的参与者,通过生动的实例和科学的知识讲解,让公民个人解到毒品对人身健康的摧残、对家庭的破坏的后果,让其了解我国对毒品违法行为的"零容忍"高压打击和"全民预防"的措施、全方位社会治毒的政策。责任情感,就是要让全体公民感受到对毒品的好奇和尝试就是对自己生命的不负责、对家庭的不负责,通过教育使受到毒品亚文化影响的人能反思并改正自己对毒品违法犯罪认识的不足,在思想上逐渐形成符合时代发展和社会需要的价值观念。责任践行,就是充分发挥公民参与禁毒斗争的能动性,自觉参与禁毒工作的持久性"人民战争",通过参与宣传教育来消除毒品犯罪亚文化给青少年和特殊社会群体带来的不正确的思想影响,带头倡导健康的娱乐方式,积极抵制社会上各种毒品违法犯罪亚文化的侵扰,形成高压舆论氛围,引导社会公众自觉抵制对毒品的好奇与需求。

2. 提升社会特殊人群的禁毒意识

习近平总书记在 2015 年 6 月 25 日会见全国禁毒工作先进集

体代表和先进个人并发表重要讲话时强调：做好禁毒工作需要有坚定的意志、扎实的工作。要从青少年抓起，从广大人民群众教育和防范抓起，让广大人民群众积极追求健康文明的生活方式。通过对社会重点人群的公民法治教育、毒品危害及生命健康教育等来培养其禁毒意识。

（1）对特殊行业工作人员的禁毒意识教育。即将外出务工人员、影视娱乐从业人员、网吧歌厅等场所聚集性消费人员、边境地区人员等纳入禁毒意识培养的重点范围。在异地务工的人员因常年在外打工，缺乏对打工城市生活的归属感，生活不易带来的乡愁和对陌生人世界所产生的精神烦恼和抑郁无法排解时，容易受社会上一些特殊环境（如酒吧、歌厅等娱乐消费场所）暗地从事毒品违法犯罪活动人员的诱惑而被动吸毒，并越陷越深，最后导致精神上的依赖，主动参与毒品违法犯罪活动。各基层禁毒执法机关和相关部门可通过联系治安属地管辖各单位工会开展"员工拒绝毒品零计划"工作，定期开展毒品与人体健康知识与毒品犯罪预防讲座，发放通俗易懂的教育宣传资料，以提高该群体预防毒品侵蚀的能力。在宣传教育途径上，一方面，可以充分利用现代互联网平台，利用网上知识宣讲、互动体验和禁毒展览等方式，让社会各界民众能随时网上浏览学习，使得禁毒宣传教育工作融入日常的生活学习和工作中。另一方面，可以通过在各地因地制宜地建立各种立体化的教育平台，形成身临其境的震撼教育。

（2）加强对未成年人的毒品警示教育。在学校通过课程教育引导未成年人认识毒品、抗拒毒品、远离毒品与预防毒品犯罪，这是全民毒品违法犯罪预防教育最重要的环节，也是从预防毒品犯罪的人员群体增量扩大的根本。当前，各地教育行政主管部门应当持续监督各中小学贯彻落实《中小学生毒品预防主题教育大纲》，应当将禁毒教育内容融入中小学思想政治理论课课程体系，建议将禁毒教育读本以图文并茂的形式进行讲解，尤其是通过丰富的图片让中小学生识别毒品的样态。同时，拍摄各种禁毒宣传片和动画片、教育歌曲等，让毒品危害性和违法性潜移默化地融入广大未成年人脑海中。建立稳定的校外禁毒教育基地，在强制隔离戒毒所、戒毒康复场所建立禁毒社会教育实践基地，实现立体化的社会震撼警示教育，强化青少年对毒品危害及犯罪后果的震撼认识。学校要经常以"珍爱生命，远离毒品"为主题组织大中小学师生参观禁毒教育基地，以触目惊心的案例警示学生自觉筑牢防毒、拒毒的"防火墙"。学校要加强对未成年人的生命和健康意识教育，引导学生正确排解因自尊心和青春期产生的情绪波动、正确释放学习和生活挫折的压力，教育学生远离歌舞厅等娱乐场所，引导学生自觉识别和抵御新型毒品的诱惑，不要滥用药品（减肥药、镇静药等）。教育学生一旦遇到无法排解的烦恼，要通过学校预设的渠道（如心理咨询师、班主任等）解决，而不能盲目寻找校外人员，滥用来路不明的药物和所谓营养品解决，以免误食毒品。各级政府可以定期举办征文、演讲比赛活动，引起社会各阶层对禁毒教育的关注及热情。由于新型毒品大部分均通过网络进行交易，因此定期面向社会就新型毒品危害性开展网络教育和宣传，使公众更方便地认识到新型毒品的危害性也是非常有必要的。政府和社区组织还应加强对监护人的禁毒教育培训，提升监护人对未成年人的毒品违法预防教育的自觉性，强化监护人的监护责任意识。

（3）加强对城市社区居民和乡村农民的禁毒教育。我国基层治理现代化的基础工作就是要从社区和乡村治理开始，禁毒教育是基层社区和乡村治理的重要内容，社区居委会、村委会基层自治组织开展禁毒宣传进社区、进学校、进单位、进家庭、进场所、进农村"六进"活动，争创"无毒乡镇""无毒村""无毒居委会""无毒社区"等都是有效的预防教育活动。我国各级政府应大力支持民间禁毒组织的成立与开展禁毒宣传活动，以政府购买服务的方式鼓励禁毒民间组织开展禁毒宣传活动，同时吸引社会资金力量投入到社会基层禁毒宣传教育活动中，以达到群防群治的目的。建议国家适当增加一定的工作补贴，在农村村组添加专职禁毒工作人员，以畅通农村禁毒宣传和预防毒品违法犯罪的信息渠道，实现对毒品违法犯罪活动的精准防控，同时提升戒毒人员帮扶工作效率。

（二）创新禁毒宣传教育方式

1. 将禁毒宣传教育融入群众喜闻乐见的生活中

各级政府和司法机关应调动各类主体参与禁毒宣传教育活动的积极性。通过组织公益活动、有奖知识竞赛、网络动漫及影视故事将预防毒品违法犯罪的科学知识、法治知识潜移默化地融入广大群众脑海。目前，传统的宣传教育方式明显滞后于新型毒品的花样翻新、合成毒品的滥用、境外毒品的渗透及贩毒手段的智能化升级。因此，针对"魔高一尺"的新型毒品危害，社会宣传教育禁毒的免疫系统必须及时打上"升级补丁"，采用"道高一丈"的"大数据"和智慧禁毒模式。在毒品宣传教育过程中，要充分发挥各地禁毒成员单位的作用，用先进的科技传媒手段，通过融媒体建设，推动禁毒意识广泛传播。可通过开发制作禁毒微电影、微视频、移动字幕、发放印有禁毒宣传内容的日常用品等方式宣传禁毒政策、禁毒知识、毒品危害等内容。为了增强禁毒宣传活动的互动性和趣味性，还可以通过小品、漫画、知识竞赛等浅显易懂的方式开展禁毒预防宣传教育，尤其是对新型毒品的介绍以及危害的宣传。

在社区、乡村、学校开办禁毒影视沙龙。鼓励广大群众参与禁毒影视作品研讨，鼓励禁毒原创性小视频、动漫和现实情景剧的创作和传播，深化参与者对禁毒影视作品中所包含的积极正面的价值观和世界观的理解认同和宣传践行。毒品违法行为往往来自于意志不坚定的个人对他人毒品违法行为的羡慕和模仿。比如，四川省凉山州的山区贫困村民急于想找到快速致富的路，结果很多人被毒贩引诱参与到以家族或宗亲为纽带的毒品运输贩毒活动中，有些侥幸未被公安机关抓获的犯罪人因此一夜暴富，反过来又刺激了更多当地村民追随运贩毒品。这一现象便是是由未树立正确的价值观和具有错误的世界观导致的。因此积极地科普教育和法治教育，配套以震撼警示教育和全民的情景式参与教育，可以压缩这种毒品犯罪亚文化对熟人社会的影响，减轻同伴压力和阻止对毒品违法行为的模仿。

2. 利用"互联网+"的优势推动禁毒工作的开展

"互联网+"就是利用互联网平台和信息通信技术，把互联网和传统的执法、司法、法治服务、法治教育等工作相结合，营造一种新的社会治理生态。例如，"互联网+"社区警务，就是让基层公安机关及其社区民警运用互联网技术、思维与方法，将网络社会与现实社区融为一体，让社区群众快速、便捷地了解社区警务服务的内容，警察快速从网上获得违法犯罪的群众举报线索，防范各类违法犯罪活动，从而构建严密的违法犯罪防控网，也增强了警民的信任与和谐关系。由此我们可以看出，"互联网+"治理技术与毒品违法行政执法、刑事司法相结合，可以突破传统的打击毒品违法犯罪的执法和司法、社会治理的条块化与碎片化治理模式。通过"互联网+"的模式，无论是在毒品犯罪的打击还是预防上，都可以调动更多的社会主体及时参与和互动，尤其是能够突破信息传递不对称的屏障，增进执法、司法与社会公众的相互了解与信任,提高执法和司法机关的工作效率。同时,通过"互联网+"大数据的整合与分析,打造具备完整性、系统性与精确性的毒品社会治理信息资源库,还可以提高执法者对毒品违法犯罪预防与打击的决策科学性。

在全国各行业、各阶层都在积极融入"互联网+"工作与生活模式的大背景下,执法机关要及时更新执法服务的理念和方式,积极应对互联网上突发的各类舆情事件,提升舆情引导意识,通过各种正面的舆论宣传引导,以及对各种毒品违法犯罪行为的解剖和教育,让所有人树立积极参与禁毒的法治观念,达成对毒品的网络社会治理价值共识。行政执法与司法机关在运用"互联网+"的毒品违法社会治理路径时,应当树立以人民利益为中心的理念,在运用互联网与大数据时要以方便人民群众生活为原则。例如,公安执法机关可以发布网络公告、案例宣传,让社区居民和村民明确知晓禁毒法律规定、地方禁毒政策、禁毒村规民约及违规违法行为的后果。公安、检察、法院等禁毒部门应当让所运营的官方微博、微信公众号、手机客户端、短信等新媒体做到家喻户晓。而这种能走进寻常百姓手机、电脑生活的官方网络信息,首先是让群众喜闻乐见和通俗易懂的信息,不能为宣传而宣传。国家执法与司法机关在开展谁执法、谁普法的活动中,一定要做好法治信息的通俗化工作,准确掌握各种互联网新媒体的特点,分析受众特点和心理,对法律法规和政策文件等进行通俗易懂化解读,在技术操作上体现出简洁、明快、易操作的特点。如发挥广大群众喜欢阅览的抖音、快手等新媒体传播的简洁快速性,促进禁毒工作的社会推进与毒品违法预防。当今社会属于网络社会,纸质媒体的各类宣传效果已经收效甚微,通过新媒体、自媒体可以扩大宣传的覆盖面,以全方位的视角进行毒品违法治理宣传教育,充分发挥新形势下新媒体的新作用。政府与司法机关应利用"互联网+"的毒品违法治理的优势，在主动与人民群众进行互动的基础上，搭建官民沟通的网络平台，使毒品违法的社会治理问题能够在"互联网+"治理技术的辅助下获得事半功倍的效果，也是执法与司法机关依靠人民群众治理毒品违法犯罪的具体体现。

（三）完善禁毒文化环境建设

1. 加大禁毒文化设施建设

开展常态化的禁毒教育需要提供基本的学习禁毒文化知识、禁毒医学知识的认知和警示教育等文化设施。2017年颁布的《公共文化服务保障法》第14条规定："本法所称公共文化设施是指用于提供公共文化服务的图书馆、博物馆、文化馆（站）、科技馆、纪念馆、体育场、工人文化宫、青少年宫、妇女儿童活动中心，村（社区）综合文化服务中心、农家书屋、城乡阅报栏（屏）、广播电视播出传输设施、公共数字文化服务点以及其他建筑物、场地和设备。"国家立法以列举的方式对文化设施进行了界定，举重以明轻，禁毒文化设施显然也是其中之一。笔者认为，各级政府应当每年加大投入经费预算，建设普遍性的禁毒文化基础设施和专项特色禁毒文化设施。要加强农村文化综合站建设，对城乡社区的文化公示栏、图书室、文化馆、展览馆等基础设施进行修建完善和日常管理。要提升文化设施的网络化、电子化程度，跟上信息时代发展的步伐。禁毒文化设施的功能应体现提升社区群众的综合文化素质和守法意识这一目的。依托这些平台构建立体化禁毒文化教育宣传体系，让人民群众对文化设施的使用更加便利。基础设施只有得到社区群众的普遍利用，才能发挥其在内容上树立主流文化、抵制毒品犯罪亚文化的功能。《公共文化服务保障法》第27条规定："各级政府应当充分利用公共文化设施，促进优秀公共文化产品的提供和传播，支持开展全民阅读、全民普法、全民健身、全民科普和艺术普及、优秀传统文化传承活动。"新建立的社区、乡村图书室等文化设施要必备禁毒方面的最新图书。将禁毒文化内容作为文化站"月月讲"的内容进行电脑存储，供讲解者或者阅读者随时学习使用，通过不同主题的社会宣讲PPT或者影视资料，将禁毒意识灌输到每一个社区居民和村民脑海。通过必要的电脑和互联网建设，推动网络禁毒工作对人民群众日常生活的渗透，尤其是要加强边疆民族地区市域社会治理和基层社会治理中的禁毒治理工作的经费和硬件设施投入。一方面，在政府投入资金建设时，可以将财政投入以直接拨款为主转为购买服务、以奖代补、基金制等多种方式。鼓励和扶持民间资源进入禁毒文化公共设施建设领域，推动建立禁毒文化服务政府、社会的良性互动机制。另一方面，政府可以制定规范性文件鼓励社会主体参与城乡社区禁毒文化公共设施建设，指引并扶持社会组织进入禁毒服务工作范畴，建立禁毒文化设施多渠道的资金投入模式，实现多主体共同参与，提升文化设施建设数量和内在质量，并实现对其的高效率利用和科学管理。

2. 促进家庭环境建设

第一，家庭环境建设要凸显教育主题，家庭教育最重要的是品德教育。人人独善其身，形成良好的私德，注重培养家庭成员在生活中的点滴环节的基本素质，让家庭成员积极向善、热爱生活，有自理自律能力，养成符合社会主义核心价值观的行为规范。家庭环境建设一方面是物理环境建设，营造家庭应当具备的生活、学习物质资料和温馨家居的硬件设施。另一个是培养充满亲情的人际环境：培养家庭成员相互尊重、充满温暖言行的和谐家庭成员关系氛围。第二，营造能共情的心理环境建设，让家庭成员（尤其是未成年人）在社会上遇到一些心理挫折的时候能与亲人积极沟通，教会成员正确应对社会上对自己不利的各种事情，化解心理积郁的情绪。第三，营造家庭成员共同的兴趣爱好，如节假日郊游、徒步旅行，到影剧场观看电影和戏曲话剧、小品等。第四，促进优秀的家风传承和营造。家风指的是家庭或家族世代相传的风尚、生活作风，主要包含精神风貌、道德品质、审美格调、整体气质等。如一个家庭的老一代人对社会和亲人有爱、有情怀，那么他们对家庭成员良好家风的形成便具有基础性作用，这对防范毒品违法亚文化对家庭成员的侵蚀无疑有着重要意义。第五，家长要承担起对家庭成员的家庭教育义务，尤其是对未成年人的家庭教育，这是由家庭教育的私事本质决定的。很多青少年出现毒品违法犯罪问题都是与家庭教育不当有关的。现在的家庭结构发生了很大变化，尤其是独生子女群体的扩大，家庭教育与过去有很大变化，尤其是家长忙于自己的社会工作，对子女只管养、不管育，忽略了家长应当履行的责任。国家为此通过制定《家庭教育促进法》，为家长提供家庭教育的指导和社会支持服务，更好地为家长赋能，这也为我国禁毒文化在家庭环境中的形成提供了基本法律支撑。各级政府部门和社区志愿者可以加强对吸毒人员的其他家庭辅导，引导家庭成员认识到家庭支持对戒毒人员保持戒毒自律和家庭监督的重要性。

### 七、积极开展国际禁毒合作

毒品违法犯罪治理问题一直是一个国际性问题，也是全球社会治理的一个难题，全球性的新冠疫情更是使得毒品国际交易发生了新变化。而应对这种变化也需要国际社会的共同合作才能见成效。我国的国土面积宽广、边境线长，与很多国家的边境接壤，这给毒品输入或输出我国的边境地区提供了空间。

例如，自20世纪80年代末开始，活跃在"金三角"地区的毒品王国便在祖国西南的中缅边境开辟出了一条贩毒通道，疯狂向内地输送毒品，地处川滇接合部的大凉山首当其冲。自此，凉山逐渐成为毒品泛滥的"中转站和集散地"和经滇入川的"黄金通道"。部分地区最终被戴上了全国毒品重灾区的帽子，同时也引发了该地区一系列的毒品问题。[1]因此，基于全世界和我国禁毒的现实情况，要想发挥最好的禁毒效果，除了国内相应禁毒体系的完善外，还应当立足国际视野，加强国际性禁毒事项的合作，特别是应当加强与我国接壤且毒情形势严峻的"金三角"等东南亚国家以及中亚国家等在打击毒品犯罪方面的合作，不断加强与周边国家的刑事司法的合作。[2]目前，我国已经成为新精神活性物质的主要生产加工地区之一，由于这类新型毒品尚未在我国大范围蔓延扩散，只是曾经在部分地区出现并短暂流行过，所以我国在新精神活性物质犯罪链条中处于加工生产环节。目前，这类新型毒品的消费地主要是欧美国家，我国的毒品犯罪分子主要是接收来自欧美国家的"订单"，根据"订单"要求进行个性化生产后再出口至这些国家。因此，要打击销毁传统毒品及新精神活性物质的产业链条，就必须通过加大与各国执法机构的沟通，通过国际刑警等国际组织予以打击。同时，应探索达成双边协议、多边协议和国际条约，在法律的框架内打击毒品犯罪。

（一）新冠疫情对国际毒品消费的影响

新冠肺炎疫情导致的全球性经济衰退有可能使毒品生产、

---

[1] 廖天虎："凉山彝族地区外流贩毒治理对策探究"，载《四川警察学院学报》2019年第3期。

[2] 梅传强、胡江："我国毒品犯罪的基本态势与防治对策（下）"，载《法学杂志》2009年第3期。

走私、贩运、消费更加复杂和旺盛。各国为应对新冠疫情采取了较为严格的人员流动和物资流通的防疫管控：一方面，各国严格的封闭管控使得毒品走私渠道减少，毒品的地下供应链不畅导致毒品价格上涨，进而使得毒贩在毒品的加工生产方面更多地寻求生产技术的改进，以提高毒品的纯度或者用更多的新精神活性物质或者生产复合毒品进行替代，通过提升毒品的质量和产量来扩大毒品市场。另一方面，使得大量的人员因为人员流动管控而赋闲在家，反而增加了被管控人员的精神焦虑和空虚无聊感，导致企图通过吸食毒品寻求精神刺激的人群有所增加。同时，弱势群体为了生计也会经不起贩毒组织的高额金钱诱惑做出与毒品有关的违法犯罪活动。"新冠疫情还在间接推动毒品消费。因为新冠疫情中感染人数众多，很多药品用来预防和治疗新冠疫情，导致了阿片类药物短缺。急需阿片类药物来减缓疼痛的人们，为寻求治疗疾病可能会寻找更容易获得的物质，包括酒精，镇静剂甚至有些人吸食毒品或采取更有害的方法。"[1]吸毒者也会因毒品价格的昂贵而无力支付毒资，转而选择购买更廉价的复合毒品。这也使得传统毒品和新精神活性物质的产销都会出现快速增长。这给世界各国的禁毒工作带来了巨大的压力。

（二）建立打击毒品违法犯罪"共商共建共享"机制

1. 我国积极倡导走毒品犯罪多边合作治理

习近平总书记于2021年在上海合作组织元首理事会第二十一次会上讲话指出："我们共护安全稳定，率先提出打击'三股势力'，坚决遏制毒品走私、网络犯罪、跨国有组织犯罪蔓延势头，联合举办反恐演习和边防行动，积极倡导政治解决国际和

---

[1] 王延涛："新冠疫情中境外毒品交易的变化及应对措施"，载《犯罪与改造研究》2020年第12期。

地区热点问题，构筑起守护地区和平安宁的铜墙铁壁。"[1]"中方支持加快金砖国家禁毒合作机制化进程，将同其他成员国携手推动解决地区和全球毒品问题。"[2]我国在国际禁毒合作中，一直是积极的倡导者和参与者。我国借助东盟、上海合作组织、金砖国家等国际合作平台与东南亚、西亚、中亚、美洲、欧洲等国家签署了数十个多边和双边合作文件，建立起了毒品犯罪情报信息共享、刑事证据调查与移送、司法管辖、刑事司法协助和国际追赃追逃等合作关系。

我国政府重点与东盟国家构建了中国东盟禁毒合作机制的基本法律框架。1991年5月，国家禁毒委员会在北京主办第一次中国、泰国、缅甸和联合国禁毒署高级官员会议，商讨开展次区域禁毒多边合作的设想。1992年6月，中国、缅甸和联合国禁毒署在仰光签署《中国、缅甸和联合国禁毒署三方禁毒合作项目》，协定联合遏制毒品走私犯罪，减少国际毒品需求量，并大力开展替代发展战略方面的工作。1993年10月，中国、缅甸、泰国、老挝和联合国禁毒署签署《禁毒谅解备忘录》，确定在次区域禁毒合作中保持高级别接触。1995年5月，中国、越南、老挝、泰国、缅甸、柬埔寨及联合国禁毒署在北京召开第一次次区域禁毒合作部长级会议，通过《北京宣言》，并签署《次区域禁毒行动计划》。从1999年起，中国与泰国、缅甸、老挝、越南对外发表联合宣言，宣布应该采取多种有效措施，加强禁毒合作的力度，并签订了共同谅解备忘录。2000年10月，

---

[1] 习近平："不忘初心 砥砺前行 开启上海合作组织发展新征程——在上海合作组织成员国元首理事会第二十一次会议上的讲话（2021年9月17日）"，载《人民日报》2021年9月18日。

[2] "关于禁毒工作 习近平这些讲话句句铿锵"，载http://jhsjk.people.cn/article/31759699，访问日期：2022年5月22日。

在泰国首都曼谷召开了2015年建立无毒区的国际大会,并发布了《实现2015年东盟无毒曼谷政治宣言》(以下简称《曼谷宣言》)。该宣言的出台以及同时发布的《东盟和中国禁毒合作行动计划》标志着中国-东盟禁毒合作机制的正式形成,也充分地反映了中国-东盟各国遏制毒品问题的严峻形势的共同愿望。2002年11月中国率先倡议,于2004年1月10日召开了东盟与中、日、韩(10+3)打击跨国犯罪部长级会议,建立起了打击跨国犯罪的地区合作机制。中国与东盟签署了《非传统安全领域合作谅解备忘录》,确定了双方反恐、禁毒和打击国际经济犯罪等重点合作领域,通过执法协作和共同研究等方式加强合作。该会议至今连续召开了8届。2019年会议发表了《第八届东盟与中日韩打击跨国犯罪部长级会议的联合声明》。2005年11月30日首届东盟与中国(10+1)打击跨国犯罪部长级非正式在越南召开,随后连续召开了5届,发展成为东盟与中国(10+1)打击跨国犯罪部长级非正式及正式会议机制,并在2019年通过了中国与东盟《关于非传统安全领域合作谅解备忘录(2015-2021)》。2003年9月,我国又与越南共同签署《关于打击犯罪和维护社会治安合作协定》和《关于建立合作机制的协议》。2005年10月,第二届东盟和中国禁毒合作国际会议召开,着重商讨了应该在该区域加大禁毒合作力度、提高合作成效的有效措施,并且讨论了《北京宣言》、更新后的《东盟和中国禁毒合作行动计划》和由中国代表团提出的《东盟和中国在2006年开展打击苯丙胺类毒品犯罪联合行动的倡议》。2007年5月,MOU六国七方部长级会议再次在北京召开,会议通过了2007年《北京宣言》和更新的次区域行动计划,对之后一段时期本地区的禁毒国际合作制定了规划。自建立禁毒合作机制以来对减少东亚次区域罂粟种植、减少毒品危害、更新禁毒理念、提高执法能力起到了积极推动作用，在次区域禁毒合作方面树立了典范。形成了国与国之间的"禁毒命运共同体"。我国倡导的多边合作治理毒品的成就，突出体现在与东盟的合作方面。中国与东盟禁毒合作机制签署的协定和法律文件分为三个层次：第一个层次是中国与边境相邻的国家签订的区域合作禁毒协定；第二个层次是在东亚次区域禁毒合作谅解备忘录框架下与大湄公河次区域各国的合作；第三个层次是中国与东盟"10+3"和"10+1"框架下的禁毒合作机制。中国-东盟禁毒合作机制的建立经过了三个历史阶段：第一阶段是1991年至2000年。在这一阶段主要是中国和紧邻的国家之间签订禁毒谅解备忘录，建立禁毒合作机制；第二个阶段是2000年至2019年中国和东盟国家共同签订禁毒合作机制并深化和细致到司法协助协定的签署，并开始对非传统安全合作予以关注；2019年至今是中国和东盟进一步深化和提升禁毒合作的第三个阶段，极为关键，关系着中国-东盟进一步深化和提升禁毒合作机制的新水平和新发展。

中国协助与中国毗邻的周边国家开展毒品源头治理工作，开展联合跨国禁毒专项行动，有效地遏制了周边国家毒贩的嚣张气焰，为全球禁毒工作做出了负责任大国的贡献。笔者认为，在未来打击国际毒品犯罪活动中，在世界多极化的形势下，我国政府作为一个国际多边主义的捍卫者，有责任与世界各国一起，按照习近平总书记所指出的："我们要践行共商共建共享的全球治理观，弘扬人类共同价值，倡导不同文明交流互鉴。"[1]"坚持重视各国合理安全关切，秉持安全不可分割原则，构建均衡、有效、可持续的安全架构，……坚持统筹维护传统领域和

---

[1] 习近平："携手迎接挑战，合作开创未来——在博鳌亚洲论坛2022年年会开幕式上的主旨演讲"，载《人民日报》2022年4月22日。

非传统领域安全,共同应对地区争端和恐怖主义、气候变化、网络安全、生物安全等全球性问题。"[1]在禁毒工作中与世界各国合作共同应对毒品全球治理的挑战。

2. 我国与东盟国家禁毒合作存在的问题

第一,存在基础性法律供给不足的困境和瓶颈。首先,中国和东盟所属国家国内立法在法律体系、禁毒法律理念和跨国毒品犯罪处置规范上存在着巨大的差异。尽管我国于2007年通过了《禁毒法》,作为专门的禁毒法典,构筑起了禁毒法律体系的基础。以《刑法》和《治安处罚法》为惩治毒品犯罪行为的主线,以行政法规和地方性法规等为单行禁毒专门法律法规,以我国加入的禁毒国际公约为具体内容,以非禁毒专门法中涉及禁毒的法律规范为补充,形成了互相配套的禁毒法律法规体系。但在跨国犯罪方面,我国并未将其全面、明确、具体地规定到我国的刑法当中,因此当发生跨国的国际犯罪时,我国会因为缺乏法律依据而不能对该国家犯罪行使管辖权,致使刑事司法合作不顺畅,进而有可能损害我国的利益。其次,东盟国家也存在类似的国内法律依据阙如问题,因此就必须在共同治理毒品犯罪方面在禁毒合作机制中增加刑事司法合作机制等配套性程序操作规程,将其具体化和程序化。而这一机制的建立和完善必须以东盟各国完善国内法律体系为前提,否则就会产生国内法与国际法的效力冲突问题。

第二,在中国-东盟禁毒合作机制中还缺乏常设性的组织协调合作机构。尽管在中国-东盟《关于在非传统安全问题领域合作的谅解备忘录》第3条第1款曾规定和指出,谅解备忘录的

---

[1] 习近平:"携手迎接挑战,合作开创未来——在博鳌亚洲论坛2022年年会开幕式上的主旨演讲",载《人民日报》2022年4月22日。

执行机构是：由东盟秘书处协调东盟成员国的相关国家机构；由中国公安部代表中华人民共和国。但是，广义的禁毒合作包含的内容非常广泛，还包括打击毒品犯罪、办理涉毒案件、反洗钱、禁毒教育、吸毒者康复计划等多方面内容，单一的机构设置不可能有效处理这些非传统安全领域内的整体性问题。由于中国-东盟没有建立相对独立统一的政府间的禁毒合作协调管理机构，因此在禁毒执法实践方面更多地就只能表现出单一个案和单一项目的零散式禁毒合作的特点，无法形成长效的有机的联系和效果的持续性增长。中国-东盟禁毒合作机制缺乏一个常设性组织协调机构提出禁毒合作方面的立法建议、政策和行动计划，并确保成员会做出相应的决定，实施这些计划，诸如预防毒瘾方面的行动计划、支持吸毒者康复计划、监督易制毒化学品贸易规范和反洗钱规范的实施、在共同禁毒政策的对外关系方面提出政策创制、负责运作打击涉毒有组织犯罪，促进成员警察、海关和司法部门官员进行交流和培训等方面的合作计划等。只有通过设立一个常设性的禁毒合作组织机构才可以从机构的组织和行动中强化成员在禁毒合作中的共同行动能力。

第三，中国-东盟禁毒合作领域不够全面。中国与东盟国家的禁毒合作依据双边和多边禁毒合作谅解备忘录和禁毒合作协议，在联合扫毒、情报交流、替代发展、警务交流和培训方面取得了良好的效果，但在更为直接和实质上的跨国禁毒合作方面仍存在较大的法律障碍，囿于过于狭窄的合作领域致使禁毒合作不能彻底打击跨国毒品犯罪分子，后患未除。主要表现在中国-东盟禁毒合作机制只是在司法案件中规定了协助调查证据、遣返刑事犯、交流情报资源等一些较浅层合作方面的内容，没有联合办案的协议，也没有在对外承认外国判决、对毒品犯罪移管、引渡等刑事司法协助方面进行明确的法律规定。所依据的仅仅是国际刑法中的相关原则性规定。这对于我国与东盟的禁毒合作尤为不利。由此可以看出打击毒品缺乏国际的司法互助协定，这明显不是以应对日益猖獗的区域化组织的跨境毒品犯罪的活动，影响到了彻底铲除跨境毒品犯罪活动的成效。

3. 完善中国与东盟禁毒合作机制

所谓毒品犯罪治理多边共治，就是各国积极参与，我国作为"一带一路"建设的倡议者和推动者，可以发挥我国的综合优势，引导周边国家参与毒品犯罪的治理，提升各国的参与积极性，通过参与各国充分表达意见，努力实现利益相关各国的有效沟通、协调、合作，共同打击毒品犯罪，并促进各国公民与社会组织参与毒品犯罪的社会治理，改善毒品来源地区域的民生与社会环境，降低毒品走私对境内外民众的生命健康的损害以及对各国总体国家安全的威胁。我们在此以中国-东盟禁毒合作机制为例进行思考，以区域性合作示范推动全球国际合作的展开。在制度层面可以从以下几方面构建：

第一，构建多层级的、立体的中国与东盟禁毒合作法律体系。依据中国与东盟诸国的禁毒合作的具体需求和客观情况，为保障禁毒合作机制的有效实施，在不违反各方国家主权的前提之下，在立法层面进行更深入和更多元化的协调和制定各国均认可和达成共识的相关立体化条约和规则。因为东盟各国在禁毒合作方面的差异性需求必须要通过在多元化、立体化和层级化的立法框架下予以考虑并作出禁毒制度性的安排。毕竟，构建中国-东盟禁毒区域命运共同体是中国和东盟各国的共识，这已经通过双方签署的区域性条约予以确认了，但必须要通过制定更为明确的程序性规则和签署更细致、完备的协定才可以真正实现禁毒合作的目的。

第二，设立层次化的、常设的禁毒合作组织机构，协调中国-东盟禁毒行动计划和解决相关争端。设立不同层次的、常设的禁毒合作组织协调机构，协调各国各方禁毒政策和行动计划，完善打击毒品犯罪，惩治跨国毒品犯罪分子的全过程法律合作机制，解决争端和摩擦，在警务合作、司法协助合作和信息交流沟通、打击跨国毒品犯罪、禁毒宣传教育、戒毒康复等方面实现合作。这就必然需要有一个专门的组织机构专职协调和处理相关事宜，否则就会间接导致合作机制形同虚设，甚至因为缺乏协调沟通机构而导致禁毒合作机制无法正常开展有效的工作。

第三，为非政府组织参与禁毒合作机制制定相应的规则，发挥全社会对禁毒合作的合力和监督的作用。禁毒合作属于非传统安全问题，需要全社会的参与、努力和通力合作，各国政府必须在禁毒合作中引导非政府组织加入和参与到禁毒合作机制之中，尤其是在较为敏感的替代发展的项目方面，以项目引导的方式，由非政府组织来具体实施。例如，我国支持国内企业帮助缅甸政府面向缅甸边境地区原种植罂粟的山民开展替代农作物的种植，农产品丰收后由中国企业收购，在中国市场销售。这种中国模式的国际扶贫和禁毒策略得到了缅甸从中央到边境山民的欢迎。这种做法消除了周边国家执政者的主权受损顾虑，有助于增进和实现禁毒合作中的相互信任。2005年10月由中国政府、联合国毒品和犯罪问题办公室、东盟共同主办的第二届东盟和中国禁毒合作国际会议通过的《东盟和中国禁毒合作行动计划》提出"将非政府组织作为积极参与的伙伴"，参与禁毒工作规划、实施和监督。虽然明确了非政府组织参与中国-东盟缉毒合作活动的法律地位，但应由此设立专门的管理机构对之进行引导和监管，既有效地管理非政府组织所实施的替代发展项目，又对非政府组织参与禁毒项目的数据库和信息明细账进行监督,及时了解禁毒合作项目实施的信息,真正实现信息和资源共享,涉毒地区民众家园共建、收益共享的良性有效互动,也实现了区域国际禁毒合作从单一的打击毒品犯罪向多元化主体参与的跨国综合治理合作的转变。未来在禁毒溯源治理方面,我国还应加强联合国粮农组织及其他一些国际组织合作,支持和帮助在毗邻我国边境贫困地区的居民发展农业生产,以保障他们的经济收入,减少他们对种植毒品原料性植物的依赖和毒品走私活动。

毒品问题是一个涉及面非常广泛和复杂的社会问题,各国禁毒工作都是需要通过政府统一领导,禁毒主管机关主管并负责协调指挥,相关部门通力配合和社会广泛参与才能产生相应的效果和作用,因此建立中国-东盟禁毒合作机制常设性组织协调机构非常重要。以欧盟为例,欧盟委员会在司法和内务总司里专设禁毒协调署[1],对欧盟委员会下设的公共卫生和消费者保护总司在预防毒瘾方面提出的行动计划;就业和社会事务总司提出的吸毒者康复计划;企业总司和内部市场总司提出的监督易制毒化学品贸易指令和反洗钱指令的实施并转化为成员国立法,具体操作和负责毒品案件的成员国的警察、海关和司法部门;对外关系总司和发展总司在共同禁毒政策的对外关系方面提出的政策创制、司法和内务总司在打击涉毒有组织犯罪,促进成员国警察、海关和司法部门官员进行交流和培训等方面的合作计划等活动进行协调[2],以确保禁毒合作可以顺利实现和操作完成。

---

[1] 盖沂昆:"欧盟禁毒政策及其制定——一个共同治理跨国毒品问题的政策框架",载《欧洲研究》2006年第4期。

[2] 盖沂昆:"欧盟禁毒政策及其制定——一个共同治理跨国毒品问题的政策框架",载《欧洲研究》2006年第4期。

4. 加强其他重点区域的国际合作

我国禁毒执法机关除了与东盟国家进行毒品治理开展紧密深度合作以外，还应关注世界范围内其他毒品泛滥区域的国际治理。世界各国同属于一个地球村，我国作为世界制造与贸易进出口大国，必然也会与南美洲、欧洲的非毗连国家发生密切的经济往来，国际贩毒组织也必将会将其触角伸到与中国国际贸易有关的跨国化学品生产、物流、旅游、消费相关联的活动中，以实现其跨国毒品犯罪攫取非法经济利益的目的。我国在国际"一带一路"的合作建设中，除了与周边国家的禁毒合作外，还应重视国际海运、铁路、航空运输中与毒品违法热点国家的禁毒合作。

第一，在国际合作中制定可持续的全球化毒品治理对策。各国应秉持"共建、共治、共享"的理念，以维护国际社会公共安全和各国的民生利益作为出发点，将禁毒国际合作作为对外执法安全合作的重要内容，积极参与联合国禁毒机构倡导的活动，建立各国之间以及各国和国际组织之间多层次、全方位的禁毒国际合作格局。我国作为负责任的大国，有必要将中国禁毒方案和经验介绍给国际社会，只有把我国的禁毒工作放在全球化参与禁毒的国际合作中才能更有效地防止毒品原料的生产与各种新旧毒品的加工制造、通过跨国渠道走私贩运和销售，进而全方位地切断毒品供应链。2021年6月11日上海合作组织成员国禁毒部门领导人第11次会议以视频方式举行。印度、哈萨克斯坦、中国、吉尔吉斯斯坦、巴基斯坦、俄罗斯、塔吉克斯坦、乌兹别克斯坦禁毒部门负责人出席会议。"各方表示，将忠实维护和巩固基于联合国三大公约的国际禁毒体制，愿在《上合组织成员国关于合作打击非法贩运麻醉药品、精神药物及其前体的协议》《2018-2023年上合组织成员国禁毒战略》及其

《落实行动计划》《上合组织预防麻醉药品和精神药品滥用构想》框架下加强务实合作。对严重威胁地区和国际安全的阿富汗和'金三角'地区包括合成毒品在内的毒品制造持续增长各方均表示关切,重申愿开展双多边合作,应对毒品威胁。各方均认为,对于合成毒品和新精神活性物质扩散、易制毒化学品流入非法渠道、未列管新精神活性物质滥用及扩散等非法贩毒领域新趋势对地区安全与稳定构成严重威胁。各方均愿在联合国及其他国际禁毒论坛框架下,继续推动共同禁毒立场及合作,维护和巩固现行国际禁毒体制。"[1]

第二,建立毒品信息分享机制。大数据、人工智能、区块链等技术的快速发展,为各国毒品违法犯罪的网络监控、毒品犯罪信息的收集、毒品治理技术成果的分享提供了方便。我国可以和毒品犯罪问题突出的国家建立全球毒品犯罪预警报告系统,在相互尊重主权、相互信任的基础上,依托互联网的优势,建立有效的毒品治理信息共享国际合作平台。各国禁毒执法部门可借助大数据和人工智能等技术对自己国家已破获的海运贩毒案件进行分享,将涉案人员、毒品类型、贩运路线、船只来源与特征等方面的信息情报共享给参与国际禁毒合作的各个国家数据库,为各国打击毒贩利用海上运输通道进行全球贩毒活动提供信息情报,形成打击毒品犯罪的国际共治合力。我国在协调推动各国就易制毒化学品列管情况进行及时分享的基础上,探索建立涉及区域性毒品与新精神活性物质列管的情报研判与分享机制,对各国新精神活性物质列管范围的差异进行分析研究。研讨各国对毒品实施共同查控和整体工作效能,比较分析

---

[1] 转引自"上海合作组织成员国禁毒部门领导人第 11 次会议成功举行",载 http://www.nncc626.com/2021-06/15/c_1211200929.htm,访问日期:2021 年 6 月 12 日。

各国毒品管控推行的各项最新政策与措施，互通易制毒化工原料的进出口目录清单，对这些物品进行进出境全程动态追踪与反馈，实现清单化规范管控。对易制毒化学品在所有合成毒品［特别是新型精神活性物质和苯丙胺类兴奋剂（包括甲基苯丙胺）］的非法生产中的中心作用应当予以重点关注，建立进出口主体白名单制度，约束进出口易制毒品化学物质主体行为。支持国际社会研究和分析新型精神活性物质和苯丙胺类兴奋剂的使用方式、对公共健康的危害（包括因使用这些物质导致的急性中毒和依赖性的证据），以及法医数据和监管对策，并推动世界各国共享研究结果。

第三，充分利用国际公约赋予的打击跨国犯罪的特殊涉外刑事管辖权打击毒品犯罪行为。1988年12月19日通过的《联合国禁止非法贩运麻醉药品和精神药物公约》（我国于1989年9月4日批准签署）第4条"管辖权"规定各缔约国："在遇到下述情况时，可采取可能必要的措施，对其按第3条第1款确定的犯罪，确立本国的管辖权：①进行该犯罪的人为本国国民或在其领土内有惯常居所者；②犯罪发生在该缔约国已获授权按第17条规定对之采取适当行动的船舶上，但这种管辖权只应根据该条第4和第9款所述协定或安排行使"。联合国麻醉药品委员会第59/8号决议（以下简称《59/8号决议》）提出："15. 若经相关国家机关正式确认后了解到有可疑货物载有新型精神活性物质及一般认为用于非法制造毒品和国际监控清单所列新型精神活性物质的非表列前体，则根据本国法律自愿向过境国和目的地国的主管机关通报，使这些机关可酌情对入境货物采取行动。16. 提醒会员国在服从本国宪法原则及法律制度的前提下，对受管制物质的供应商和交易商的非法行为提起民事、刑事或者行政诉讼；17. 各国政府根据本国法规充分利用现有工具,包括由国际麻醉品管制局提供的工具,特别是出口前网上通知、前体事件通信系统、Ion 项目事件通信系统以及在棱晶项目、聚合项目和 Ion 项目下的机制和行动,进行信息交流和共同调查,以处理非表列前体和新型精神活性物质的来源、流动和贩运问题。"[1]根据《联合国禁止非法贩运麻醉药品和精神药物公约》和《59/8 号决议》以上条款精神,我国司法机关可以对毒品犯罪扩大普遍管辖权的适用范围,即该罪行即使是在我国领土之外犯下的,我国也可以对毒品犯罪人行使刑事管辖权,而无需考虑被控毒品犯罪人的国籍、居住国或毒品的生产地及销售地是否与我国有关。例如,司法机关可以单方积极行使对毒品和被列管的新精神活性物质从我国运输过境犯罪或者对逃到我国境内的境外贩毒者行使刑事诉讼管辖权,并寻求跨国司法协助。

第四,加强打击网络毒品犯罪领域的合作。由于网络空间存在着虚拟国境边界问题,因此必然会在跨境电子数据取证、犯罪人转移、司法文书送达等方面存在诸多法律障碍。我国司法机关和执法机构也应加强国际执法协作和司法协助,国家立法机关与政府机关在与境外国家立法与执法机关的交流和沟通的基础上,通过立法与政府部门推动建立国际性的毒品犯罪治理协作框架,在国内制度层面逐步完善如何寻求国际协作的办案程序机制。

第五,推动联合国相关职能机构建立定期为各国禁毒执法人员的培训机制。由国际组织牵头定期举办针对各国禁毒执法人员代表的培训,可以让执法人员迅速掌握禁毒执法的相关科学技术,熟悉现代化检测毒品的仪器和侦查装备并回国推广。

---

[1]《联合国麻醉药品委员会第 59/8 号决议》。

我国自2013年起一直由公安部委托国内物证技术鉴定机构为东盟国家举办的禁毒刑事侦查技术培训班就取得了很好的效果，我国物证技术鉴定机构为越南、老挝、缅甸、柬埔寨四国的警官举办培训班讲授物证鉴定技术的应用，涉及电子物证、微量物证、毒物毒品、痕迹、足迹、指纹等检验技术等多方面内容，受到了这些国家的欢迎。联合国可以将这些经验推广至其他国家和地区。

第六，推动各毒品形势严重国家采取综合治理原则。要对一些国家默示毒品经济存在的行为予以必要的国际压力，在联合国的监督下，推动各国政府有效遏制本地的毒品原料的种植与毒品生产，同时动员发达国家积极提供必要的替代农产品与生活资料的种植与生产。例如，阿富汗在塔利班掌权后，塔利班政府提出阿富汗需要国际援助，以确保民众能种植其他农作物来替代罂粟的种植。联合国毒品与犯罪问题办公室在阿富汗进行了替代种植项目推广，主要是在以阿富汗南部赫尔曼德省为核心的小麦替代种植项目和阿富汗西部赫拉特省为核心的藏红花替代种植项目。但是，如果不建立一个禁毒长期有效的运转体系，以毒品制贩的恶性循环的毒品经济仍然会生生不息。我国应推动联合国推广中国在周边国家及其非洲地区开展的国际扶贫项目的做法，通过国家必要的经济援助和动员企业提供长期有效的开发式扶贫资金支持，对贫穷国家开展精准禁毒帮扶，才能遏制毒品经济的泛滥。

第七，推动对吸毒成瘾人员的国际化医疗服务帮助。据统计：全世界近4000万吸毒成瘾人员能够被医疗治疗的不足1/8，世界各国整体治疗覆盖率十分低。国际社会有必要建立一支有效的国际医疗队专事救治全球极贫穷国家的吸毒成瘾人员，在这些国家建立必要的戒毒医院实施契约化强制性戒毒。联合国国际卫生组织牵头世界各国出资建立国际戒毒专项医疗基金，用于戒毒医药与治疗技术的提升、贫穷国家的戒毒医疗设施建设和医疗人员的培训等；鼓励企业与社会组织参与戒毒国际医疗服务的建设活动。联合国可以出台对吸毒成瘾者的医疗基本保障、社会救济、社会福利等方面权利保障的开放型国际公约，供各国积极加入。

# 参考书目

1. 何荣功等:《毒品类死刑案件的有效辩护》,中国政法大学出版社 2017 年版。
2. 徐宏、李春雷:《毒品犯罪研究》,知识产权出版社 2016 年版。
3. 杨国栋编著:《毒瘾医学》,中国医药科技出版社 2002 年版。
4. 王金香:《中国禁毒史》,上海人民出版社 2005 年版。
5. [德] G. 拉德布鲁赫:《法哲学》,王朴译,法律出版社 2005 年版。
6. 《美国刑法》(第 3 版),储槐植,北京大学出版社 2005 年版。
7. 罗结珍译:《法国新刑法典》,中国法制出版社 2003 年版。
8. 高巍:《贩卖毒品罪研究》,中国人民公安大学出版社 2007 年版。
9. 林准:《中国刑法教程》,人民法院出版社 1994 年版。
10. 张明楷:《刑法学》(第 3 版),法律出版社 2007 年版。
11. 陈兴良:《规范刑法学》(上册),中国人民大学出版社 2017 年版。
12. 高铭暄、马克昌主编:《刑法学》(第 8 版),北京大学出版社、高等教育出版社 2017 年版。
13. 贾宇主编:《马克思主义理论研究和建设工程重点教材:刑法学》(上册·总论),高等教育出版社 2019 年版。
14. [德] 乌尔斯·金德霍伊泽尔:《刑法总论教科书》(第 6 版),蔡桂生译,北京大学出版社 2015 年版。
15. [日] 前田雅英:《刑法总论讲义》(第 6 版),曾文科译,北京大学出版社 2017 年版。
16. [日] 山口厚:《刑法总论》(第 3 版),付立庆译,中国人民大学出版社 2018 年版。

17. 田宏杰：《违法性认识研究》，中国政法大学出版社 1998 年版。
18. 张明楷：《刑法学》（第 5 版），法律出版社 2016 年版。
19. ［日］西田典之：《日本刑法总论》（第 2 版），王昭武、刘明祥译，法律出版社 2013 年版。
20. 高铭暄主编：《新型经济犯罪研究》，中国方正出版社 2000 年版。
21. 王国民主编：《诱惑侦查研究》，中国人民公安大学出版社 2003 年版。
22. 杨金彪：《共犯的处罚根据》，中国人民公安大学出版社 2008 年版。
23. ［美］保罗·H.罗宾逊：《刑法的结构和功能》，何秉松等译，中国民主法制出版社 2005 年版。
24. 李运才：《毒品犯罪的死刑限制与废止》，中国人民公安大学出版社 2013 年版。
25. 王秀梅等：《美国刑法规则与实证解析》，中国法制出版社 2007 年版。
26. 陈兴良：《罪名指南》，中国政法大学出版社 2000 年版。
27. 赵秉志：《疑难刑事问题司法对策（二）》，吉林人民出版社 1999 年版。
28. 张穹：《刑法各罪司法精要》，中国检察出版社 2002 年版。
29. 金泽刚：《犯罪既遂的理论与实践》，人民法院出版社 2001 年版。
30. 高贵君：《毒品犯罪审判理论与实务》，人民法院出版社 2009 年版。
31. ［日］平野龙一：《刑法的基础》，黎宏译，中国政法大学出版社 2016 年版。
32. 邓子滨：《中国实质刑法观批判》（第 2 版），法律出版社 2017 年版。
33. 张明楷：《责任刑与预防刑》，北京大学出版社 2015 年版。
34. 白云飞：《规范化量刑方法研究》，中国政法大学出版社 2015 年版。
35. ［德］阿尔图·考夫曼：《法律哲学》（第 2 版），刘幸义等译，法律出版社 2011 年版。
36. 王政勋：《刑法解释的语言论研究》，商务印书馆 2016 年版。
37. ［德］克劳斯·罗克辛：《德国刑法中的共犯理论》，劳东燕译，载陈兴良主编：《刑事法评论》（第 25 卷），北京大学出版社 2009 年版。

38. （日）山口厚：《刑法总论》，付立庆译，中国人民大学出版社 2011 年版。
39. 陈兴良："中国刑法中的明确性问题"，载梁根林、[德] 埃里克·希尔根多夫主编：《中德刑法学者的对话——罪刑法定与刑法解释》，北京大学出版社 2013 年版。
40. 张明楷：《罪刑法定与刑法解释》，北京大学出版社 2009 年版。
41. [德] 克劳斯·罗克辛："德国刑法中的明确性原则"，黄笑岩译，载梁根林、[德] 埃里克·希尔根多夫主编：《中德刑法学者的对话——罪刑法定与刑法解释》，北京大学出版社 2013 年版。
42. [美] 哈伯特·L. 帕克：《刑事制裁的界限》，梁根林等译，法律出版社 2008 年版。
43. [日] 平野龙一：《刑法的基础》，黎宏译，中国政法大学出版社 2016 年版。
44. 邱兴隆：《刑罚的哲理与法理》，法律出版社 2003 年版。
45. 高铭暄、马克昌主编：《刑法学》（第 5 版），北京大学出版社、高等教育出版社 2011 年版。
46. 高铭暄：《中华人民共和国刑法的孕育诞生和发展完善》，北京大学出版社 2012 年版。
47. 何显兵：《死缓制度研究》，中国政法大学出版社 2013 年版。
48. 冯军："扩张解释与类推解释的界限"，载梁根林、[德] 埃里克·希尔根多夫编：《中德刑法学者的对话》，北京大学出版社 2013 年版。
49. 刘仁文：《死刑的温度》，生活、读书、新知三联书店 2014 年版。
50. 高巍：《中国禁毒三十年——以刑事规制为主线》，上海社会科学院出版社 2017 年版。
51. 黄朝义：《刑事诉讼法》（第 4 版），新学林出版股份有限公司 2014 年版。
52. R. J. Flanagan, P. J. Streete, J. D. Ramsey, "Volatile Substance Abuse, Practical Guidelines for Analytical Investigation of Suspected Cases and Interpretation of Results", UNODC, 1994.

53. A. Helander and others, "Detection of New Psychoactive Substance Use Among Emergency Room Patients: Results from the Swedish STRIDA Project", *Forensic Science International*, vol. 243 (2014).
54. EMCDDA, "Perspectives on Drugs: Injection of Synthetic Cathinones", *Perspectives on Drugs Series*, 27 May, 2014.
55. EMCDDA, Perspectives on Drugs: Legal Approaches to Controlling New Psychoactivesubstances (2016).
56. Christine E. Gudorf, "Christianity and Opposition to the Death Penalty: Late Modern Shifts", *Dialog*, 2013.
57. Patrick Gallahue and Rick Lines, "The Death Penalty for Drug Offences: Global Overview 2010", *The International Harm Reduction Association*, London, 2010.

# 后 记

本著作是司法部 2021 年度法治建设与法学理论研究部级科研项目"毒品犯罪的新发展与防治机制研究"立项课题（项目编号：21SFB4037）的最终研究成果。

本课题前期研究中还获得了西南科技大学的四川省哲学社会科学重点研究基地——四川省犯罪防控研究中心的前期立项资助，项目名称为"毒品犯罪问题与治理对策研究"（批准号：FZFK21-03）。如果没有该中心前期的科研经费支持，我们也很难将研究工作推进到今天获得司法部立项支持。我们在前期的研究基础上根据对毒品犯罪的新发展进一步跟踪研究，并按照司法部立项任务的要求，对本课题研究提纲重新构思和规划，在内容上根据毒品犯罪的新变化进行调整与充实。在几易其稿和专家指导与讨论的基础上终于形成了本课题现在的研究成果。

我们在研究中坚持以习近平新时代中国特色社会主义思想为指引，以习近平法治思想和相关刑法学理论、刑事诉讼法学理论、禁毒学理论、社会学理论为研究基本理论支撑，以毒品犯罪防控实务中的问题为研究的出发点，对毒品和新精神活性物质的新发展变化和在刑法立法、司法和禁毒执法的立法、执法、司法实践中存在的问题进行研究。我们重点深化了毒品与新精神活性物质的社会危害性及制度建设对策研究；对各基层执法与司法机关、社会组织和人民群众在开展毒品违法犯罪综合治理过程中存在的一些突出问题进行了一定的理论研究探索，对现有的毒品违法犯罪治理的理论研究出现的偏差与不足进行了探讨，通过提出自己的建设性方案以期对我国禁毒工作的理论与实践都有所裨益。课题组始终坚持理论和实践相结合研究、定性和定量分析统一，以文献分析法吸收国际国内立法经验和最新理论研究成果，在实证调研获取的实际情况及数据基础之上对我国毒品犯罪的新态势与特征予以梳理，找出焦点问题进行分析，在此基础上提出了我们对刑法立法完善的思路与毒品犯罪防控的措施。

在课题研究中，我们得到了广西民族大学各级领导和法学院的老师们给予的各种支持和帮助，在此一并致以感谢！我也要感谢西南政法大学梅传强教授和陈小彪副教授、西南科技大学法学院廖天虎教授、河北经贸大学张亚军副教授对我开展课题研究给予的大力支持和帮助。感谢北京师范大学法学院王秀梅教授为本书作序。本书的出版得到了中国政法大学出版社丁春晖编辑的大力支持，丁编辑团队的敬业精神和编校的专业水准也使得我们出版此书能达到事半功倍的效果，在此一并表示感谢！

廖斌教授负责完成本课题前期调研、司法实践资料的收集整理、拟定研究研究提纲和具体研究思路并组织专家论证。参与本课题初稿撰写的人员有广西民族大学法学院廖斌教授、中国人民公安大学包涵副教授、西南科技大学法学院贾银生博士。各章初稿分工：第一章、第二章由廖斌、包涵撰写；绪论、第三章、第五章由廖斌撰写；第四章由贾银生撰写。全书由廖斌教授统一补充、修改定稿。

廖　斌

2022 年 8 月于南宁相思湖畔